KB263095

시온의 칙훈서

시온의 칙훈서

【그림자 정부】가 시작된 비밀문서

시온의 칙훈서

이리유카바 최 지음

해냄

전 세계를 경악시킨 9.11테러, 그리고 이어 벌어진 미국의 아프
가니스탄과 이라크 침공. 두 번에 걸친 전쟁을 승리로 이끌면서 미
국은 충분히 9.11테러에 대한 복수에 성공한 것으로 보인다. 그렇
다면 그들은 과연 이쯤에서 멈출 것인가? 아니 오히려 멈추기는커
녕 다른 중동 지역과 한반도에까지 위기 상황을 확대하려는 조짐
을 보이고 있다. 이것은 심상치 않은 징조이다. 그리고 이런 때일
수록 역사의 이면에 감춰진 진실과 세계 정세를 정확히 파악할 필
요가 있다.

우리가 학교에서 배운 세계 정치사는 주로 일부 지방 혹은 이웃
국가를 정복하는 이야기로 점철되어 있다. 이렇게 자기보다 약한
나라를 통합하여 큰 세력을 형성하고 나면 또다시 세계 정복을 꿈

꾼다. 역사를 들춰보면 이러한 일이 이미 여러 번 반복되었다는 사실을 알게 된다. 물론 이는 지금도 계속되고 있다. 그러나 필자의 사견으로는 지금 일어나고 있는 일이 인류 역사의 마지막 정복이 될 것으로 보인다.

정복이라 함은 힘, 즉 무력으로 다른 나라를 취하는 일이다. 물론 조금 더 높은 차원으로 종교의 힘, 즉 심리적 요인을 이용하여 절대적인 정복을 꾀하는 경우도 있다. 변변한 군대 하나 없던 로마 교황이 유럽을 정복하고 각 나라의 군주를 마음대로 갈아치웠다는 것은 잘 알고 있을 것이다. 교황은 이를 기반으로 군사력을 갖게 되었고, 결국 십자군 전쟁을 일으켰다. 그러나 그도 영원하지는 못했다. 결국 교황은 세계 가톨릭 신자들의 신앙을 이용해 심리 지배를 한 군주로 전락해 버렸다.

완력과 신앙심을 바탕으로 세계를 정복하는 방법은 한계가 있고 영원하지 못하다. 이제 우리가 이미 알고 있는 사실을 기본으로 과연 무엇이 완벽한 세계 정복 방법인가를 한번 숙고해 보기 바란다.

그 방법이 『시온의 칙훈서』에 기술되어 있다. 바로 금력으로 정복하는 방법이다. 다시 말해 인간의 생존에 가장 중요한 돈, 즉 '목구멍이 포도청'이라는 옛말처럼, 인류 개개인의 목구멍에 들어가는 먹이를 자기들 마음대로 조종하고 지배하는 것이다.

서커스단에서 재롱을 피우는 사자나 곰을 보라. 이들이 연약한 인간의 지시에 순순히 따르는 이유가 뭐라고 생각하는가? 과연 힘이 없어 인간에게 복종하는 걸까? 그 옛날 소작인들이 지주 앞에서 개인의 긍지와 위신 같은 것을 내버리고 굽신거렸던 것은 왜일까? 오늘날 공장노동자들이 사주 앞에서 또는 채무자가 채권자 앞에서 고양이 앞의 쥐처럼 행동하는 것은 또 어떤가? 이 모두 목구멍에 들어가는 먹이 때문이다. 이는 변함없는 진리이다. 그리고 『시온의 칙훈서』는 이 진리를 이용해 세계의 인류를 한꺼번에 정복하라고 말한다. 과거처럼 다른 특정 국가를 정복하는 것이 아니다. 일단 오늘내일 끼니를 걱정해야 하는 처지로 전락하게 되면 아무리 똑똑하다 해도 그 상황을 벗어나기는 대단히 어려울 것이다. 그런데 이 정복 작업이 바로 우리 눈앞에서 진행되고 있다. 기막힌 것은 정복당하는 사람들이 정복당한다는 것조차 모르고 있다는 사실이다.

『시온의 칙훈서』는 소수의 집단이 지상정부라고 하는 'One World Order'를 수립하기 위하여 세계를 정복하는 청사진으로, 정치인을 매수하고 언론을 독점하여 국민들의 마음을 조종해 인간을 마치 말 잘 듣는 양떼 같은 노예로 만들겠다는 것을 골자로 하고 있다.

15세기 무렵부터 『시온의 칙훈서』와 비슷한 문건이 여러 곳에서 발견되었다. 1770년경에도 일루미나티[1]가 소장했던 『시온의 칙훈서』와 거의 비슷한 문서가 바바리아의 경찰에 입수된 일도 있었다. 『시온의 칙훈서』에 대해서는 극히 일부 사실, 즉 이것이 1백여 년 전 '시온 지도장로 정회'에 의해 만들어졌다는 것만을 프랑스의 미즈라임 프리메이슨 라지[2]로부터 확인할 수 있었다. 이것이 러시아로 건너가 처음으로 러시아 사회에 소개되었고, 이 글이 영어로 번역되면서 전 세계에 퍼지게 된 것이다. 따라서 여기 소개된 『시온의 칙훈서』는 전체의 일부일 수도 있다.

우리는 동양의 한구석에서 세상이 어떻게 돌아가는지도 모른 채 우물 안 개구리처럼 살고 있었나를 깨달을 필요가 있다. 이 『시온의 칙훈서』를 읽으면 현재 미국을 비롯하여 한국, 그리고 세계 곳곳에서 일어나고 있는 일들이 우연이 아닌, 계획대로 진행되고 있는 것임을 깨닫게 될 것이다. 한국을 비롯한 각국 위정자들이 얼마나 이 '시온주의자'들의 입맛에 맞도록 행동하고 있는지도 깨닫게 될 것이다.

『시온의 칙훈서』는 위정자들이 정권을 잡기 위해 어떻게 국민을 우롱하면서 권모술수를 써야 하는지 그 방법을 자세하게 설명해 놓은 교본이다. 또한 국민의 한사람으로서 위정자들의 수법이 어떠한 것인지 알 수 있게 귀띔해 주는 책자다. 사고 능력이 있는 사람이라면 이 책을 읽은 후, 우리가 늘 접하는 뉴스나 미디어를 어떻게 보아야 하는지, 또 정부의 선전이나 홍보 활동, 세뇌공작들 사이에서 어떻게 진실을 가려낼 수 있는지 깨닫게 될 것이다.

『시온의 칙훈서』에서는 신에 의해 선택된 유대 민족들이 종주민족이 되고, 그들의 절대 지상군주가 독재자로서 통치하는 통일된 세계를 갖게 된다고 가르친다. 그러면 그들이 젠타일이라고 부르던 유대인 이외의 인종들의 사회적 위치는 어떻게 되는가? 여기서는 가축으로 취급하라, 노예로 만들라고 말한다. 제2차 세계대전 때 유대인들을 가두어 두었던 수용소의 주객이 바뀌게 된 셈이다. 이제 유대인이 사람들을 가둬놓고 호통을 치고 나머지 인종은 막사에서 헐벗고 지친 모습으로 쓰러져 있게 될 것이다.

『시온의 칙훈서』를 읽으면서 이것이 지금 우리의 삶과 어떠한 연관이 있는지 실감하기 어려운 독자들도 있으리라 생각한다. 그런 사람들은 우리가 얼마 전에 겪은 환란이란 것이 일상생활에 어떠한 영향을 주었나를 생각해 보자. 국제금융가 또는 국제은행, 다시 말해 IMF, BIS, World Bank 등 크고 작은 국제 투자회사들, 지금 한국에 와서 투자하고 있는 외국 회사들 뒤에 누가 있는지 알아보면 놀랄 일이 한두 가지가 아닐 것이다. 사실 현재 세상에서 일어나는 일을 있는 그대로 소개하면 열에 아홉은 그 말을 믿지 않을 것이다. 그만큼 그들은 상상을 초월하여 음으로 양으로 마치 천 개의 팔이 달린 비시누[3] 신의 손처럼 우리 주변을 에워싸고 있다.

독자들은 한국에서 일어나고 있는 현실과 『시온의 칙훈서』의 내용을 비교하여 지금 우리는 어디까지 와 있는지, 나아가 전 세계는 어디쯤 와 있는지 고찰해 보길 바란다.

1부

시온의 칙훈서, 무엇을 말하고 있는가

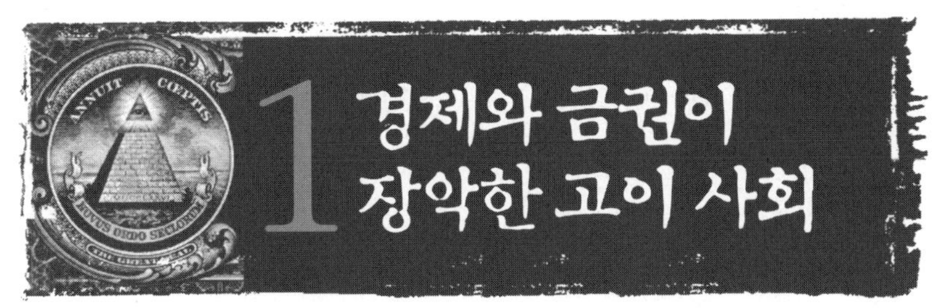

: 돈과 정치, 그들의 생존법칙

금권이란 말은 돈이 정치적인 힘을 갖게 된다는 뜻이다. 이 말은 정치가가 정치를 하려면 돈이 필요하기 때문에 항상 돈 가진 사람들에게 걸려든다는 말이기도 하다. 특히 자질이 모자라는 정치인일수록 더욱 그러하다. 물론 이것은 정치가에게만 국한된 얘기는 아니다. 학자, 언론인, 노동운동가, 사회정의운동가 등을 막론하고 사리사욕과 공명심이 강한 사람일수록 돈에 대한 유혹을 더욱 크게 받는다.

반면 이렇게 돈을 미끼로 사용하는 부자는 돈으로 매수하는 일을 투자라고 생각한다. 이렇게 투자로 매수한 사람이 배반하지 못하도록 약점을 쥐는 것은 투자자에게는 보험을 드는 것과 마찬가지다. 때문에 투자 대상이 기회주의자이고 협잡을 좋아하고 사리사욕에 물든 사람일수록 좋다. 특히 공인으로서 변명의 여지가 없는 치명적인 잘못을 저지른 사람은 금상첨화이다.

일단 적당한 사람을 선택하고 나면 그 후의 일은 일사천리로 진행된다. 그들에게 돈, 언론, 학계, 심지어 폭력까지 필요한 것은 무엇이든 동원해 투자 대상을 영웅으로 만드는 것은 아주 쉬운 일이다. 그런 후 이들을 대통령 자리를 위시한 여러 요직에 배치해 목적을 이루려 한다.

돈의 힘은 비단 정치가에게만 국한되는 것은 아니다. 위로는 명예와 사치를 탐하는 유명인사부터 아래로는 당장 직장을 잃으면 밥을 굶어야 하는 무명씨들에게까지 돈의 힘이 미치지 않는 곳은 없다. 돈만 있으면 사람들의 행동을 자기들 좋은 쪽으로 조종하는 것은 일도 아니다. 물론 부자들은 이렇게 얻은 힘을 분야를 망라하며 구석구석 융통성 있게 사용한다.

이런 예는 쉽게 찾아볼 수 있다. 대중이 용납하지 못할 클린턴 대통령의 섹스 스캔들을 터뜨려 탄핵이란 위협을 한 후 클린턴의 정책을 자기네들이 원하는 쪽으로 돌린 것이 대표적인 예다. 물론 클린턴이 똑똑한 인물이기도 하지만, 애초에 그가 대통령이 된 것도 마약 사업 같은 부정한 일에 손을 담갔기 때문에 가능한 일이었다. 결국 세상 최고의 권좌인 미국 대통령 위에 돈을 가진 자들의 눈에 보이지 않는 힘이 군림하고 있는 것이다. 이렇게 돈의 힘으로 하는 정치를 재벌정치 또는 금권정치(Plutocracy)라고 한다.

현재 지구상에 민주주의라는 체제를 갖고 있는 국가는 모두 재벌정치 체제로 향하고 있다. 이미 '데모크라시'라기보다는 '플루토

크라시'를 실행하고 있는 셈이다. 가장 대표적인 나라가 미국이다. 베트남 전쟁, 이라크 전쟁 등 우리가 기억하고 있는 모든 전쟁은 금권가(金權家)들의 계획 하에 일어난 것이다. 우리나라도 예외는 아니다. 얼마 전 신문을 장식했던 차떼기, 사과상자 같은 단어들을 떠올려보자. 이것들이 모두 재벌정치의 일면을 보여주는 것이다. 필자는 현재 대한민국의 재벌이 과거 군사독재시절 권력자에게 상납하던 습관이 민주화되는 과정에서 곧바로 금권정치 체제로 변환하는 과도기에 서 있다고 생각한다. 그러니 한국 토종 재벌정치의 권세가 세계 재벌의 세계화 과정에서 어떻게 변신할지 관심 있게 관찰하기 바란다.

『칙훈서』[4)에서는 제1장부터 금권의 중요성을 강조한다.

그렇다면 과연 세계에서 가장 강하다는 미국까지도 마음대로 움직이고 있는 그들은 도대체 누구일까? 우선 지구상에서 가장 돈 많은 부자가 누구인지를 파악해야 한다. 여기서 말하는 부자는 한국의 재벌 정도를 의미하는 게 아니다. 바로 유구한 역사와 함께 살아남아 세계의 돈을 긁어모은 사람들을 가리킨다. 이미 알려진 사람일 수도 있지만, 거의 대부분이 이름도 들어보지 못한 사람일 것이다. 진짜 부자들의 이름은 신문이나 잡지 같은 매체에는 나오지 않는다. 「포춘(*Fortune*)」지가 매년 발표하는 미국의 부자 5백 명의 명단에서도 이들의 이름은 찾아보기 힘들다. 그렇다면 이들을 뭐라 불러야 할까? 우선은 쉽게 국제금융가라고 생각하자.

: 세금 제도로 귀족들을 몰락시키다

정치를 잘 해서 백성들이 행복하고 태평성대를 누린다는 것은 중류계급이 다수를 차지하고 상류와 하류계급은 적다는 말이다. 그런데 요즈음 세계적 추세를 보면 중류계층이 사라지는 것을 알 수 있다. 중류층이 줄어든다는 것은 중류가 하류로 전락한다는 의미도 된다. 중간층이 거의 없어지고 대부분 국민이 하류계급으로 전락해 극소수의 상류층만 존재한다면 하류계급이 상류가 된다는 것은 꿈도 못 꿀 일이 된다. 우리는 과거 봉건사회에서도 이런 사례를 보아왔다. 부잣집에서 태어난 자식은 아무 걱정 없이 평생 놀고 먹어도 되었다. 걱정할 필요가 없으니 사색에 잠길 수 있다. 역사적으로 유명한 철인들은 대개 이런 사람들이었다. 그러나 대다수의 사람들은 잘못 태어난 죄로 평생 일만 하다 죽어갔다. 아무리 똑똑해도 재능을 살릴 수도, 지도자나 유명인이 될 수도 없었던 것이다.

옛날 종교가 지배했던 중세 암흑시대에 가진 자건 못 가진 자건 출생의 차별 없이 동등한 기회를 가져야 한다는 원칙 아래 세상을 뒤엎은 사람들이 있었다. 바로 프리메이슨이다. 이때 종교 세력과 함께 몰락했던 것은 귀족 혹은 왕족들이었다. 그들은 19세기 중엽에서 20세기 중엽 사이 약 1백여 년 동안 거의 사라져버렸다. 어떻게 전 세계적으로 이런 일이 벌어질 수 있었을까?

이는 참으로 중요한 이야기이다. 독자들은 영원히 부귀영화를 누릴 줄 알았던 이런 귀족들이 어떻게 몰락했는지 그 과정을 제대로 알아야 한다. 그러나 왜곡된 역사를 배운 우리가 그 내막을 알기란 쉽지 않다. 돈 많은 귀족들의 돈을 모두 빼앗아 그들을 가난하게 만든 방법은 바로 세금 제도였다.

사실 중세 봉건사회의 세금 제도는 엉성했다. 군주가 필요한 만큼 국민들의 형편을 보고 내놓으라고 하면 그뿐이었다. 당시의 관념으로는 백성을 포함한 모든 것은 군주의 소유물일 뿐 백성의 것이 아니었다. 그러다가 엘리트들이 경제학을 만들고 체계적인 세금 제도를 마련하고 호적 제도 등을 만들면서 점차적으로 나라 전체를 바둑판 들여다보듯 정리를 해나가기 시작했다.

제1차 세계대전이 일어나기 전만 해도 서양에서는 세금을 내는 것을 명예로 생각했다. 부자들이 자선하듯 정부에 주고 싶은 만큼 세금을 냈고 그것을 몹시 자랑으로 여겼다. 인구 제도도 부실해 출생신고 같은 것도 없었다. 교회에서 올리는 교적 정도가 있을 뿐이었다. 미국의 경우 수입상품에 부과한 관세만으로도 충분히 나라 살림을 할 수 있을 정도였다. 그러던 것이 제1차 세계대전을 치르면서 모든 것이 달라졌다. 전쟁 자금을 조달하기 위해 임시로 세금을 걷기 시작한 것이다. 처음에는 전쟁이 끝나면 없앤다고 약속했다. 그러나 전쟁이 끝난 후 이 제도를 없애기는커녕 아예 영구화했다. 오히려 나라 살림을 위해 세금은 반드시 필요한 것이라고 교육했다. 이제는 모든 범법행위 중에도 탈세를 가장 엄하게 다루고 있다. 미국인들이 하는 농담 중에 이런 말이 있다. "살인을 하고 아마존 강으로 도망가면 괜찮지만, 탈세를 하고 가면 꼭 뒤쫓아온다."

『칙훈서』에는 시온의 왕국에서는 일부러 무자비하게 통치를 한다고 했다. 그리고 그 통치 방법 중 세금을 거두는 방법이 먼저 시행되고 있는 것이다. 이제는 무덤까지 따라온다고 할 정도로 무자비하고 철두철미하게 세금을 거둬들이고 있다.

세금 제도는 엘리트들이 국가에 빌려준 돈을 회수할 수 있도록 보험 삼아 각 나라가 만들도록 한 것이 그 시작이다. 점진적 누진세제는 있는 사람에게서 없는 사람에게로 자산을 재분배하기 위한 사회주의적 방책이다. 그러나 이는 어디까지나 일반적인 부자에게서 돈을 빼앗아 가난한 사람에게 주는 것일 뿐, 특권층인 엘리트들은 여기에 해당하지 않는다. 절대군주가 세력을 유지하기 위해서는 그 아래에 있는 모든 세력들의 균형을 잡을 필요가 있다. 부자가 돈이 너무 많으면 그들의 세력이 너무 커지므로 그들의 돈을 빼앗아 없는 자에게 나누어주면 불평도 없애고 부자의 세력도 약하게 만들 수 있다. 이렇게 세금이 중요하기 때문에 지도장로들이 세금에 대해 많은 이야기를 한 것으로 보인다.

이제 귀족들은 없어졌고, 새로이 특정 거대 자본가들이 그 자리를 대신했다. 이들은 이 책에서 말했듯 금력을 이용해서 세상을 통일하고 차지하려는 계획을 착착 진행시키고 있다. 물론 지금 이야기하고 있는 자유무역협정(Free Trade Agreement:FTA) 등이 바로 그러한 목적을 이루기 위해 밟고 있는 수순이다. 세계 경제 정책은 우선 다자간투자협정(Multilateral Agreement on Investment: MAI) 규정을 목표로 삼고 있다. 이에 대해서는 『그림자 정부』 경제편에서 자세히 설명한 바 있다. FTA, 도하개발 어젠다(Doha Development Agenda), 세 계 무 역 기 구 (World Trade Organization:WTO) 등의 경로로 결국 MAI를 성사시키면 세계 경제 통일의 발판이 완성될 것이다.

　요즘 유행하고 있는 용어들이 있다. 신자유주의, 신세계질서, 자유무역 같은 것들이다. 시장경제라는 말도 빼놓을 수 없다. 인수·합병 또는 M&A라는 말도 흔히 듣는 용어다. 흔히 시장경제의 원칙에 입각해 경쟁력 없는 기업이 유능한 기업에 흡수되는 것이 당연한 이치라고 가르친다. 만약 계속 먹고 먹히다가 두 개의 기업만 남았다고 가정하자. 남은 하나는 다른 쪽보다 더 유능하고, 다른 쪽은 무능하다는 말이다. 그렇게 될 경우 나머지 하나가 다른 쪽을 흡수하는 것이 당연할 것이다. 큰 고기가 자기보다 작은 고기를 삼키는 것을 건전한 시장경제 원칙이라 한다면, 이는 결국 독점경제를 위한 체제를 만들고 있는 것이다.

　전 세계에 자동차 회사가 하나뿐이라고 하자. 그 회사는 독점시장을 갖고 있다는 말이 된다. 그 회사는 자동차 가격을 마음대로 정하고, 사람들은 자동차를 사든지 말든지 둘 중의 하나만 선택해야 한다. 과거에 있었던 건전한 경쟁을 통한 발전과 시장의 조정 기능은 기대할 수 없다. 그런 용어는 이미 잊혀진 지 오래일 것이다. 하지만 고이[5]들은 독점사회를 만들면서 아주 건전한 경쟁사회, 시장경제를 만든다고 한다. 물론 마지막 하나가 남을 때까지, 인수·합병이 계속되는 한 건전한 경쟁사회고 시장경제 원칙이 잘 적용되고 있다고 할 것이다. 이는 모두 엘리트들이 교육한 대로 그런가보다 하고 믿고 따라가기 때문이다.

　그렇다면 왜 엘리트들은 독점경제 체제로 몰아가는가? 이는 물론 자기들 이외의 다른 사람이 가진 자본을 빼앗기 위해서이다. 결국 요즘 유행하는 시장경제라는 용어는 독점경제라는 말과 같은 것이다.

⋮ 누군가 경제순환을 조종하고 있다!

순환경제란 호경기와 불경기가 번갈아가면서 순환한다는 말이다. 실제로 번갈아가며 나타나는 것도 사실이다. 그러나 누군가가 이것이 자연적인 현상이냐고 묻는다면 나는 단호히 아니라고 대답할 것이다. 이는 누군가가 조종하고 있기 때문에 일어나는 현상이다.

한번 생각해 보자. 자원이 풍부한 아프리카나 남미의 많은 나라가 자연조건으로만 보면 일본이나 한국 같은 자원이 없는 나라보다 더 잘 살아야 할 터인데 오히려 더 못 살고 있다. 혹자는 그 나라 사람들이 자원이 많기 때문에 게으르다고 말한다. 그러나 이는 추측일 뿐이다.

불경기와 호경기가 서로 바뀔 때 통화량을 비교해 보기 바란다. 통화량에 큰 변화가 생긴다는 것을 알게 될 것이다. 물론 이제는 전 세계가 사슬처럼 연결되어 분석하기가 쉽지는 않다. 통화량은 인구 한 사람당 필요한 생활비를 계산해 전체 인구 수로 환산하여 결정해야 인플레이션과 디플레이션의 위험이 없는 안정된 경제 환경을 만들게 된다. 문제는 엘리트들이 중앙은행이라는 것을 차지하고 매우 비밀스럽게 통화량을 조정해 경제공황을 조작한다는 것이다. 이에 대해서는 『그림자 정부』 경제편에 자세하게 설명하였다.

: 젠타일을 몰락시키기 위한 합법적 도박, 증권

사람들은 마치 매일 경제의 건강을 진단하듯 주식시장의 증권 가격에 관심을 갖는다. 그러나 통화량이 얼마나 어떻게 변화하고 있는지에는 관심이 없다. 경제의 건강 상태를 보려면 물가 변동과 통화량을 제일 먼저 알아봐야 한다.

그리스도교적 도덕관념에 의하면 도박은 죄악이다. 유교적 관념으로도 도박은 미풍양속을 해치는 것이다. 놀음에 빠졌다가 돈을 잃고 패가망신하는 일이 종종 있어 사회악으로 취급한다.

세상에서 가장 으뜸가는 도박으로 증권을 꼽지 않을 수 없다. 그럼에도 불구하고 정부를 위시하여 사회에서는 증권을 아주 건전한 경제 활동으로 취급한다. 그리고 이를 활성화시키기 위해 놀음판, 즉 시장을 만들기 위해 노력하고 있다. 결국 증권은 경제신문의 맨 앞자리를 차지하게 되었다. 증권으로 망해 재산을 몽땅 날리고 심지어는 자살까지 하는 소동이 그리 드문 일이 아니다. 그 폐해가 도박보다 더하면 더했지 결코 덜하지 않다. 그런데 도박을 하면 죄를 지었다며 잡아 가두지만, 증권에서 돈을 많이 따면 똑똑한 사람이라며 부러워한다.

하지만 사람들은 이것이 모순이라는 것을 알아차리지 못한다. 오히려 모순이라고 말하는 사람을 이상하게 여길지도 모른다. 이는 바로 엘리트들의 교육 때문이다. 그들에겐 사람의 두뇌와 판단 능력을 마비시키는 재주가 있다. 이런 그들이니 한국인을 위시한 세계의 모든 인류를 짐승처럼 취급하는 것도 당연하다.

앞에서 호경기와 불경기를 오가는 순환경제를 엘리트들이 통화량으로 조절한다고 언급한 바 있다. 통화량 다음으로 중요한 것이 바로 증권시장을 조작하는 방법이다. 그들은 경제 제도를 만들어 마음대로 조종한다. 생각해 보라. 유한회사라는 회사법에서부터 주식제도, 그리고 그 주식을 팔고 사는 증권시장, 이 모든 것이 그들의 창작품이다. 모두 경제를 조작하기 위해서 만든 것이다.

유한회사는 회사가 망해도 사주는 망하지 않는 제도이다. 지금까지 학교와 사회에서 배운 모든 것을 머리에서 지우고 한번 심각하게 생각해 보기 바란다. 그러면 결국 증권이란 젠타일을 망하게 하기 위해 만들어낸 것이라는 사실을 깨닫게 될 것이다. 또 증권제도에 이런 내막이 있기에 『칙훈서』에서는 지상정부가 들어선 다음에는 이를 폐지하겠다는 것이다.

: 외채로 나라의 부를 빼앗는다

국가의 빚인 외채에 대해 많은 정치 경제인들이 우려하고 있다. 이는 국민의 걱정거리이기도 한다. 제3세계 국가들은 도저히 회복이 불가능한 외채와 눈덩이처럼 불어나는 빚 때문에 사는 게 말이 아니다. 소위 선진국가라 하는 미국이나 OECD 국가들도 모두 빚에 쪼들리고 있다.

그런데 빚진 국가는 많은데 채권자 이야기는 들어보지 못했을 것이다. 그러면 도대체 누구에게 빚을 지고 있단 말인가?

고이들은 세계를 하나로 보는 경제 체제를 지상의 목표로 생각한다. 결국 국가의 재산은 소위 다국적기업 또는 국제금융가들의 손으로 넘어가게 된다. 국가의 빚은 점점 불어나고, 백성들은 점점 더 가난해진다. 일반적으로 국제금융가로 많이 알려진 채무자들이 각 나라의 경제를 잠식하고 있는 것은 이미 잘 알려진 사실이다. 『그림자 정부』 경제편에서 "불어나는 것은 유식한 경제학자와 국가의 빚뿐"이란 토드 부크홀츠(Todd G. Buchholz)의 말을 인용한 일이 있다. OECD 발표에 의하면 2006년 각국의 외채 평균치는 국내총생산(GDP)의 78퍼센트에 달하며 계속 증가하고 있는 실정이다. 한국의 경우 GDP의 30퍼센트 정도로 다른 나라에 비해 사정은 나은 편이지만 증가 추세인 것은 마찬가지이다.

우리의 수입이 어느 정도인지 알려면 단순히 GDP만을 볼 게 아니라 GDP에서 빚을 제하고 난 숫자를 보아야 한다. 한국의 경우 1997년에 외채가 GDP의 7.5퍼센트이던 것이 꾸준히 불어나 2005년에는 24.8퍼센트로 늘어났고, 2006년에는 28.1퍼센트, 2007년에는 31.6퍼센트로 예상하고 있다. 결국 10년 동안에 네 배 이상 빚이 늘어난 것이다. 2006년 9월에 국민 1인당 1,300만원의 빚을 지고 있다는 뉴스도 있었다. 이는 곧 그들이 모든 국가를 완전히 조종하는 세계 통일의 때가 가까이 왔다는 증거이다.

외채는 부(富)를 빼앗겼다는 의미이다. 지금 제3세계 국가들이 빚에 허덕이고 있다. 그 빚의 대부분이 이자 때문에 진 빚이다. 세계은행(World Bank), 국제통화기금(International Monetary Fund:IMF) 같은 용어 때문에 많은 사람들의 머릿속에 빚이라는 관념 자체가 사라졌다. 다만 세계적인 거대한 금융기관에서 어려운 나라 살림을 도와주는 것으로 착각하고 있다. 우리는 이렇게 빌리는 돈이 다름 아닌 고리대금이라는 것을 반드시 알고 있어야 한다. 세계은행을 위시한 모든 금융기관은 개인이 소유하고 있다. 결국 이들은 돈놀이를 하고 있는 것이다. 물론 이들에게 국가라는 개념은 없다. 그래서 자국이든 타국이든 높은 이자를 붙여 빌려준다. 그래서 미국이나 캐나다 같은 선진국들도 산더미 같은 빚을 지게 된 것이다.

⋮ 나라 팔아먹는 민영화의 덫

정부는 국가 전체의 공익을 보호하고, 국가 경제를 유지하기 위해 기본 인프라를 마련해 주는 공공성 있는 사업을 직접 맡아 경영했다. 이것이 그동안 국영 기업체의 존재 이유였다. 국영 기업체 중 적자로 운영되는 곳이 많아졌다. 물론 사주가 정부이다 보니 생산성은 어느 정도 떨어지게 마련이다. 그러나 설사 약간 비능률적이라 해도 국영 기업체는 반드시 존재해야만 한다.

국민의 세금으로 운영되는 국영 기업체는 국민 생활과 산업의 기틀을 마련해 준다. 따라서 국가 기간산업은 국가 전체의 산업을 밀어주는 차원에서, 손익의 관념을 초월하여 운영되어야 한다. 또한 그 존재 목적과 능률 역시 국가적인 차원에서 거시적으로 판단하고 평가해야 한다. 이를 영리만을 목적으로 하는 개인 기업체에 맡긴다는 것은 완전히 존재 목적을 망각한 처사이다. 예를 들어 전매청처럼 많은 수익을 내는 국영 기업체도 있다. 이런 것을 시온의 지도장로들은 국가의 쌈지 꾸러미라고 불렀다.

위정자들이 자기네들의 잘못된 정치 때문에 빚이 늘게 된 것은 탓하지 않고 체면을 유지하기 위해 쌈지 꾸러미를 팔아 치운다. 예를 들어 한국전력 같은 국가의 기본 에너지를 마련해 주는 기업체를 판다고 가정하자. 위정자들은 매각하는 이유를 능률적인 운영을 하기 위해, 또는 국민의 부담을 덜어주기 위해서라고 할 것이다. 생산성과 능률은 올라갈 것이다. 그러나 향상된 능률로 인한 이익은 누구의 것인가? 국민도 정부도 아닌 회사의 주인의 것이다. 회사 주인이 돈을 많이 번다고 값을 내려줄까? 혹시 백만 명에 하나 정도 그런 사람이 있을지도 모르겠다. 개인 기업체는 하나에서 열까지 모두 영리를 목적으로 한다. 적자가 나면 출혈 운영을 하는 게 아니라 주식을 뽑아 다른 기업체에 투자하던가, 아니면 흑자가 나도록 소비자에게 돈을 더 받아낸다. 흑자가 나더라도 다른 회사보다 이윤을 덜 내면 요금 인상의 이유가 된다. 개인 기업체는 돈을 더 많이 벌기 위해서만 노력한다. 돈을 벌기 위해 투자를 하지 자선사업을 하려고 돈을 쏟아붓지는 않는다. 결국 국민들의 부담이 적어지기는커녕 더 늘어나게 된다.

국민의 부담을 덜어주기 위해 공기업을 팔아 치워야 한다는 정치가나 경제인을 무엇이라 불러야 할까? 시온의 지도장로나 엘리트들이 이런 사람들을 고이라는 비천한 말로 부르는 것도 이해가 된다.

공기업을 산 개인이 내국인이라고 치자. 이런 경우는 국민의 돈이 한 주머니에서 다른 주머니로 옮겨갔다고 할 수도 있다. 그러나 요즘처럼 세계화된 세상에서 언제든지 외국으로 흘러나갈지 모를 일이다. 결국 그 자산이 국내에 머물러 국민의 자산으로 남는 길은 정부가 소유하는 것뿐이다.

민영화의 열기는 기간산업뿐 아니라 정부 자체도 팔아 치우게 될 것이다. 군대, 경찰, 관공서의 민원업무, 형무소 등을 모두 개인 기업체에 매각해 장삿속으로 운영하게 될 것이다.

국가에서 국영 기업체를 민영화하는 이유는 시장경제의 물결 때문이다. 금력을 쥔 재벌들은 사람이 생활하는 데 필요한 모든 것, 즉 마시는 물에서부터 군대까지 소유하게 되고 정부는 그들의 심부름이나 하고 뒷바라지나 하는 하인으로 전락한다. 자기 국민을 때려잡는 파수꾼이 되는 것이다.

: 자급자족 능력을 말살한다

능력과 실력이 있으면 콧대가 높아지게 마련이다. 사람은 자기를 범하려는 사람에게 힘이 다할 때까지 대항한다. 때문에 남을 범하려면 상대의 힘부터 없애야 한다. 한 나라의 자급자족 능력을 없앤다는 것은 그들이 대항할 힘을 없애버린다는 말이 된다.

그러면 자급자족 능력이란 무엇인가? 사람의 생존에 꼭 필요한 것들을 생각해 보자. 첫째가 공기, 둘째가 물, 셋째로 식량이 있다. 아직 공기를 사고팔지는 않지만 물은 분명히 상품이 되고 있다. 현재 이 순간에도 사람들은 마시는 물을 휘발유보다 더 비싼 돈을 주고 사서 마시고 있으면서도 별로 의식하지 못하고 있다. 과연 몇 사람이나 이를 의식하면서 사 마시고 있을까? 아마 갑자기 모든 물을 같은 값에 사서 쓰라고 한다면 그때 가서야 물이 귀중하고 비싼 물건임을 느낄 것이다. 이런 말을 하면 대부분의 사람들은 허황된 소리라 할 것이다. 바로 이런 점이 시온의 지도장로들이 노리는 어리석은 젠타일의 생태이다.

목장에 있는 소떼에게 그들이 존재 목적이 사람의 먹이가 되는 것이고, 함께 기거하다 트럭에 실려가는 소들이 얼마 지나지 않아 사람들의 식탁에 놓일 것이라 말해 보자. 과연 몇 마리의 소가 이 말을 믿을까? 세상에 있는 60억 인간 대부분이 목장의 소들과 비슷한 운명에 처해 있다.

몇 년 전 벡텔(Bechtel)이란 회사가 볼리비아에서 물의 권리를 샀다. 이때 국민들은 아무 생각 없이 구경만 하고 있었다. 얼마 후 벡텔은 공사를 다 끝낸 후 각 가구에 물 값을 요구했다. 그들은 돈을 내지 않으면 물 공급을 끊겠다고 했다. 물 값은 월 평균 세대당 미화 20달러 정도였다. 이 사람들의 월 평균 수입은 100달러, 이전까지는 거의 무료로 물을 사용했는데 갑자기 20달러씩 내라고 하니 그때야 정신이 번쩍 들었던 것이다. 다행히 처음 생긴 일이라 주민들이 궐기했고, 결국 벡텔은 볼리비아를 일시 떠났다. 그러나 결국 이런 회사들이 세계의 물 권리를 장악하게 될 것은 불을 보듯 뻔한 일이다. 현재 세계의 물 소비량은 20년마다 갑절로 늘어나고 있다. 그 증가율은 인구 증가율의 두 배에 이른다. UN 통계에 의하면 현재 10억 이상의 세계 인구가 식수 고갈로 고생하고 있다고 한다. 현 추세로 간다면 2025년에는 현재 지구상 공급 가능한 식수 전체의 56퍼센트가 더 필요해진다. 그래서 몬산토(Monsanto) 같은 거대한 다국적기업들이 물 권리를 차지하기 위해 혈안이 되어 있는 것이다.

그 다음은 물론 음식이다. 옛날에는 각 국가 단위로 자급자족을 목표 삼았지만, 이제 세계를 하나의 지구촌으로 보고 지구 자체를 단위로 자급자족을 한다. 그래서 그들은 각 나라별로 단일경작을 추천하고 수출에 의존하는 체제로 바꾸라고 압력을 넣는다. 전 세계를 이러한 체제로 바꾸면 각 나라를 조종하기가 훨씬 수월해진다. 세계 각국의 자급자족 능력을 없앤다면 그만큼 그 나라를 지배하기가 쉬워지는 것이다. 이러한 일은 어느 한 나라를 목표로 해서는 안 된다. 이 계획은 전 세계를 한 묶음으로 해서 동시에 자급자족 능력을 없애고, 직접 식량을 관리해야 가능한 것이다.

그들의 꼬임에 한국의 위정자들도 자진해 농업을 파괴하다시피 했다. 국민들은 밥을 먹지 않고 수입한 다른 음식을 선호하게 되었다. 모자라던 쌀이 남아돌아간다. 벼를 기르던 농민들은 농사를 포기하게 되었다. 이제 자급자족할 힘을 잃은 한국인들은 별 수 없이 그들의 자비에 운명을 맡기게 된 것이다.

그래서 고이들이 아무리 부자가 되어도 자기네들의 수중에 들어오지 않고서는 부를 유지할 수 없다고 말하는 것이다. 그들이 식량을 꽉 움켜쥐고 주지 않을 때 각국 위정자 고이들이 자진해서 나라를 바치고 무엇이든 하라는 대로 할 터이니 제발 식량 좀 달라고 애걸하는 것이다.

이제 그날이 멀지 않았는데도 사람들은 태평하기만 하다.

세계 경제를 움직이는 거대한 지하경제

살아가는 데 경제라는 것은 무척 중요하다. 그러나 경제라는 것이 어떻게 생긴 것인지 대부분 잘 알지 못하고 있는 것이 현실이다. 전문가란 사람들도 대중들과 다를 바 없다. 이들은 엘리트들이 알려주는 한 분야만 공부해 마치 눈 옆에 가리개를 붙인 말처럼 옆은 못 보고 앞만 쳐다보는 훈련을 받아왔다.

경제는 지상경제와 지하경제 두 가지로 나눌 수 있다. 지상경제는 정치가나 경제전문가들이 다루어 매일 신문이나 잡지 등 언론매체에서 다루는, 일반 사람들이 경제 전체라고 믿고 있는 바로 그 경제이다. 그러나 사람들이 거론하지 않거나 외면하며 잊고 사는 거대한 경제도 있다. 마약, 창녀, 인신매매, 밀수, 도박 등의 경제 활동은 지상경제에서 거론하지 않는 경제 활동이다. 불법적인 경제 활동이므로 사람들의 입에서 오르내리지 않는 것이다. 그러나 지하경제 규모는 보통 사람들의 상상을 뛰어 넘는다. 지금은 지하경제가 지상까지 올라와 뒤흔들고 있다. 오히려 지하경제가 지상경제보다 더 크다고 한다. 미국 감옥에 갇힌 마약사범이 감옥 안에서 연간 수억 달러 규모의 마약 장사를 할 수 있었던 사건이나, 미국 내에서 마약 거래로 인해 수감된 죄수의 수만 보아도 그 크기를 짐작할 수 있을 것이다. 그뿐 아니다. 모든 경제 제도 역시 이런 사람들이 일하기 편하게 만들어 놓았다는 것을 우리는 모르고 있다.

요즈음 소위 M&A 즉, 인수·합병이라는 말이 기업체들 사이에서 유행어처럼 떠돌고 있다. 우리는 그 액수에 주목해야 한다. 점점 더 천문학적 숫자의 돈이 오간다는 것을 알게 될 것이다. 이렇게 회사들은 돈으로 넘쳐나고 있는데 각국 정부들은 돈이 없어 야단이다. 복지 예산을 삭감하고 공무원을 대량 해고해 국민들이 아우성이다. 이에 덩달아 회사들도 해고가 무슨 유행이라도 되는 양

막대한 수의 직원을 정리해고한다. 그러면서도 상부 책임자들의 봉급은 인상하고 다른 회사를 인수한다. 처음에는 돈이 없어 해고한다고 하지만 나중에 할 말이 없으면 능률 때문에 정리한다고 한다. 이름도 없던 회사가 어디서 돈이 났는지 어마어마하게 큰 회사를 인수하는 경우도 있다. 도대체 어디서 돈이 난 것일까? 물론 이런 회사들 모두가 지하경제를 통해 돈을 벌었다는 말은 아니다. 그러나 이런 일이 흔한 것은 사실이다.

세계적으로 유명한 거대 회사들의 본사는 아주 작은 나라에 있다. 실제 상업행위를 하는 본사는 지사가 된다. 물론 합법적이다. 조지 소로스(George Soros)라는 이름을 들어본 적이 있을 것이다. 그 사람 하나가 러시아 같은 나라에 준 기부금이 미국 정부가 준 돈보다 많을 정도이다. 도대체 이 사람은 얼마나 많은 돈을 갖고 있고, 언제 어디서 그렇게 엄청난 돈을 벌었단 말인가? 아마도 20년 전만 해도 그의 이름을 들어본 사람은 드물 것이다. 한번 생각해 볼 일이 아닌가? 그의 회사는 어디에 있을까? 미국 사람이니 미국에 있다고 생각하나? 소로스의 회사는 케이먼 아일랜드에 있다. 그 사람이 갖고 있는 회사 역시 미국 회사가 아니다. 케이먼 아일랜드라는 나라의 회사다.

이 섬나라에는 어마어마하게 많은 회사가 있다. 대개 사주가 들르는 일도 없이 사무실 하나만 외롭게 있을 뿐이다. 이런 곳을 세금 안식처(Tax Haven)라 한다. 세금이 없을 뿐 아니라 국가에 장부를 보여줄 필요도 없고, 아무도 장부를 보자고 요구하지 못한다. 이것은 주권국가인 이들 국가에서 법으로 그렇게 만들어버렸기 때문이다. 그 나라 안에 폭력적이거나 불법적인 상행위만 하지 않으면 비밀을 지킬 수 있는 권한을 보장한다. 조폭이나 떳떳치 못한 자금으로 돈을 버는 사람들이 이런 나라에 국적을 두고 장사를 하면 얼마나 편할지 상상해 보라. 그뿐 아니다. 세금을 덜 내기도 좋다. 언젠가 대한항공이 외국 법인체를 만들어 돈을 빼돌리고 세금을 포탈했다는 말이 한국 언론에 보도된 적이 있다. 그 외국 법인체의 주소 역시 이런 세금 안식처였던 것으로 기억한다. 이런 나라들은 무척 많은데, 주로 과거 영국의 식민지였던 작은 나라들이다. 옛날에는 스위스 비밀구좌라는 말이 흔했지만 지금은 옛말일 뿐이다.

이런 나라가 아무 탈 없이 성업중인 것은 그들이 독립적인 주권국가여서도 아니고, 미국 정부가 이런 곳이 있다는 사실을 몰라서도 아니다. 바로 잇속만을 차리는 소로스 같은 사람들이 미국 정부로 하여금 이 나라를 건드리지 못하게 하기 때문이다. 미국의 정치가들 역시 이런 곳이 필요하기 때문에 이런 일을 합법적으로 놔두는 것이다. 이제 얼마 후면 한국 권력가들도 세금 안식처에 자주 드나들 것으로 짐작된다.

: 지하경제의 꽃, 마약

미국이 앞장서서 막대한 비용을 들이면서 테러와의 전쟁을 하는 것은 자유와 인권 그리고 평화를 위해서라고 알고 있을 것이다. 그도 그럴 것이 거의 대부분의 국가들에서 정부와 정치계, 언론계, 학계 등 모든 분야의 지도자적 위치에 있는 사람들이 그렇게 말하기 때문이다. 그러나 실상은 오히려 반대이다.

지금은 지하경제가 지상경제를 능가하고 있다. 어느 사회이건 조금만 틈을 주면 곧 폭력단체가 우후죽순으로 자라나고 이들은 곧 조직화된다. 이들은 폭력을 밑천으로 자본을 축적한다. 어중간한 폭력조직은 정부가 나서서 청소를 하고 이를 본 국민들은 매우 만족하게 된다. 그러나 이런 조직이 커지게 되면 정부는 은밀하게 이들과 동업자가 된다.

조폭들이 거대해지면 지상 사회의 정치 경제가 이들의 발밑에 무릎을 꿇기도 한다. 가장 선진적인 민주주의 제도를 갖고 있다는 미국에서도 대통령이 되려면 이런 조폭들의 후원을 얻어야 한다. 부시나 클린턴 같은 대통령이 이들과 손을 잡고 마약 장사를 하는 것이 현 상황이다.

미국에 마약중독자가 많다는 사실은 이미 잘 알려진 사실이다. 미국에서 마약은 불법이다. 때문에 마약사범을 잡는 특별기관도 있고 경찰이나 FBI 등 다른 수사기관도 이들과 긴밀하게 협조하고 있다. 마약 관련 법령이 세계에서 가장 엄격한 나라일지도 모른다. 그럼에도 불구하고 미국의 마약중독자는 증가하고 있다.

9.11테러 이후 미국에 입국해 본 사람들은 국경 수비가 얼마나 엄격한지 잘 알고 있을 것이다. 신발까지 벗고 몸수색을 받아야 한다. 그런데 미국 내에서는 마약이 생산되지 않는다. 이 말은 미국에서 소모되는 마약은 모두 수입된다는 뜻이다. 그런데 9.11 이후의 삼엄한 경비 속에서도 미국에서 마약 부족으로 마약 값이 치솟고 이로 인해 범죄가 증가한다는 말은 듣지 못했다. 이는 마약 수입 경로에 아무런 이상이 없다는 말로 해석해도 될 것이다. 그러면 손톱깎이 하나도 몸에 지니고 입국하기 어려운 미국에 어떻게 그

많은 마약을 공급할 수 있을까?

마약 산업은 지하경제의 가장 중요한 사업 품목이다. 2003년 6월 UN총회에서 코피 아난 사무총장은 전 세계 마약 산업의 규모를 연간 미화 5천억 달러에서 1조 달러라고 발표했다. 이는 전 세계 오일과 천연가스 산업의 합계를 능가한 액수이다. 그럼 누가 이런 거대한 사업을 관장하고 수입을 얻을까? 막대한 힘을 갖지 않고서는 불가능할 것이다. 그렇다면 세계에서 가장 힘이 센 조직이나 사람은 누구인가? 미국, 이스라엘, 러시아 정부, 아프가니스탄의 군벌, 특히 러시아의 은행, 마피아 같은 폭력조직 등이 떠오를 것이다.

인류 사회의 설계자인 그들은 우리가 사는 세상을 혼돈으로 몰아가고 있다. 때문에 CIA 같은 조직이 세계 도처에서 비인도적인 일들을 꾸미는 것이다. 물론 이런 것들은 돈 없이는 불가능하다. 그렇다고 이런 비용을 의회에서 정식으로 타낼 수도 없는 일이다. 때문에 지하에서 돈을 벌어 충당하고 있다. 그 가장 큰 소득원이 바로 마약 장사인 것이다.

마약을 성공적으로 생산하기 위해선 정치적 불안정이 꼭 필요하다. 그래서 아프가니스탄, 코소보, 레바논, 미얀마와 같은 분쟁 지역이 마약 산업의 요지가 된다. 그리고 그 지역을 관장할 수 있는 정치적 영향력을 가진 사람이 필요해진다. 그래서 무자비한 독재 정권이 들어서는 것이다. 마약으로 유명한 콜롬비아는 메들린 카르텔(Medellin Cartel)이란 막강한 힘이 그 지역을 관리하고 있어 안심하고 마약을 재배할 수 있었다. 이는 마피아의 힘만으로는 불가능하다. 그 뒤에는 얼굴 없는 막강한 힘이 있는 것이다.

이렇게 지역이나 국가의 권력을 잡은 이들이 국제적으로 안전하고 영구적인 사업을 하기 위해서는 세계적으로 막강한 세력과 결탁해야 한다. 이들은 치안이 안정되면 오히려 불안해한다. 그래서 강대국과 결탁해 분쟁을 일으키기도 한다. 미국이 아프가니스탄을 침공한 큰 이유 중 하나도 마약재배이다. 그래서 아프가니스탄을 전 세계 마약 공급의 80~90%를 차지하도록 만들었다.

모스크바 폭파라고 불리는 1999년 9월의 모스크바 연쇄 폭파 사건도 예로 들 수 있다. 이는 체첸 반군의 이슬람계 분파와 크렘린의 주인이 공동으로 계획했고 다시 CIA와 합의해 조작한 테러였다. 러시아는 이 사건을 기화로 다게스탄(Dagestan)을 침공했고 이는 체첸 침공의 빌미가 되었다. 마약 생산과 유통이 원활해졌음은 물론이다.

정치적인 목적으로 일어나는 사건들은 마약 사업과 함께 돌아간다. 이들은 목적이 같으면 정부를 지원하기도 하고, 장막 뒤에서 세력을 키워 정부를 원하는 대로 없애거나 고통을 주기도 한다. 물론 이들은 절대 자신들의 존재를 드러내지 않는다. 때문에 지상의 상아탑에 갇힌 점잖은 교수들이나 어수룩한 정치가들에게는 알려져 있지 않다. 결국 대중에게 세상사를 해설해 주는 사람들이 이들의 존재를 모르는 탓에 대중들은 점점 우매해지고 있는 것이다.

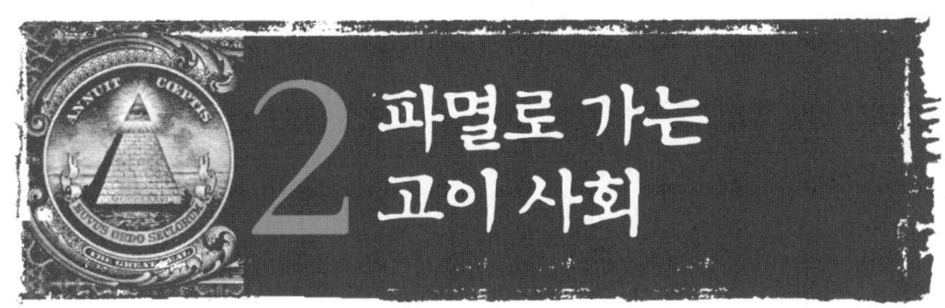

: 사랑받지 못하는 정치인

예전에는 정치하는 사람들을 나랏일을 하는 사람이라 불렀다. 이들은 존경과 선망의 대상이었을 뿐 아니라 국민들은 그들이 하는 말에 귀를 기울였다. 그러나 요즈음에는 정치가들이 하는 말은 의심부터 하게 되었다. 심지어 그들을 경멸하기도 한다.

정치인이 되면 이권에 개입해서 큰돈을 벌 수 있다. 때문에 정치권에 발을 들이기 위해 많은 돈을 사용한다. 선거에서 돈을 많이 뿌리는 후보일수록 당선된 후에 몇 배나 되는 돈을 긁어모아야 한다. 돈을 많이 쓰는 후보일수록 부패하고 부정한 마음이 도사리고 있다. 그럼에도 불구하고 돈 많이 쓰는 후보에게 표를 던진 유권자들은 제가 멍청해서 투표해 놓고는 다 똑같은 나쁜 놈들이라고 욕

한다.

　사회에서 지식층이라 자부하는 사람들은 부패한 정치인에게 썩은 것들이라고 혹평하며 자신은 그들과 관계도 없는 듯 애써 외면한다. 심지어 투표하는 것 자체를 쓸데없는 짓이라 여기는 사람들도 있다.

　과연 이런 유권자들에게 정치인을 손가락질할 자격이 있는가? 그런 썩은 정치인들을 뽑은 유권자들이 바로 자신들이란 것을 모르는가? 정치인들이 썩은 것은 썩은 정치인들을 뽑은 유권자들의 책임이다.

　이렇게 썩은 사회를 만드는 것이 바로 엘리트들이 원하는 것이다. 그래야 자기들이 세계를 통일할 수 있기 때문이다. 이는 『칙훈서』에서 가르치는 가장 중요한 대목이기도 하다(10장 19절 참조).

　세월이 흐를수록 국민은 더욱더 경멸 어린 시선으로 정치가를 보게 될 것이다. 왜냐하면 '신자유주의'나 '시장경제'라는 새로운 사조 아래 정부의 권한은 점차 약해지고, 이와는 반대로 다국적기업이라는 개인 회사의 권한은 점점 더 커져, 잘못은 기업이 저지르고 정부는 권한도 없이 책임만 지게 되는 웃지 못할 사회로 바뀌기 때문이다. 의무만 있고 권리는 별로 없다보니 정치하는 사람들은 불쌍하게도 땀만 뻘뻘 흘리다 욕만 먹게 되는 것이다. 그래도 큰 회사에서 집어주는 돈 때문에 정치판에 들어서려는 사람들은 줄을 잇는다.

　정치하는 사람들이 국민 앞에서 꿀 먹은 벙어리가 될 때가 있다. 2006년 9월 영국과 주변 4개국에서 미국에서 수입한 유전자변형(GMO) 쌀이 발견되었다. 유럽연합 25개국에서는 GMO 식물은 재배하지도, 팔지도 못하도록 이미 법제화된 상태였다. GMO 식품의 안전성이 증명되지 않았기 때문이다. 따라서 정부는 당연히 즉각 수입 금지 처분을 내렸어야 했다. 그러나 정부에겐 수입 금지나 GMO 상품 표시 명령을 할 능력이 없었다. 이제 조만간 미국과 FTA 협정을 맺게 될 한국 정부 또한 마찬가지일 것이다. 앞으로 미국에서 광우병 걸린 소고기를 팔아도 막지 못할 것은 뻔한 일이다. 광우병 걸린 소고기란 사실도 국민에게 제대로 알리지 못할 것이다.

국민의 건강이 위험하다는 것을 알고도 말 못하는 정부, 정쟁을 업으로 삼는 정치가들, 일신의 영달만을 위해 정치판에 들어가는 대부분의 정치인들을 보는 국민들이 눈길이 고울 리 없다. 이렇게 정치인들은 위신과 믿음을 잃고 국민과 엘리트들의 조소만 받게 될 것이다.

: 참사와 재난을 만들어내다

세계에서 가장 잘 산다는 미국도 한국을 부러워한다. 우선 경제적으로 윤택하고 치안이 잘 되어 있다. 또한 지난 월드컵 경기에서 보여준 붉은 악마 응원단과 일반 국민들의 태도는 만국의 존경을 받을 만하다. 이런 점에서 한국인들은 긍지를 가져도 좋을 것이다. 그러나 얼마 전만 하더라도 서양 사람들은 정직하며 깨끗하고 질서를 잘 지키는 반면, 한국인들은 모두 더럽고 질서를 지키지 않는 것이 기정사실이었다. 그러니 현재의 모습만 보고 세상사를 판단하지 말아야 한다. 지금 이 순간 굶어 죽는 인간이 세상에 얼마나 되며, 전화(戰禍)에 목숨을 잃는 사람들이 얼마나 있는지 세계의 시사 지도를 들여다보고 매년 변화하는 모습을 비교해야 한다. 지금의 한국의 상황이 영원히 지속될 수 있는지도 생각해 보아야 한다.

1950~1960년대 미국과 지금의 미국을 비교해 보기 바란다. 오늘날 대부분의 미국인들은 날이 어두우면 밖에 나가기를 꺼린다. 거리가 무법천지이기 때문이다. 미국이 돈이 없어 그럴까?

세상이 점차 참혹한 구렁텅이로 빠지고 있는 것이 보이지 않는가? 앞으로 거대한 경제공황이 닥쳐올 것이다. 하지만 당한 후에야 깨닫는 것은 아무 소용이 없다. 석유값의 급등, 미국 달러의 가치 폭락, 두 가지만 보아도 공황은 너무나 명백한 일이다.

2005년 여름 카트리나라는 허리케인으로 미국 루이지애나 지역이 큰 타격을 받았다. 이 참사는 인재로 밝혀졌다. 이것이 고의적인 것인지 아니면 안전 불감증에 의한 실수인지를 따져봐야 한다. 1년 이상이 흐른 지금, 모든 정황을 살펴보면 고의적으로 일을 꾸민 것으로 여겨진다.

제방 시설의 위험성에 대해 연방정부에 여러 차례 보고했고 보수공사를 위한 예산을 달라고 호소했지만 연방정부는 계속해서 예산을 삭감했다. 카트리나가 불어올 때에도 미국연방재난관리청(FEMA)에서는 방관만 했다. 철도와 버스를 이용해서 충분히 시민들을 대피시킬 수 있었음에도 FEMA는 아무 대책도 세우지 않았음은 물론 이를 막았다. 재난이 일어난 다음에도 의료진과 의료품이 버지니아에서 대기하고 있었고, 외국 구급대가 와 있었어도 어느 정부 부서가 관리할지 결정이 안 된 데다 봉사원들의 보험 문제가 해결되지 못했다는 이유로 현장에 들어가지 못하도록 막았다. 우여곡절 끝에 경기장에 모여 난을 피한 사람들이 식량 부족으로 굶어 죽는데도 영국에서 보낸 수백 톤의 NATO군 야전식량을 인간이 먹기에는 안전하지 못하다는 이유를 내세워 모두 불태워버렸다. 이 야전식량은 이라크에 파병된 영국 병사들이 먹고 있는 것으로 안전에는 아무 문제도 없었다.

이런 상황에서 부시 대통령은 노느라 정신이 없었고, 그의 어머니 바바라 부시는 고생하는 이재민들에 대해 원래 못살던 사람들인데 수용소에서 고생 좀 하기로 무엇이 문제냐는 식으로 발언해 물의를 일으키기도 했다. 대통령은 직무를 유기한 FEMA 책임자를 오히려 일 잘했다고 칭찬을 하고(나중에 자진 사퇴했지만), 잘못된 일은 지방 관리 탓으로 돌렸다. 그리고는 체니가 부통령이 되기 전 근무했던 헬리버튼(Halliburton)이라는 회사가 허리케인 복구공사를 싹쓸이하다시피 해서 많은 돈을 벌고 있는 상황이다. 이는 과거 우리가 알고 있던 미국이 아니다. 과거는 정말 모든 국가들이 존경하지 않을 수 없도록 일들을 잘 처리했었지만 그런 것은 이제 추억 속으로 사라지는 듯하다. 앞으로도 계속 정부의 이런 비상식적인 일이 거듭하여 일어난다면 우리는 이를 시온의 지도장로들이 세계를 관리하는 프로그램의 일부로 보아야 할 것이다.

: 질병을 퍼트려 인구를 조절한다

『칙훈서』의 10장 19절에는 질병에 대한 이야기가 나온다. 고의적

으로 질병을 퍼트린다는 대목이다. 이는 소위 우생학(優生學)이라
해서 70년 전부터 일반 대중 모르게 진행되고 있는 분야이다. 우생
학이란 루소(Rousseau)의 영향을 받은 토머스 맬서스(Thomas
Malthus)가 18세기 말 『인구론(*Principle of Population*)』을 발표하
면서 시작되었다. 그리고 지금은 나치의 우월민족 정책을 비난했던
미국과 영국 등의 선진국에서 더욱 활발히 진행되고 있다. 그 중에
서도 과거 독일의 화학회사 바이엘(Bayer AG), 훼이스트(Hoechst
AG), 바스프(BASF) 제약회사의 모체인 화벤(I.G. Farben)이나 미
국 록펠러 소속 셰브런(Chevron) 오일이 모체가 되어 많은 제약회
사와 화학회사 등을 갖고 대단한 발전을 보고 있다.

뿐만 아니라 군대에서도 생화학 무기를 연구하고 있다. 요즈음
한국에도 잘 알려진 암, 에이즈, 광우병, 구제역, 사스, 조류독감
따위를 위시해서 이름도 모르는 만성피로증, 마이코플라즈마, 바
실루스, 이콜라이, 웨스트나일 바이러스 등등 수없이 많은 예를 들
수 있다. 이뿐 아니다. 무기로 사용할 수 있는 탄저균, 에볼라 따위
도 인구 조절을 목적으로 개발되어 있다, 이런 것들이 예방주사,
살충제, 심지어는 JP-8이라는 제트기 연료 같은 매체로 사람들에
게 뿌려지고 있는 게 현실이다.

왜 이런 일을 하는 것일까? 물론 인구를 조절하기 위해서이다.
늘어만 가는 세계 인구는 전쟁으로 조절할 수 없는 지경에 이르렀
다. 여러 가지 방법이 있지만 그 중 한 가지 방법이 사람을 서서히
죽이는 것이다. 그러니까 시름시름 앓도록 해서 죽기 전 가진 돈을
모두 엘리트에게 바치라는 것이다. 이는 적자생존의 원칙이라 할
수도 있고 잉여인간을 없애는 방법이라고도 말할 수 있다. 요즈음

노령사회가 되고 있는 판에 무슨 뜬딴지 같은 소리냐고 반문할 사람이 있을지도 모른다. 하지만 걱정할 필요 없다. 이제 전쟁과 질병의 세상이 앞으로 한 50년 정도 계속되면 사람이 귀해져서 이런 얘기도 쑥 들어갈 것이다.

: 평화와 정의의 이름으로 빚어지는 분쟁

유대인이라 하면 나치에게 희생된 6백만 명이 생각날 것이다. 온 세계가 다시는 이런 비극이 인류에게 일어나서는 안 된다고 다짐했다. 그리고 세계 지도자들은 다시는 전쟁이나 인류의 참극을 재현하지 않기 위해 UN을 만들었다. 그러면 이들은 평화를 위해 무엇을 했을까? 반세기 동안 한 일이 무엇인가? 한번 평가해 보자. 이는 세상이 어떻게 돌아가는가를 제대로 알 수 있는 좋은 계기가 될 줄로 믿는다.

제2차 세계대전 종전 후 전범을 재판하기 위해 열린 뉘른베르크 재판이 있은 후에도 비극은 끝나지 않았다. 팔레스타인, 한국, 베트남, 캄보디아, 아프리카, 남미, 동티모르, 코소보, 아프가니스탄, 이라크 등에서 분쟁은 계속되었다. 그 중 1994년 여름에 있었던 르완다 학살 사건은 엘리트들의 속마음을 제대로 보여주는 계기가 되었다.

당시 유엔 르완다 원조군(UNAMIR)의 사령관 댈레어(Dallaire) 장군은 후투(Hutu) 족이 투치(Tutsi) 족을 대량 학살하기 위해 준비한다는 정보를 입수한 후 UN에 보고하고, 이를 미연에 방지하기 위해 무력 사용을 허락해 줄 것과 증원군을 파병해 달라고 간청했다. 그러나 UN은 끝내 학살 방지를 허락하지 않았다. 그 결과 겨우 석 달 동안 80만이란 투치 족이 그저 투치라는 이유로 죽음을 당했다. 당시 UN은 학살을 막을 수 있었다. 그러나 오히려 학살을 부추기고 말았다.

지금도 이스라엘 정부가 팔레스타인 사람들에게 하는 행태를 보면 평화와 공존이 아닌 학살이 주된 목적이라는 것을 알 수 있다. 텔아비브 히브리 대학의 한 교수의 말로는 이스라엘 정부는 전 아랍국을 상대로 아스완 댐을 폭파할 계획을 논하고 있다고 한다. 그러나 이스라엘의 행동을 제대로 알아보기도 쉽지가 않다. 미국을 중심으로 한 세계 언론이 모두 이스라엘 편에 서 있기 때문이다. 팔레스타인에게는 제대로 자신의 입장을 설명할 기회도 주지 않는다. 미국은 이스라엘에 대항하는 팔레스타인 사람들은 테러분자들이고 이스라엘군은 평화의 사도들이므로 팔레스타인 사람들을 죽이는 이스라엘을 이해한다고 한다. 김구, 안중근, 윤봉길 같은 사람들은 테러분자들이었고, 한국인들은 모두 악의 씨라는 것과 같은 말이다. 일본이 한국인 수십 수백만을 죽였다 해도 평화의 사도 미국은 일본을 이해하고 지원했을 것이다. 마찬가지로 북에 있는 북한 사람들도 사탄의 부하로 세상에서 악한 행위만 일삼아 하는 못된 인종이라고 한다. 그래서 북한 사람들은 모두 죽여야 마땅하고, 그들을 죽인 후에는 신의 심판이 내렸다고 할 것이다. 그러면 이런 말을 하는 자들은 과연 누구란 말인가?

: 정부와 사회의 모든 조직을 조종하다

엘리트들은 정치계의 각 파벌은 물론, 모든 사회의 조직에 침투하여 분쟁과 다툼을 조장한다. 그들은 금력과 지식과 음모, 협박 등을 망라하여 적시적소에 알맞은 방법을 사용한다. 이런 방법은 『칙훈서』 전체에서 여러 번 강조되고 있다. 특히 12장에서는 비시누 신의 팔에 비유해 사회를 통솔하는 방법을 언급하고 있다.

이것은 엘리트들이 주도하는 요즘 같은 세상을 이해하는 데 아주 중요한 관점이다. 『칙훈서』에서 그들은 언론을 75퍼센트 소유한다고 말했다. 이는 절대 다수를 말하는 것이지 숫자로 꼭 75퍼센트라는 말은 아닐 것이다. 그런데 언론뿐 아니라 정치, 문화, 종교, 재계, 학계, 법조계 등 모든 분야에서 극좌에서부터 극우까지, 심지어는 관선언론에서 반정부언론까지 각각 테두리를 달리하는 여러 형태의 색깔이 있게 마련이다. 그런데 스스로를 유일하다고 자처하는 파벌마다 하나씩 모두 손을 뻗게 만든다는 것이다.

예를 들어 정부를 옹호하는 사회단체가 있다고 하자. 그러면 반대로 정부를 비방하는 단체도 많을 것이다. 이런 단체에 열성분자로 가장해 활동을 한다. 단체의 지도자가 되기도 한다. 이는 결국 사회 전반에 걸쳐 누가 어떤 생각을 하고 있는지 그 명단을 모두 가지고 있다는 말이다. 이런 명단을 알아두었다가 꼭 필요한 경우에 사용하는 것이다. 그들이 시온 왕국을 수립할 때가 되면 하느님처럼 심판을 내려 그동안 충성하여 잘 써먹은 사람은 적당히 대우하고 나머지는 없애버리면 된다는 것이다.

노동계와 조폭은 중요한 요소이다. 보통 사람들은 그들에게 조

폭이 매우 중요하다는 점을 이해 못할 것이다. 조폭은 정치, 경·
재계 등 돈 되는 곳에는 모두 침투할 수 있다. 또 사회 전체에서 노
동자 계급은 어마어마한 다수를 차지하고 있다. 이 다수를 관장한
다는 것은 국가 전체를 이끄는 데 꼭 필요한 일이다. 여기에 조폭
을 이용하겠다는 것이다.

노동자는 어느 사회이건 피지배계층이며, 상류 극소수의 부귀영
화를 위해 희생되는 것이 일반적이다. 때문에 건전한 사회를 위해
서는 노동자의 권익을 도모해야 한다. 정치가들은 이들의 표와 재
벌의 돈 사이에서 생존을 위한 묘기를 부리지 않을 수 없게 된다.
불행히도 노동자 계급은 상대적으로 무식하게 마련이다. 대부분의
민주사회에서 대중의 머리를 조종하는 것은 언론이다. 그래서 노
동자들이 정당한 이유로 유일한 투쟁 수단인 파업을 해도 일반 민
중은 대개 외면을 한다. 오히려 침이나 뱉지 않으면 다행이다. 노동
자의 파업이 대중에게 불편을 주기 때문이다. 이런 사회 분위기를
조장하는 데에는 언론이 가장 큰 역할을 한다.

그러나 한편 겉으로는 정의를 부르짖지만 뒤로는 사리사욕을 채
우는 데 혈안이 된 노동지도자들도 흔하다. 대개 이들은 종횡으로
정치 혹은 경재계 인사들과 유기적 관계를 유지하며 원래 자신들의
임무와는 상반되는 일을 논의하고 진행시킨다. 바로 이런 인사들을
지원하여 엘리트들이 노동계급을 조종하는 것이다. 이런 일을 하기
위해서는 최소한 유사 조폭이 되어야 한다. 미국 노동계의 많은 노
동자 조직이 조폭과 연루되어 있다. 물론 미국뿐 아니다. 우리도 자
세히 살펴야 할 것이다.

ː 사회를 부패시키는 데 앞장서다

　정부가 진정으로 국민을 위해 통치하지 않는다면, 개인의 이득과 국가라는 공동체의 이득이 일치될 때에만 질서를 지키고, 이익이 일치되지 않을 때에는 질서를 지키지 않는 것이 자연스런 일이다. 이는 부패한 사회로 전락하는 것이 법치국가가 되는 것보다 쉽다는 말이기도 하다. 부패한 사회에서 나를 희생해서 나라를 위한다는 것은 말뿐이다. 정부가 법의 잣대로 다스린다는 것 역시 불가능하다. 이런 사회에서 법은 있으나마나한 장식품에 지나지 않는다. 오직 힘없는 하류계층에게만 엄격하게 법이 적용되는 사회인 것이다. 이런 사회에서 질서를 잡는 것은 돈과 완력이다. 따라서 불법이건 합법이건 돈을 벌면 정의가 되는 것이고, 범죄가 조직적으로 성장하게 되면 이들의 마음이 곧 법이 된다. 결국 경찰은 범죄조직의 시녀로 전락하고 만다.

　유대인들은 수단과 방법을 가리지 않고 돈을 벌어야 한다는 관념을 마치 신앙처럼 여겨왔다. 핍박이 심한 사회에서 믿을 것이라고는 돈밖에 없었기 때문에 더더욱 그랬을 것이다. 어떤 형태의 사회에서든 돈의 위력은 대단하다. 그러나 이와 반대로 돈 때문에 인간이 인간답지 못한 행동을 하는 것을 보아온 젠타일 사회에는 돈을 천시하는 버릇이 있었다. 때문에 유대인이 젠타일 사회에서 부자가 되기는 상대적으로 쉬웠을 것이다.

　사회적으로 불이익을 당하던 유대인에게 쉽게 힘을 과시할 수 있는 사회란 부패한 사회이다. 그래서 그들이 가장 좋아하는 사회 역시 부패한 사회이다. 때문에 이들은 사회를 부패시키는 데 늘 앞장섰다.

　사회가 부패해진다는 것은 그 사회의 권력자들이 기회주의자라는 말과도 통한다. 이들은 자신의 이득을 나라와 국민보다 우선순위에 놓고, 소아(小我)를 위해서 언제고 대아(大我)를 희생시킬 준비가 되어 있는 자들이다. 때문에 시온의 지도장로들에게는 매우 쉬운 표적이 된다. 그리고 일단 약점이 잡힌 후에는 기꺼이 그들의 노예가 되어 사회의 지도자 역할을 하게 되는 것이다. 대한민국에도 독재자가 여럿 나타나서 이 나라를 통치해 왔다. 그들은 국민 앞에서는 신에 버금가는 독재자였지만 사실 미국이란 힘 앞에서는 노예나 다름없었다. 여기서 미국이란 미국이라는 나라 자체라기보다는 그 나라를 움직이는 권력가 집단을 통틀어 일컫는 것이다.

　많은 한국인들은 민주화와 함께 독재자들은 물러가고 참다운 자유와 평등을 구가하는 진정한 민주주의 시대가 왔다고 믿고 있을 것이다. 『칙훈서』의 5장 2~3절에서는 바로 이런 착각에 대해 언급하고 있다. 이제 한국에서 독재자들은 물러갔다. 그렇다면 이 사회를 움직이고 있는 주인은 과연 누구인가? 그들은 전에 소유하고 있던 그들의 노예였던 이 나라의 독재자 대신 직접 우리 입에 들어가는 먹을거리를 틀어쥐고 있는 국제 자본이다. 그 국제 자본은 전에도 미국을 움직이는 힘이었고, 현재와 미래의 한국을 위시한 많은 국가들을 조종하는 장본인이라는 것을 인식해야 한다. 그들이 사회를 조종하는 형식이 조금 달라졌을 뿐 그들의 절대 권력은 퇴보하기는커녕 더욱 막강해지고 있음을 알아야 한다.

: 사치를 조장하다

　엘리트들에게 사치품이라는 것은 아주 요긴하게 이용되는 품목이다. 인간이란 원래 호의호식을 좋아하게 마련이고 남다른 고급품을 소유하는 것으로 남보다 우월하다고 생각한다. 생활 수준이 높아진다는 것은 사치품을 더 많이 사용한다는 말과 통한다.

　사치품을 많이 소비하게 되면 자연 사치품을 생산하는 산업이 발달하게 마련이다. 무엇이든 생산해서 잘 팔고 돈을 많이 벌면 좋은 사업이라 할 수 있다. 그러나 국가 단위를 하나로 보는 관점에서 사치를 조장하여 국민들의 소비가 큰 비중을 차지하게 되면 문제가 있을 수 있다. 여유가 있을 때에는 별 문제를 느끼지 못하지만, 기본적인 의식주 문제를 해결하기 어려울 때에는 패망의 첩경이 될 수도 있다. 생활 수준은 올리기는 쉽지만 내리기는 매우 어려운 법이다. 결국 한번 올라간 라이프스타일을 유지하기 어려울 때에는 많은 사람들이 별별 비겁한 수단을 마다하지 않게 된다. 사회 전체에서 볼 때 경제를 일으키는 데 도움이 될 수 있는 자본이 사치품 산업에 소모될 수 있다는 말이다. 사회를 망치게 하려면 사치를 조장하면 된다. 어느 누구도 사치 때문에 망했다고 생각조차 못할 것이다.

　서양에서 볼 때 지금 대한민국이라는 나라는 '졸부'에 불과하다. 한국인은 언제 가난했던 적이 있었냐는 듯 호화스런 생활에 날새는 줄 모르고 있다. 시내는 온통 명품 옷으로 가득 찼고, 5~6만 원짜리 시계를 1억 원 가까운 값에 판 사기꾼이 뉴스를 장식한다. 수세기 동안 잘 살고 있는 부자 나라 사람들도 입을 딱 벌리고 기막혀 할 정도이다.

나라가 어려울 때마다 유난히 가슴 깊이 파고드는 말이 있다. '우리는 한다면 하는 민족이다'라는 말이다. 그 한다면 한다는 민족정신을 사치하는 데 쓰지 말고, 참으로 의미 있는 인생이 어떤 것인지를 가르치는 데 쓴다면 세상이 우러러 보는 내적으로 풍부한 나라가 될 수 있지 않을까 한다.

: 투기성 산업을 장려한다

우선 자급자족 할 수 있는 능력을 없애고, 빈익빈부익부의 사회로 만들어, 대다수 사람들을 가난하게 만들고 돈이 있는 사람은 돈이 귀한 줄 모르게 만든다. 사람은 돈의 가치관이 흐려지면 사치하게 되어 자연 투기를 하게 된다. 돈이 돈을 버는 사회를 만들어 얼마 동안 재미를 보게 하지만, 때가 무르익었다고 생각되면 그 돈을 빼앗아 가는 것이다.

현재의 경제를 카지노 경제라고 부른다. 카지노는 도박과 직결되는 말이다. 얼마 전까지만 해도 사람들이 투자를 한다고 하면 으레 우리가 말하는 1차, 2차, 또는 3차 산업에 투자하는 것이었다. 벨기에 루앙 대학의 버나드 루시앵(Bernard Lucien) 교수에 의하면 1975년에는 전 세계 투자액 중 산업 투자는 80퍼센트이었고 투기성 투자는 20퍼센트 정도였으나, 1997년에는 산업 투자는 2.5퍼센트인 반면 투기성 투자는 97.5퍼센트에 달했다고 한다. 그리고 이 투기성 투자 대부분이 환투기로 다른 나라의 화폐와의 환율 차로 돈을 버는 것이다. 보통 하루에 3조 달러 정도의 돈이 국경을 넘나들며 환전되고 있다. 이러한 현상이 자연발생적인 것이라면, 양심적인 정치가들이 곧 그 방지책을 세웠을 것이다. 그러나 그렇게 되지는 않는다. 계획에 의해 이렇게 만들어졌기 때문이다.

『칙훈서』 6장 6절에는 무역을 장려해야 한다고 나온다. 이와 관련하여 현재 진행되고 있는 자유무역 체제의 신세계질서에 대해 생각해 보기 바란다.

: 노동자들을 타락시켜라

어느 사회나, 고금을 막론하고 노동자라는 계급은 가난하고 무식하며 핍박받는다. 이들은 단순하기 때문에 선동하면 쉽게 폭동을 일으킨다. 또 그 수가 많기 때문에 무서운 부류이다. 때문에 시온의 지도장로들은 노동자 계급을 다루는 데 현명한 지혜를 발휘해야 한다고 적고 있다. 가난하고 무식한 부류라고 부른 것은 상대적으로 다른 계급에 비해 그렇다는 말이다. 여기서 말하는 무식은 낫 놓고 기역자 모르는 무식이 아니다. 과학이 발달한 현대의 노동자들에게는 직업적인 고도의 지식이 필요하다. 여기서 말하는 무식은 이성적인 사고가 결핍된 사람들을 말한다.

아는 게 많아지면 생각도 많아지고 말도 잘 듣지 않게 된다. 노동자는 높은 사람이 시키는 대로 순종하는 인간이어야 다루기가 편하다. 그러면 어떻게 무식함을 유지하면서 감정을 무디게 만들 수 있을까?

물론 봉급은 적당한 양만 지급한다. 돈을 너무 많이 주면 게을러지고 건방져진다. 물론 너무 조금 주면 불만이 많아져 일의 능률이 저하된다. 이를 조정하는 일은 비교적 쉬운 일이다. 그들이 무식한 상태에서 만족하게 하려면 학식이 없어도 일자리를 마련해 주면 된다. 감정을 무디게 만들기 위해서는 스포츠, 섹스, 흥행, 신앙 등에 빠지도록 만들어야 한다. 3S 정책과 종교는 이래서 중요한 것이다.

: 누구를 위한 법인가?

가끔 법이라는 것이 가해자를 보호하는 것인지 피해자를 보호하는 것인지 혼동할 때가 있다. 정의(正義)와 정도(正道)를 기준으로 판결하기보다는 권력이나 금력이 더 중요한 요인으로 작용하는 것도 사실이다. 억울한 일을 당한 사람이 고소를 하고 손해배상을 청구했을 때도, 이겨 봤자 명예만 되찾은 만족감뿐 돈은 거의 변호사 차지이다. 그리고 소송에서 이기기 위해 소비한 정력과 시간 따위는 이긴다 해도 그 가치를 의심하게 되는 것이 민주주의 사회의 실상이다. 이런 결함은 다만 사회를 명랑하고 밝고 올바르게 만들기 위해 일하는 데 따른 작은 부작용에 불과하다고 하자. 『칙훈서』는 이에 대해 이미 이렇게 될 것을 미리 알고 일부러 그렇게 설계했다고 설명한다.

사법에서 정의(正義)라는 것은 사건 내용의 근본을 따지는 것보다 말싸움하여 이기고 지는 것이다. 즉, 기술적인 면이 사실보다 더 중요하게 취급되는 것이다. 이런 사법 제도는 엘리트들이 고안해 낸 작품이다. 앞에서 설명했듯 언어의 교묘함은 숨긴 채 법률을 만들어야 한다는 것이 그들의 칙훈이다.

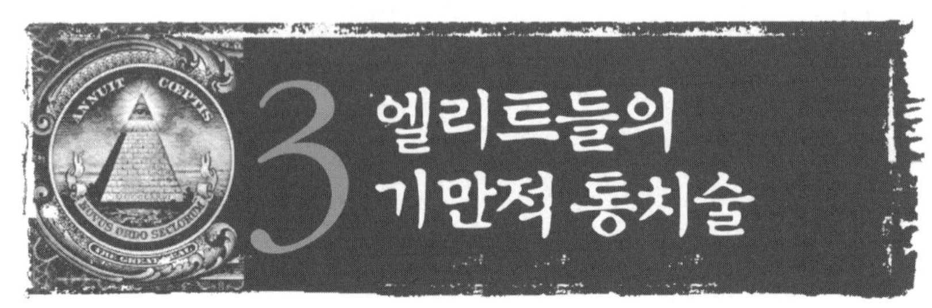

: 반 유대운동을 지원하라

유대인에 대한 감정을 종식시키기 위해서는 반 유대인 운동을
지원할 필요가 있다. 이는 마치 불은 불로 치유하고 물은 물로 다
스린다는 원칙과 일치한다. 때문에 좌익 세력을 분쇄하기 위해서
는 좌익 운동을, 우익 세력을 타도하기 위해서는 우익 운동을 지원
하고 이에 가담한다. 이런 조직체에서 가장 열성분자이고 과격분
자로 알려진 사람들이 실은 자신의 조직체를 파괴하려는 저의를
갖고 있는 경우가 많다.

시온주의자들은 오랜 세월 세계 방방곡곡을 유랑하며 모진 박해
를 받아오던 유대인들의 국가를 갖겠다며 팔레스타인을 유대인의
고향으로 지목했다. 이론적인 근거는 자기네들이 2천여 년 전에

그곳에서 살았다는 성경의 기록뿐이었다. 우선 세계로부터 유대인이 팔레스타인을 차지할 권리가 있다는 지원을 받을 필요가 있었다. 때문에 나치 독일에서 받은 학대를 과장하고, 계속 피해 받는 유대인의 모습을 부각할 필요가 있었다. 그렇게 함으로써 유대인들은 동정을 받을 수 있게 되었다. 땅을 빼앗긴 팔레스타인 사람들이 유대인에게 적대감을 갖는 것은 당연했다. 게다가 유대인에게 받는 학정은 더욱 견디기 어려웠다. 이렇게 이스라엘에 대한 적개심은 커져만 갔다. 그래서 힘이 없는 팔레스타인 사람들은 간혹 팔레스타인 밖에서도 유대인에 대한 테러를 자행했다. 유대인들은 다시 피해를 입게 되고 유대인들은 피해를 과장해 더욱 많은 동정을 받는다.

유대인에 대한 테러는 요인 암살, 건물 폭파, 항공기 납치, 여객선 폭파, 공항 난사 학살 등등 익히 알고 있을 것이다. 또 1백여 회의 테러로 유대인 9백 명 이상을 살상한 '아부 니달(Abu Nidal)'이나, 뮌헨올림픽에서 이스라엘 선수들을 학살한 '검은 9월단' 같은 이름은 아직도 많은 사람들의 뇌리에 각인되어 있을 것이다. 문제는 이런 테러 대부분을 이스라엘 첩보부 모사드가 미리 알고도 방치했거나 오히려 간접적으로 도왔다는 데 있다. 뿐만 아니다. 모사드는 무슬림 원리주의자들의 테러 행위를 돕기 위해 무기를 보급하고 수송해 준다. 때로는 직접 이들을 고용해서 테러 행위를 자행하고 그 책임은 아랍이나 팔레스타인 사람에게 미루기도 한다. 미국이 이스라엘에 지원하는 원조액을 동결하자 모사드는 1991년 마드리드 평화협상에 참석한 부시 대통령 암살을 계획했다. 그런데 팔레스타인 사람 셋을 고용하고 훈련까지 시킨 단계에서 비밀이 누설되어 수포로 돌아간 적이 있었다. 모사드는 모든 것을 팔레스타인 테러 조직에게 책임을 떠넘기고 반사이익을 얻으려 했던 것이다.[6]

9월 11일 세계무역센터 폭파 사건, 7월 7일 런던지하철 폭파 사건, 3월 11일 마드리드 열차 폭파 사건 등 이런 자작극은 수도 없다. 그러나 그들이 세계 언론과 정보력을 장악하고 있기에 세상 사람들이 모두 속고 있는 것이다. 언론에서 대서특필해서 아랍 테러리스트들의 만행을 자세히 보고하면 일반 대중들은 이스라엘이나 유대인들에게 연민의 정을 느끼게 되고, 이스라엘의 만행을 긍정적으로 보게 된다. 지금 부시 대통령이 자기 아버지를 죽이려 했던 시온주의자 혹은 네오콘들과 한통속이 된 것 역시 이해를 할 수 있을 것이다.

지금 팔레스타인에는 '하마스'가 미국이 주창하는 민주주의 방식대로 선출되어 정권을 잡게 되었다. 미국은 아무리 독재정권이라 해도 자국의 이익에 도움이 되면 그 정권을 민주주의라고 옹호해 왔고, 자기네 국익에 부정적이면 아무리 민주주의 방식으로 선출된 정권이라도 문제가 있다며 부정하는 습성이 있다. 역시나 이번에도 하마스가 유명한 테러 조직이기 때문에 안 된다고 한다. 그러나 하마스, 알 카에다 등 미국이 주적으로 삼고 있는 소위 테러 조직이란 것들은 모두 시온주의자들의 꼭두각시가 된 미국의 손에서 자란 단체이다.

미국이나 서구 사회에는 비밀조직, 시민단체 등의 형태로 반 유대조직과 친 유대조직들이 산재하고 있다. 시온주의자들이 필요로 하는 것은 문제 제기이다. 그래서 이들은 반드시 음과 양, 정과 반으로 정 반대되는 두 가지 운동을 함께 벌인다. 마치 동전의 앞뒤처럼 말이다. 이는 '대립을 창조함으로서 원하는 결과를 얻는다'는 '정, 반, 합'의 변증법 논리에 의한 원칙이다.

: 언론의 자유를 역이용하라

　주류 언론은 상업주의에 젖어 있다. 다시 말해 흥미와 자극 본위로 여론을 인도한다는 것이다. 엘리트들이 문란한 성생활이 만연하도록 사회를 조작하려 한다고 가정하자. 우선 언론은 사회가 이렇게 도덕적으로 타락해서는 안 된다고 실례를 들어 대서특필하며, 연일 사례를 들어가며 보도를 계속한다. 사람들이 각성해 자제하도록 촉구한다는 식의 기사를 싣는 것이다. 사람들은 지금까지 모르고 있던 사실에 경악해 안 읽을 것도 읽게 되면서 흥미를 갖게 된다. 급기야 그런 기사를 읽던 사람들이 모르던 것을 배우게 된다. 이들은 문란한 성생활을 보편적인 것으로 깨닫게 되고 자기도 해보게 된다. 결과적으로 타락한 성도덕, 범죄, 마약 같은 것을 없애기는커녕 언론이 이를 조장하게 되는 것이다.

　폭력이 만연하는 사회를 만들기 위해서도 같은 방법으로 하면 된다. 이렇게 되어서는 안 된다며 흉악하고 잔인한 사례를 널리 알린다. 모든 사람이 경악할 기사를 내놓는 것도 방법이다. 처음에는 별 것 아닌 것도 사람들이 관심을 갖게 되지만 얼마 지나면 별로 주목을 끌지 못하게 된다. 그러면 언론은 더욱더 자극적인 사건을 소개해 주의를 끈다. 결국 사람들은 언론을 통해 배워서 흉내를 내게 될 것이다. 이러한 예는 우리 사회에서도 얼마든지 찾아볼 수 있을 것이다. 이것이 언론의 묘이자 언론의 자유를 역이용하는 방법이다.

정치에서의 언론의 역할도 마찬가지이다. 반공 사상만이 이 세상을 옳게 끌고 나갈 사상이라든지, 공산주의 사상만이 지상낙원을 만들 수 있다든지 하는 일반적인 생각을 만든 데에는 교육과 언론의 공이 크다. 그래서 남한에는 반공이념이, 북한에는 반미 사상이 철저한 것이다.

: 사이비 지식인을 양산하라

『칙훈서』에서는 언론의 역할에 대해 재차 강조하고 있다. 여기서의 언론이란 신문을 비롯해 일반 시민에게 영향력을 줄 수 있는 모든 매체를 말한다. 국민은 이들이 전하는 소식을 그대로 믿는다. 그리고 주류 신문을 읽음으로써 세상을 옳게 볼 수 있다고 믿는다. 이런 언론이 국민의 의식과 사상을 마치 벽돌을 찍어내듯 생산하고 있다. 국민의 의사라는 것은 바로 이 사람들이 만들어놓은 생각이다. 하지만 그들의 프로그램에 의해 스스로는 제대로 생각조차 못하게 만들어진 국민들은 스스로를 똑똑하고 세상일도 잘 안다고 믿고 있다.

미국이 '테러와의 전쟁'을 하고 있는 지금 테러의 근원은 '알 카에다(Al Qaeda)'이고 '알카에다'의 원흉은 '오사마 빈 라덴(Osama bin Laden)'이라 알려져 있다. 미국은 빈 라덴을 잡기 위해 아프가니스탄을 침공했다. 그러나 아직 그의 행방은 오리무중이다. 세계 최고의 강대국인 미국이 테러 조직의 우두머리 하나를 못 잡고 있는 것이다. 상황이 이쯤 되면 못 잡는 게 아니라 안 잡는 것이라는 의심이 나올 만도 하다. 하지만 대부분의 사람들은 정부 발표만 열심히 믿으며, 미국이 테러와 전쟁을 하고 있다고 철석같이 믿고 있다. 오히려 진실을 말하는 사람을 정신 나간 사람으로, 음모론이나 퍼트리는 허황된 사람으로 여기는 게 현실이다. 이렇게 사람의 사고 능력 자체를 조종할 수 있는 것이 바로 언론의 힘이다.

그러면 지식도 많고 누구보다도 뛰어난 판단력을 가진 사람들이 왜 엘리트들의 사병 노릇을 하며 거짓을 말하고 있는 걸까? 대부분의 경우는 엘리트들이 그들의 생명줄을 쥐고 있는 데다 이 사람들 자체가 생각할 줄 모르는 통찰력 결핍 환자들이기 때문이다. 사람이란 일반적으로 지식 수준이 높을수록 비겁해지고 교활해진다. 그들은 무식한 사람에 비해 몸을 사린다. 아는 것이 많아서 보는 것도 많고 하고 싶은 것도 많다. 시키는 대로만 하면 많은 돈과 높은 지위를 누릴 수 있는데 왜 위험한 짓을 하겠는가?

신문사를 생각해 보자. 어느 기자가 자기 양심에 따라 기사를 하나 썼다고 하자. 이것이 신문에 게재되지 않는다면 그 기사를 쓰기 위해 소비한 시간과 노력은 허비된 것이다. 신문사 입장에서는 이는 모두 돈이다. 그가 쓴 기사는 편집장의 마음에 들어야 한다. 편집장은 사주의 사고방식에 맞게 글을 쓰는 사람이어야 그 자리에 앉을 수 있다. 그래서 편집장을 위시하여 그 신문에서 글 쓰는 사람은 어떤 방향의 글이 적합한지 아닌지를 알아차려야 하고, 그에 반하는 글은 햇빛을 보지도 못한다. 따라서 양심에 따라 쓴 기사는 사람들에게 읽히지 못하고 그 기자는 돈만 낭비하는 기자로 낙인 찍혀 얼마 안 가 해고될 것이다.

나라마다 정도의 차이는 있지만, 미국 언론 같은 경우는 편집장이 어떤 내용을 취재해 어떤 방향으로 글을 쓰라고까지 지시한다. 물론 이에 따르지 않는 기자는 밥줄이 떨어지게 된다. 그러면 누가 회사를 갖고 있는가? 대부분, 특히 중요한 언론은 엘리트들이 갖고 있다.

흔히 미국 편에 선 나라들은 언론의 자유를 커다란 장점으로 여기고 있다. 그러나 언론의 자유에 먹칠을 하는 일은 지금도 계속 일어나고 있다. 미국에서는 언론의 자유가 보장되어 있는 것처럼 보인다. 그러나 조금만 깊이 들어가면 그것이 헛소리라는 것을 알게 된다.

지금 미국 정계는 네오콘(neocons)이란 집단이 주무르고 있다. 이라크 침공 당시, 그들은 거짓 정보를 조작하여 얼마 안 가 들통 날 거짓말을 한 후 우선 전쟁부터 시작했다. 이런 거짓 정보 조작의 중심에 네오콘과 CIA가 있다. 물론 그 뒤에는 이스라엘의 '모사드'도 있다. 제2차 세계대전 이후 CIA는 소위 자유세계들을 주물러왔다. 그래서 미국의 영향 하에 있는 각국 주류 언론 중 적어도 하나는 CIA에 의해 조종되고 있는 것이 현실이다. 이런 사실은 전 CIA 직원들도[7] 인정하는 일이다. 한국은 1945년 이래, 친탁과 반탁의 소용돌이, 상해 임시정부 죽이기, 이승만에게 정권 주기 등 지금까지 줄곧 그들에게 조종되어 왔다. 이쯤 되면 한국의 여론을 조작하고 정치계의 방향을 지시하는 언론이 있으리라는 것은 어렵지 않게 짐작할 수 있을 것이다. 따라서 CIA가 조종하는 언론을 무조건 믿고 따라가는 사람은 제대로 된 판단력을 가진 지성인이라 할 수 없다.

그렇다면 이런 언론을 어떻게 구별해야 할까? 간단한 방법이 있다. 어떤 언론이 가장 미국의 입장을 대변하고 옹호하는지를 살피는 것이다.

우리가 대부분의 사이비 지성인들처럼 '후천성 통찰력 결핍 증후군' 환자가 되어서는 미래는 암담하다. 진정한 지성인이라면 행간에 담긴 진정한 의미를 읽을 줄 알아야 한다. 이런 능력을 키우기 위해서는 그들이 알려주는 역사나 뉴스만 답습해서는 안 된다. 소위 주류 언론이 얼마나 많은 사실을 조작하고 있는지를 깨닫고, 육하원칙에 의해 이치를 따져가면서 새로 얻는 지식과 정보를 점검해야 한다.

: 편파적 보도를 일삼아라

사람들은 주류 언론이 발표를 하면 거의 무조건 믿는 버릇이 있다. 버릇이라기보다는 길들여졌다고 해야 할 것이다. 주류 언론의 이야기를 무턱대고 믿는 이유는 그들이 대개 돈이 많은 언론사이기 때문이다. 돈이 많아 기자들을 여러 곳에 파견해 정확하게 확인할 수 있으니 그들은 올바른 소식만 옮겨 놓았을 것이기 때문이다. 주류 언론은 그동안 믿을 만한 사실을 신문에 실었기 때문에 그만큼 관록이 붙어 있다.

국내의 주류 언론사들에는 사주가 있고 사주는 경제적, 정치적 또는 사회적으로 개인의 이익을 위해 기사를 교묘히 아전인수격으로 쓰게 한다. 같은 사건을 다루는 조선, 중앙, 동아일보와 한겨레의 보도는 완전히 반대의 인상을 준다. 언론들이 사실을 사실대로만 보도한다면 이런 일은 있을 수 없다.

지금 한국에서는 햇빛정책으로 통일을 한다고 야단이다. 그런데 한국인들은 남한은 100퍼센트 선량한 마음으로 양보를 하며 북에 퍼주기만 하는데 북에서는 고마운 줄도 모르고 배짱만 퉁긴다고 말한다. 북한이 100퍼센트 나쁘다는 한국인들의 생각은 어디에서 나온 것일까? 이는 하나를 주면 열을 달라고 하는 팔레스타인 사람들은 양심도 없고 경우도 모르는 야만인이라는 이스라엘인들의 말을 떠올리게 한다. 사실은 어떤가? 재판관이 재판을 할 때 한쪽 말만 듣고 판결하는 것을 보았는가? 어떻게 한쪽의 말만 듣고 옳고 그름을 판단할 수 있겠는가? 남북관계도 마찬가지다. 우리는 불미스러운 일이 있을 때마다 북한 사람들이 나쁘다고 한다. 그렇다면 틀림없이 북한 사람들은 악마의 집단이다. 따라서 부시 대통령의 악의 축 발언도 너무나 타당한 말일 것이다. 생각해 볼 문제 아닌가?

요즈음 한국에서 말하는 신자유주의, 신세계질서, 자유무역 등은 사실 하나의 관념을 이렇게 여러 가지 말로 표현하는 것이다. 그래서 사람들은 혼동한다. 그러면 누가 이렇게 사람들을 혼란스럽게 만드는 걸까? 바로 엘리트들이다. 세계의 돈을 긁어모으고 있는 국제재벌 또는 국제금융가들이다. 다른 말로는 다국적기업이라고 할 수도 있다. 다국적기업은 아주 크고 역사 깊은 세계적 기업을 말하는 것이다.

현재 우리나라에서 공기업의 민영화에 대해 '해야 한다'와 '해서는 안 된다'가 팽팽히 맞서 싸우고 있다. '해야 한다'는 측은 물론 정부와 경제계의 고이들이다. 그들은 민영화해야 하는 이유를 세계적인 추세이고, 국민의 부담을 줄이기 위해서란다. 이때 언론은 무엇을 하는가? 참된 언론이라면 양편의 주장을 심도 있고 형평성 있게 소개해 국민들이 알 수 있도록 해야 한다. 그리고 국민들이 배우고 나서 판단할 수 있도록 해야 한다. 그런데 언론은 그렇게 하지 못한다. 아니 못하는 게 아니라 안 한다.

그들이 어느 편으로 기우는지를 똑바로 살펴라. 이것이 국가의 장래에 중요한 일인지 사람들은 이해하지 못한다. 이는 일반 대중이 이해하는 것을 정부는 꺼리기 때문이다. 언론은 이미 정부의 시녀이다. 그래서 그럴 듯하게 얼버무려 현명한 정부 지도자들이 알아서 옳게 나라를 이끈다고 몰아갈 것이다. 요즘 한미 FTA 때문에 말이 많다. 이쪽 말을 들으면 이쪽이 그럴 듯하고, 저쪽 말을 들으면 저쪽이 옳은 것 같다. 전문적 지식 없이는 진위를 가려내기가 쉽지 않다. 후대에 후회를 남기지 않고, 보다 나은 미래를 위해서라도 공부하고 따져봐야 할 것이다.

언어로 사람들을 혼란스럽게 하라

엘리트들이 이 사회를 조종하기 위해 중요하게 여기는 분야는 단연 경제와 언어이다. 말이라는 것은 마음을 전달하는 도구이다. 그렇기 때문에 엘리트들은 보통 사람으로는 상상하기 어려운 말의 뜻을 교묘하게 이용해 사람들을 속이려 한다.

언어의 교묘함을 가장 신랄하게 적용하는 분야는 바로 법률이다. 각국 법률은 일반 교육 수준으로는 이해하기 곤란한 언어로 되어 있다. 법률을 전공한 사람만이 법조문을 이해할 수 있고, 법률 용어를 사용할 수 있다.

미국 재판 광경이 나오는 영화를 본 일이 있을 것이다. 재판장에 나온 사람들은 판사 앞에서 오른손을 들고 "the truth, the whole truth, nothing but the truth(진실을, 전체의 진실을, 순수한 진실을)……"라 맹세한다. 일반적으로 사실을 사실대로 거짓 없이 진술한다면 더 이상 무엇이 필요하겠는가? 미국에서는 단순한 진실뿐 아니라 전체의 진실과, 거짓이 섞이지 않은 순수한 사실을 진술하라고 맹세한다. 그래야만 틀림없는 진실을 들을 수 있기 때문이다. 만약 진실의 일부만 말한다면, 핵심을 오도(誤導)할 수도 있다.

지난 번 9.11테러 당시, 펜타곤 바로 옆에 있는 앤드류스 공군기지에는 두 편대의 전투기들이 수도 방위를 위해 완전무장하고 대기하고 있었지만 이들은 펜타곤이 피격을 당한 후에야 출동을 했다. 일반적으로 전투기들이 '전투준비 완료(combat ready)'라 하면 납치된 여객기를 요격하기 위해서도 출동했어야 한다고 생각할 것이다. 논란이 된 것은 그것이 '전투준비 완료'였지 '요격준비 완료(scramble ready)'는 아니었다는 것이다. 만약 법정에서 싸웠다면 그 전투기들이 'combat ready'라는 명령에 의해 대기 상태였기 때문에 납치된 비행기를 위해 출격할 의무가 없었다는 말로 해석될 수도 있다는 것이다. 이런 말장난 같은 사건을 놓고도 언론매체는 서로 상반되는 기사를 쓸 수 있다. 이는 독자들의 판단을 언론사들의 뜻대로 조종할 수 있다는 것을 의미한다. 우리는 언론이 어떻게 말하는가에 따라 흑과 백을 마음대로 결정할 수 있다는 것을 잊지 말아야 한다. 따라서 신문을 읽을 때 완전한 진실을 보도했는 가에 대해 관심을 가져야 한다.

: 스포츠, 섹스, 오락

엘리트들이 가장 중요하게 여기는 장르 중 하나가 교육기관과 언론매체다. 그들 손아귀에 있는 주류 언론매체는 사람들의 생각을 조작한다. 악화가 양화를 구축하듯, 사람들은 주류 언론의 기사를 기정사실로 믿지만, 대안언론이 주류와 반대되는 기사를 내면 의심하고 증거를 대라고 한다.

주류 언론 대부분을 소유하고 있는 엘리트들의 영향력은 막강하다. 언론에서 알려주는 말을 곧이곧대로 듣는 대중을 만들어 대중의 논리와 사상, 취향 등을 마음대로 조종한다. 자본주의 사회에서 반공사상을 주입시키는 것이나 공산사회에서 반자본주의, 반제국주의 사상을 고취시켜 각 개인의 신념으로 만드는 일이나, 온 국민을 우민화 교육을 통해 원초적인 사고방식밖에는 할 줄 모르는 단순한 인간으로 만드는 게 그들의 방식이다.

정신질환 중에 출분증(出奔症, Drapetomania)이란 병이 있다. 1851년 루이지애나의 의사 카트라이트(Dr. Cartwright)가 지은 이름으로, 당시 흑인 노예들이 도망가야 한다고 믿는 심리 상태를 병적인 질환으로 여긴 것이었다. 당시 많은 흑인 노예들은 좀더 나은 생활을 위해 뽀족한 대책도 없이 도망을 쳤다. 카트라이트는 이 병에 대한 치료법으로 노예의 발가락을 자르거나 심하게 채찍질하라고 가르쳤다. 이것은 백인들이 갖고 있던 뿌리 깊은 인종차별을 정당화하는 과학을 빙자한 나름대로의 해결책이었다.

20세기 후반에도 공산주의에 잡아먹힌다는 근거 없는 믿음으로 조금만 이상하면 빨갱이라고 잡아 죽였다. 아마 한국도 예외는 아닐 것이다. 통치자들은 물론 그 허구성을 잘 알고 있었으나 이런 관념을 하나의 세계적 흐름으로 여기고 기꺼이 죄 없는 사람들을 잡아 죽였다. 제정신을 갖고 보면 터무니없는 일이지만, 사회설계사들이 만들어 놓은 프로그램이란 덫에 걸린 대부분의 사람들은 이를 철두철미하게 믿게 된다. 이런 두뇌 조작을 가장 효과적으로 하는 분야가 바로 교육과 언론이다.

'3S'정책 즉, 스포츠(Sports), 성(Sex), 오락(Screen)이 대중의 마음을 차지하도록 해서 제대로 생각할 기회를 없애는 방법도 있다. 그렇게 진실이 거짓처럼 들리고 입에 맞는 거짓이 오히려 진실로 들리는 세상을 만드는 것이다. 노암 촘스키(Noam Chomsky)는 주류 언론을 가리켜 보조정부(adjunct government)라 칭했다. 그리고 그들의 행동이 동질의 사고방식을 생성한다는 뜻에서 '여론을 제조한다(manufacturing consensus)'고 했다. 이것에 대해 깊이 생각할 필요가 있다. 이 말은 언론들이 집권자의 눈치를 보고 알아서 혹은 지시 하에 여론을 제조한다는 뜻이다. 때로는 언론이 여론을 만들어 정치를 인도하기도 한다. 그래서 촘스키는 주류 언론을 믿지 말고 대안언론에 눈을 돌리라고 조언한다.

또 한 가지 잊지 말아야 할 점은 모든 대중이 단순한 것은 아니며, 생각하려는 인간도 있게 마련이기에 이들이 일부러 여러 가지 학설이나 논리를 소개해 혼동하게 만들기도 한다는 사실이다. 여러 종류의 정치사상, 도덕관념, 이론 등이 동시에 존재한다는 것은 다양한 생각을 할 기회를 제공한다는 점에서 좋은 일이지만, 한편으로는 반목과 대결을 조장해 사회를 혼란스럽게 하는 원인이 되기도 한다. 물론 엘리트들이 이런 혼란을 십분 이용할 것은 당연한 일이다.

: 프라이버시를 노출시키는 인터넷

『칙훈서』의 12장에서는 언론에 대해 많은 이야기를 한다. 그만큼 언론이 인간 농사에 중요한 역할을 하기 때문이다. 일반 사람들이 책을 출판하기 어렵게 하고 문학과 언론 같은 세력을 이용해 정치적 힘을 구축한다는 말, 제일, 제이, 제삼 선을 만들어 치밀한 계획에 의한 대중 여론몰이, 즉 대중의 의식구조 조종 등이다.

12장 7절에서 출판하기 어렵게 만든다고 한 말은 지금 사회 판도를 몽땅 뒤엎을 듯 언론의 혁신이 일고 있는 인터넷의 위력과는 상반되는 말로 보인다. 인터넷은 아무나 하고 싶은 말을 할 수 있고 상상도 못할 정보가 모인 곳이다. 현 사회의 주류 언론들은 인터넷 때문에 목이 졸리는 느낌을 받을 것이다. 심지어는 인터넷의 힘으로 기득권자들이 상상도 하지 못했던 사람이 선거에 당선되는 이변 아닌 이변도 일어난다. 그만큼 인터넷은 어마어마한 힘을 과시하고 있다.

그러면 『칙훈서』의 가르침이 의미가 없어졌을까? 절대 아니다. 지금 일어나고 있는 것은 다만 과도기의 현상일 뿐이다. 아마도 그들은 이 기회를 이용해 인물들의 속성을 파악하고 있을 것이다. 현재 자유분방하게 아무나 하고 싶은 말을 할 수 있는 환경은 그리 오래 지속되지 못할 것이다. 에셜론(ECHELON) 같은 엘리트들의 막강한 정보력, 공권력을 이용한 국민에 대한 사찰 기능, 점점 사라져가는 개인 프라이버시, 일신상의 모든 것이 디지털로 노출되는 유비쿼터스 등은 인터넷을 통한 자유가 종말을 고할 날이 그리 멀지 않았음을 보여준다. 오히려 앞으로는 인터넷이 각 개인의 색깔을 나타내는 거울 역할을 할 것이다.

인터넷의 역사는 무척 짧다. 인터넷이 우리 생활에 들어온 지 10년이 조금 넘을 뿐이다. 그 짧은 시간 동안에 사람들은 인터넷의 자유를 즐겼다. 익명으로 미운 사람 모함도 하고 욕도 마음대로 했고, 세상 별별 소식을 인터넷을 통해 접했다. 사람들은 과거의 미디어 시대는 끝이 나고, 시간과 거리의 장애가 없는 새로운 미디어 시대가 왔다고 믿었다. 그런데 벌써 마음 놓고 근거 없는 험담을 늘어놓던 사람들이 잡혀 벌을 받기 시작했다. 이제는 본인 확인 없이 마음대로 다른 사람 홈페이지나 블로그에 가입하지 못하고 인터넷으로 상품도 살 수 없게 되었다. 앞으로 이런 양상은 점점 더 심해져 익명이나 가명으로 인터넷에 글을 띄우지도 못하게 될 것이다.

: 정치인을 길들이는 언론

언론을 통괄 또는 조종한다는 말은 마음대로 조작한다는 말과 같은 말이다. 언론사의 주인이나 되어야 하고 싶은 말과 원치 않는 말을 마음대로 선택할 수 있다. 돈을 갖고 있는 엘리트들이 원하는 대로 언론을 조종하는 것은 당연한 일이다. 그러나 언론사 한둘로는 사회 전체의 여론을 만들기에는 역부족이다. 때문에 전 언론사의 75퍼센트를 소유해야 한다고 하는 것이다. 75퍼센트는 노른자 역할을 하는 언론을 골라 차지한다는 말이다. 흔히 언론가를 왕관 없는 제왕이라 한다. 돈으로 정치하는 사람들을 마음대로 손아귀에 넣고 언론까지 마음대로 조작한다면 여론을 창조하는 것은 시간문제일 것이다.

위풍당당한 정치가들, 특히나 서슬 퍼런 추상같은 국회의원들도 방송국 아나운서 앞에 오면 그렇게 겸손하고 예의 바를 수가 없다. 이는 거칠 것이 없어 보이는 권세가들이 얼마나 언론을 무서워하는가를 보여주는 단적인 예다.

세상 무서울 것 없는 언론인들도 나름대로 만화경 같은 험난한 세파에 시달리며 살아남아야 한다. 즉 언론인이라고 모든 것을 자기 생각대로 모든 사실을 사실대로 대중에게 알리고 보여줄 수 없다는 것이다. 어쩌면 언론인 개개인들도 긍지가 있고 양심이 있을 터인데 아무리 상관이 어떤 형식으로 쓰란다고 그게 마음대로 될 것인가라고 질문할지도 모른다. 해고는 무서운 무기이다. 그래도 안 될 경우에는 그들의 약점을 잡으면 된다. 결국 이런 세상에서는 양심적인 언론인이 반항한다 해도 별 영향을 미치지 못한다, 언론은 그저 엘리트들의 장기판에서 말 노릇을 할 뿐이다. 클린턴의 섹스 스캔들을 예로 들어보자.

미국 대통령 중 클린턴만 바람을 피운 것은 아닐 것이다. 그저 언론에서 대중에게 알려주지 않아 모르고 있었을 뿐이다. 그렇다면 왜 유독 클린턴만 문제가 된 것일까? 당시 「폭스」를 선두로 「뉴욕타임스」, 「타임」, 「워싱턴포스트」, 「뉴스위크」 등 주요 언론들은 매일같이 대통령의 섹스 스캔들을 대서특필했다. 그때 세계 대중의 눈과 귀는 대통령의 부인 힐러리 여사의 태도에 주목하고 있었다. 그녀가 이 사건이 제리 폴웰(Jerry Falwell) 목사와 그의 친구 제시 헬름스(Jesse Helms) 상원의원 같은 극우파의 음모라고 했기 때문이다.

클린턴 부부는 물론 친정 식구들까지도 모두 유대인들을 매우 싫어해 종종 유대인을 모욕하는 말을 했다는 것은 널리 알려진 사실이다. 그러나 힐러리는 이에 대해 제대로 말하지 못했다. 왜냐하면 그들의 배후에 막강한 유대인 세력이 있기 때문이다. 지금도 대통령을 꿈꾸는 그녀가 큰 인기를 얻지 못하는 이유가 유대인들이 그녀를 신용하지 않기 때문이라고 원로 민주당 상원의원 팻 모이니핸(Pat Moynihan)의 부인이 「베니티 페어」와의 인터뷰에서 말한 일도 있었다. 그래서 힐러리는 지금 대통령이 되고 싶은 마음에 이스라엘의 레바논 침공에 대해 다음처럼 말하고 있는 것이다.

"이스라엘은 미국의 가치관을 지키기 위해 싸우기 때문에 우리는 이스라엘을 지지할 것이다. 자유와 삶 대신 죽음과 지배를 추구하는 하마스(HAMAS), 헤즈볼라(Hezbollah), 이란, 시리아에게 미국은 이스라엘을 지지한다는 메시지를 보낸다."

-2006.7.17. UN 빌딩 건너편에서 열린 시온주의자 궐기대회에서,

이는 노골적으로 이스라엘을 지지하는 연설을 해서 유대인 세력에게 추파를 던지고 있는 것으로 보인다.

미국에 있는 이스라엘 세력은 늘 미국 정치인들에게 압력을 가한다. 클린턴 역시 재임기간 내내 이스라엘 극우세력으로부터 압력을 받고 있었다. 클린턴은 선거유세 때 이라크 후세인에 대한 공화당의 정책이 강력하지 못하다고 비난을 했는데 대통령이 되고 나서는 오히려 미지근한 정책을 계속해 유대인들에게 실망을 안겨주었다. 클린턴은 중동 주변 국가들과 협상을 절대 반대하는 베냐민 네타냐후(Benjamin Natanyahu)가 이끄는 이스라엘의 극우 강경파 계열과 한통속인 네오콘의 압력에 반하여 좀더 융화적인 페레즈(Peres)가 주도하는 노동당 계열의 노선을 지지했다. 그러면서 그는 국무장관에 유대인 여성 매들린 올브라이트(Madeleine Albright)를 앉혔다. 어쩌면 유대인들을 기쁘게 해주기 위해서였을지도 모른다. 그러나 불행히도 이스라엘에서는 페레즈 대신 네타냐후가 수상에 당선되었다. 네타냐후가 수상으로서 처음 미국을 공식 방문했을 때의 일이다. 그는 클린턴을 만나기 전 미국 내 친이스라엘 극우세력의 주축이자 클린턴을 가장 격렬하게 비판하던 기독교 복음전도사 제리 폴웰을 먼저 만났다. 이는 대통령에 대한 예우가 아니었다. 아마도 클린턴에게 본때를 보여주기 위해 일부러 한 행위였을 것이다. 이때 이스라엘 극우파가 실망한 내용이 1998년 1월 22일자 이스라엘의 일간지 「예디오트 아하로노트(Yedioth Aharonoth)」에 실렸다.

"미련하게도 우리는 중동의 평화를 올브라이트라는 유대인 여자에게 걸었다. 그런데 이제 우리의 평화는 모니카 르윈스키라는 베버리힐즈 출생의 젊은 유대인 여자에게 의존하게 되었다. 그 여자는 3년 전 여름에 인턴으로 재미 삼아 백악관에 발을 들인 젊은 여자이다"라는 내용이었다. 이 말은 중동 문제를 해결할 열쇠가 모니카 르윈스키에게 있다는 의미이다. 이를 다시 뒤집어 말하면 르윈스키를 이용해서 클린턴을 파렴치한으로 몰고 가서 그들이 원하는 걸 얻겠다는 것이다.

르윈스키 성추문을 정치 문제로 비화시킨 사람은 네오콘의 아버지로 불리는 어빙 크리스톨(Irving Kristol)의 아들 윌리엄 크리스톨(William Cristol)[8]이 1998년 1월 28일 잡지 「위클리 스탠다드」[9]를 통해서였다. 윌리엄 크리스톨은 그보다 이틀 전인 1998년 1월 26일 이스라엘 극우파의 열성 지지자이며 전 하원 의원이었던 빙 웨버(Vin Weber)와 전 하원 의장이던 뉴트 깅리치(Newt Gingrich), 역시 현 네오콘 핵심인물이며 이스라엘 무기상 자문이며 전 국무성 차관으로 있던 리처드 펄(Richard Perle)과 함께 클린턴에게 이라크 침공을 강력히 주장한 서한을 보낸 일이 있었다. 물론 클린턴은 이들의 말을 듣지 않았다.

클린턴의 성추문은 점점 확대되어 위증죄 등의 문제로 1998년 12월 탄핵을 받을 지경에 이르렀다. 클린턴은 1998년 12월 16일 결국 극우파의 뜻대로 이라크 폭격을 명령했다. 아마 다급해서 그랬을 것이다. 그리고 이틀 후 하원에서 탄핵이 가결되고 이듬해인 1999년 2월 12일 상원 재판에서 탄핵이 부결되어 클린턴은 남은 임기를 무사히 마칠 수 있었던 것이다.

: 엘리트들의 첨병, 조직폭력 집단

근대 사회에서 가장 영향력을 주고 있는 미국 마피아는 많은 교훈을 준다. 우선 그 조직의 탄생에 대해 생각해 보자.

강력한 법의 통제. 이것은 사회 모두가 매우 중요하게 다뤄야 할 문제들이다. 엘리트들은 이런 생태를 잘 알고 있어 이를 십분 이용한다. 반면에 멍청한 젠타일들은 이 진리를 깨닫지 못하고 있다.

마약을 금지하면 마약으로 돈 버는 사람이 많아지고, 성매매를 불법으로 만들면 창녀를 이용하여 돈 버는 사람들이 많아지고, 음란한 소리를 못하게 하면 음란한 짓으로 돈 버는 사람들이 많아진다. 무엇이든 못하게 하면 반대작용이 크게 일어난다는 말이다. 사람들은 하나만 알지 둘은 몰라서 무조건 나쁜 것이니 못하게만 하면 그것이 제일인 줄 안다.

20세기 초반 미국에서는 금주법을 만들어 사람들이 술을 팔지도 마시지도 못하게 했다. 그 결과 밀주업자, 밀수업자, 비밀 술집 등이 성행했다. 술 마시는 사람은 줄지 않았고 이로 인한 이익은 마피아의 몫이 되었다. 결국 피해가 너무 커지자 이 금주법을 13년 만에 폐지했다. 그러나 그동안 마피아들은 아무도 건드리지 못할 거인으로 성장했다.

한국에서는 도덕적 원칙과 여성의 인권과 성범죄 근절을 위해 성매매특별법을 만들고, 집창촌을 없앤다고 한다. 이는 인류 역사상 성공하지 못했던 과업이다. 여성부나 여성단체들은 쾌재를 부르는 모양이다. 바로 이런 것이 엘리트들이 사회를 유도하는 좋은 사례이다. 간혹 숙려 끝에 공창 제도를 만들자고 하는 사람이 나오는 모양인데, 이들은 몇 발짝 가지도 못하고 뭇매를 맞아 매장되고 만다. 이 법을 강력히 집행한다면, 아마도 10여년 후에는 그 결과가 나타나기 시작할 것이다. 성매매사업은 없어지는 것이 아니라 조폭의 손에 들어가고, 매춘업은 주택지로 침투되어 주택지와 집창촌이 뒤섞일 것이다. 누가 창녀이고 누가 아닌지 구별도 어려울 것이다. 범죄는 물론 에이즈 같은 성병이 전 사회에 만연되어 정부는 어떻게 손을 써야 할지도 모른 채 집창촌 시절을 그리워할 것이다. 아마도 질서가 파괴될 만큼 파괴된 후엔, 공창 제도에 귀를 기울이는 사람들이 좀 늘어나겠지만, 그때 가서 피해를 회복하기는 어려울 것이다.

엘리트들은 자신들의 목적을 달성하기 위해 폭력 집단을 조종하고 이용한다. 뿐만 아니라 어떤 경우에는 폭력 집단이 그들의 분신인지 그들의 분신이 폭력 집단인지 구별하기 어려울 때도 있다. 지금 세계가 '신세계질서'라는 미명 하에 하나의 지구촌으로 변신하고 있다. 동시에 심한 혼란 또한 계속되고 있다. 그래서 폭력 집단의 지위는 더욱 공고해지고 있다. 이들은 이제 지상경제의 영역에서 존경받는 경제인 또는 경영인으로 둔갑하고 있다. 어쩌면 세상에서 가장 선하고 인자한 사회 지도자의 모습을 하고 있는지도 모른다.

: 몰이꾼과 파수꾼

국가 사이의 싸움은 항상 존재해 왔다. 특히 16세기 지리상의 발견과 함께 시작된 식민지 시대에는 개화되지 못한 나라들이 강한 나라들의 먹이가 되어 식민이란 쓰라린 경험을 하게 된다. 제2차 세계대전을 기점으로 소위 탈식민지주의라 할 수 있는 새로운 사조가 시작되었다. 그리고 그동안 직접 식민지를 다스리던 방법이 좀더 교묘하게 바뀌었다. 간접적인 식민지 관할 방법, 즉 매판정부(買辦政府)를 세워 지배하게 된 것이다. 식민지를 직접 통치하면 반감만 초래한다. 결국 종주국들은 골치 아픈 일을 걷어치우고 실질적인 이득만 취하면 된다고 생각하게 되었다. 그래서 독립이 마치 유행처럼 세계 각지에서 일어나게 되었다. 식민지를 많이 갖고 있던 영국은 식민지를 독립시켜 놓고 소위 영국연방제도라는 것을 만들어 경제 공동체를 세웠다. 그러나 국운이 쇄하여 지금은 대부분 사실상 미국에 그 종주권을 빼앗기고 있다. 식민국가로서는 종주국은 바뀌었어도 매판정부를 통해 종주국에게 수탈당하기는 마찬가지이다. 유럽의 열강이 난무할 때 별로 활약을 하지 못했던 미국이 세계 최강국이 된 지금 바로 이 식민지 지배 방법을 사용하고 있다.

새로 독립한 국가들은 과거 식민 종주국의 총독이 와서 다스릴 때보다 더욱 자기 국민을 핍박하는 한편 소수의 특권층을 만들어 사실상 신 귀족주의 왕권 정치를 행한다. 즉, 독재정권이 된다는 말이다. 이렇게 자기 나라와 민족을 위한다는 양의 탈을 쓰고 일신상의 부귀영화를 위해 실지로는 종주국의 앞잡이가 되어 민족의 피를 빨아먹는 거머리가 되는 것을 매판정부 제도라 하겠다. 이는 후진국일수록 심하다.

지금 우리는 미국의 노예가 되느냐 아니면 미국의 적이 되느냐의 기로에 놓여 있다. 미국은 평화와 인권을 지킨다면서 미국 편을 든 나라는 좋은 나라, 미국과 다른 생각을 하는 나라는 모두 미국의 적이고 악한 나라로 만들어버린다. 자유와 평화를 사랑하는 나라라면 모름지기 미국에 충성해야 한다는 새로운 시대를 만들어가고 있는 것이다. 그러나 아직은 세계 인민의 자유와 긍지를 모두 빼앗지는 않은 상태이다. 아직 반미 감정이 가능하기 때문이다.

종주국들은 식민국가를 독립시킬 때 분리통치(Divide and Rule)의 원칙을 잊지 않았다. 그들은 서로 싸우도록 만들어 놓고 독립을 주었다. 결국 남과 북이 갈라져 갖은 고통을 당하면서도 미국의 개 노릇을 할망정 북한의 동포는 쳐서 없애야 한다는 애국심이 투철한 한국 같은 국가를 만드는 데 성공했다. 인도, 아랍국가 그리고 아프리카 대륙도 마찬가지다. 이렇게 그들은 전 세계를 도마 위에 올려놓고, 세계 각국을 요리하고 있다.

궁극적인 목적은 물론 전 세계를 식민지로, 사람들은 노예로 만들어 부려먹기 편하게 개조하는 것이다. 이를 위해 먼저 사회 개조부터 해야 한다. 일제 식민지 시대에도 소수의 조선인 부자로 구성된 특수층이 있었다. 이는 조선인을 편하게 부려먹기 위한 방편이었다. 지금은 탈식민지 시대이지만 법칙은 변하지 않았다.

또 한 가지 경찰과 군인들을 심복으로 만드는 방법도 있다. 이는 유사시 총과 칼로 국민을 다스리기 위한 것이다. 그래서 경찰과 조폭을 구별하기 어려울 때도 있다.

한 나라의 지도자들은 자국민보다 종주국에 잘 보여야 자리를 지킬 수 있다. 종주국의 지도자는 물론 종속국가에서 대리로 정치하는 사람들이 필요하겠지만 경제적인 지도자도 아울러 필요하다. 또 국민들을 모는 몰이꾼과 파수꾼이 필요하다. 이에 해당하는 사람들이 언론인, 각 단체의 사회활동가 그리고 군인과 경찰이다. 글 쓰는

사람과 사회활동가 등을 몰이꾼이라 한다면 군인이나 경찰은 파수
꾼이나 경비원에 비유할 수 있다. 그러므로 엘리트들은 이런 사람
들을 긁어모은다. 한국의 실정은 어떠한지 생각해 보기 바란다.

: 언행 불일치의 정치와 사명화되는 국가

근래에 와서 정치가들의 말과 행동은 별개의 것이란 것을 깨닫
는 사람들이 늘고 있다. 이유는 미국 정부가 이제는 막가파식으로
세계 각국의 정치에 개입하면서 실지로는 자국의 이익을 위해 엉
뚱한 일을 몰래 진행하다 들통나 사람들이 어느 정도 이를 간파했
기 때문이다.

대표적으로 미국의 팔레스타인 문제 개입을 들 수 있다. 미국은
평화를 위해 세계의 경찰을 자청해서 귀한 돈과 인명을 희생하고
있다고 믿는 사람들이 많다. 물론 미국은 이런 대의명분으로 이스
라엘과 팔레스타인 문제에 개입하고 중재도 한다. 물론 평화를 위
해서 하는 일이며 항상 중립적인 위치를 유지한다고 말하기 때문
에 사람들은 대개 그렇게 믿고 있다. 그러나 실제로 미국은 항상
이스라엘 편에 서서 이스라엘에 유리하게만 일을 꾸미고 있다. 팔
레스타인 사람들이 부당하고 억울하게 희생되고 있지만, 언론에
제대로 보도되지 않아 사람들이 잘 모르고 있다.

팔레스타인이나 이라크 침공은 너무나 잘 알려진 일이기 때문에
자세한 설명은 여기서 생략하겠다. 하지만 이러한 일들이 세계 각
지역에서 수없이 많이 일어나고 있다는 점은 알아야 한다. 『칙훈

서』에도 나와 있지만 엘리트들은 자신들의 술수를 알아보고 이에 반발하여 여러 나라들이 불만을 표시하고 행동으로 나타낼 때, 이에 대한 해결책으로 전쟁을 유발시킬 준비가 되어 있다고 했다. 바로 이 점을 염두에 두고 현재의 세계 정세를 분석해야 한다.

소련 붕괴 이후 미국의 독주가 계속되고 있다. 특히 소련의 지배에서 벗어난 동구권이나 중앙아시아의 옛 공화국들에 불어온 미국의 입김은 이들을 점차 친미주의 정권으로 바꿔가고 있다. 러시아의 입지는 점점 약해지고 있다. 이제 러시아는 미국의 비위를 거스르지 않으려고 안간힘을 쓰고 있다. 중국의 입장도 여기서 별반 차이가 없다. 그러나 미국은 상대가 하나를 양보하면 이번에는 또 하나를 더 달라며 점차 그 강도를 높이고 있다. 과연 다른 나라들이 어디까지 참고 견디며 양보할 것인가 생각해 보지 않을 수 없다. 또 직접 피해를 입지 않은 국가들도 앞으로 당할 피해를 두려워해 미국의 그릇된 행위를 공개적으로 지탄하는 빈도가 늘어나게 될 것이다. 지금 이 모든 국가들이 미국의 비위에 거슬리는 행동을 꺼려하는 이유는 그만큼 미국의 국방력이 강하고 보복이 두렵기 때문이다.

그렇다면 그런 막강한 미국이 어째서 엘리트들의 손아귀에 놀아나는 것일까? 미국이 그리 강력한 세계 유일의 제국이라면, 미국인들은 전례가 없는 부귀영화를 누려야 마땅할 것이다. 그러나 그렇지 못하다. 미국은 속으로 썩어가고 있다. 무력과 금력에서 세계 제일이고 이를 기반으로 세계의 문명까지 독점하려 하고 있지만 점점 더 속 빈 강정이 되어 가고 있다.

앞서 말했듯이, 엘리트들은 어느 한 국가에 충성하거나 애국하는 사람들이 아니다. 그들에게 미국이란 나라는 수많은 국가 중 하나일 뿐이다. 그래서 자기들의 목적을 달성하기 위해서는 수백, 수천의 미국 시민들을 희생시키는 것은 아무것도 아니다.

이러한 현상이 시간이 갈수록 심해지는 것은 그들에게 대항할 힘을 뽑는 수순이기도 하다. 또한 그들의 궁극적 목적인 세계 통일이 가까워졌다는 것을 의미한다.

: 불화를 중재하며 대중의 눈을 가리다

지금 우리가 사는 세상에서 일어나는 세력 다툼이나 정치적 분쟁은 대개 누군가가 계획하고 조작해서 일어나는 것으로 보아야 한다. 물론 옛날에는 가까운 사이에 불화가 생기고 욕심에 의해 이웃나라와 전쟁도 하는 것이 일반적이었다. 그러나 이제 세상의 모든 분쟁은 이미 시나리오가 짜여져 있어 그 각본대로 진행되고 있다. 일반 대중은 만들어낸 거짓말을 보도하는 언론에 속아서 헛된 지식을 얻어 사실을 엉뚱하게 해석하게 된다.

예를 들어 북한 문제에 대한 6자 회담이란 것도 연극에 불과하다. 미국이나 일본은 애초부터 북한과 협상할 의사가 없었다. 러시아나 중국도 회담에서의 행동과 진짜 속마음과는 상당한 차이가 있을 것이다. 그들이 언론에 말하는 내용을 액면 그대로 믿었다가는 백발백중 헛발을 디딜 것이다. 회담이 결렬되면 다른 배우가 나타나 중재를 하게 되어 다시 회담이 열린다. 대중이 보기에는 매우 자연스러워 보이고, 회담을 성사시키기 위해 모두 노력하는 것으로 여겨진다. 미국과 일본은 다만 그들이 북한과 전쟁을 일으킬 때까지 시간을 끌며 때를 기다리기 위해 6자 회담을 지속할 뿐이다.

『칙훈서』에서는 평화와 화해를 위해 노력하는 것으로 대중을 현혹시키면서, 실제로는 분쟁을 일으키라는 이야기가 나온다. 그래서 그들이 세계를 통일할 때까지 세상을 끝없는 고난의 세상으로 이끌고 분쟁을 일으키고, 혼란스럽게 하라고 한다. 결국 고이들의 세상을 말살시키라는 뜻이다.

그리고 그들의 속셈이 알려지더라도 감히 반항할 수 없는 힘을 준비해야 한다고 했다. 지난 몇 해 동안 북한에 대한 속마음이나, 이라크에 대한 그들의 꿍꿍이를 헤아릴 수 있는 여러 정황이 노출되었다. 그러나 이미 북한이나 남한에게 미국에 항거하여 그들의 계획을 막을 힘은 남아 있지 않다. 이미 그들이 강력한 힘을 갖고 있기 때문이다.

: 정·반·합으로 목적을 이룬다

민주주의는 다수의 결정과 타협을 통해 상이한 의견을 수렴해 가는 과정이다. 물론 당연한 말이다. 그러나 그들은 이러한 방법을 역이용하여 법규를 말장난으로 조작하여 혼동하게 만들고 서로 해석이 다르게 함으로써 혼돈을 일으키며 절충이란 방식으로 이것도 저것도 아닌, 다시 말해 옳지도 그르지도 않은 엉거주춤한 해결 방식을 택하게 만든다.

이들은 항상 두 세력이 대립하도록 만든다. 한 나라의 정부도 여당과 야당을 만들어 양당정치를 가장 발달된 정치 체제로 믿도록 만들고, 어떤 분야이건 한 세력이 나타나면 항상 그 반대 세력을 창출해 낸다. 그들은 항상 양쪽을 다 도와 논쟁을 지속하도록 만든다. 다시 말해 양쪽을 모두 조종한다는 말이다. 미국과 영국은 진보한 민주주의 국가로 틀이 잡힌 양당 정치를 하고 있다. 이들은 정책 대결을 하며 치열하게 싸운다. 그런데 서로 별 차이는 없다. 미국의 외교 정책을 살펴보면 어느 당이 집권하건 상관없이 같은 정책을 밀고 있음을 알게 된다. 이는 모두 엘리트들이 뒤에서 조종하기 때문이다. 그들은 두 극(極)을 만들어 평형을 유지하고 대적하도록 하는 것을 철칙으로 삼고 있다.

이는 그들이 철저하게 헤겔의 변증법을 이용하고 있다는 증거이다. 즉, '정·반·합'에 의한 변화와 생성의 규칙을 따르는 것이다. '정립(thesis)'이 어떤 방향으로 움직이고 있을 때 항상 반대 세력이 생긴다. 이를 '반정립(antithesis)'이라고 한다. 이 '정립'과 '반정립'의 융화로 '종합(synthesis)'이 나오게 된다. 다시 말하면 대립을 창조함으로써 원하는 결과를 얻는 것이다.

'반정립'이 없을 때에는 스스로 창조도 한다. 이러한 과정을 거쳐야 영구적이고 확실한 결정을 하며 사회가 발전할 수 있다고 믿는다.

정부를 위시한 사회 지도자가 어떤 방향으로 국가나 사회를 이끌고 있을 때 이를 '정'이라고 한다면, 사회 불안을 조성하고 혼란스럽게 만드는 윤리나 도덕 문제, 총기 테러 문제, 환경 문제, 금력의 독점 문제 같은 '반'의 문제들이 생기게 된다. 정상적으로는 이 '정'과 '반'이 조화되어 지도층의 개입으로 교정되는 것이 원칙이다. 그런데 편의에 의해 '반'을 조성할 수 있다. 지금 미국에서는 국민에게 테러로 본때를 한번 보여주고 계속 테러 조직이 여기를 친다 저기를 친다며 공포 분위기를 조성하고 있다. 이런 공포에서 탈출하기 위해 국민들은 정부가 강압 정책을 써서라도 편하게 살도록 해주기를 간절히 바란다. 그 대가는 모든 국민이 자유와 기본권을 양보하고 희생해야 되는 것임에도 기꺼이 경찰국가로 만들라고 호소한다. 지금 미국 국민들은 정부가 사생활을 낱낱이 도청하고 감찰하는 것을 당연하게 여기고 있다. 국가는 이런 국민들의 뜻을 받아주기 위해 할 수 없이 계엄령과 같은 강압 정책을 수립하게 된다. 사실은 미리 계획하여 그리 각본을 짜놓은 것이다. 그래서 과거에 민중이 피를 흘리며 오랫동안 싸워 성취한 그 자유가 헌신짝처럼 버려진다. 국민이 우매하면 이렇게 쉽게 대중을 조종할 수 있게 된다.

: 국민들을 수수방관하게 만들라

달리 표현한다면 국민의 참여정신 결핍이라고도 할 수 있다. 우리가 다른 민족, 다른 국민들을 관찰하면 습성이 다른 것을 볼 수 있다. 물론 서로 문화가 다르고 인종이 다르고 역사가 다르기 때문에 그들의 습성 또한 다르다는 것은 쉽게 이해할 수 있다. 그러나 어느 정도는 교육이 적지 않은 비중을 차지한다. 우리나라도 예전에는 대아를 위해 소아를 죽인다는 말을 흔히 했다. 사람들은 공공의 이익을 위해 사사로운 개인의 입장을 묵살하려 했다. 그러나 해방과 6·25 후 미국 문화가 들어오면서 사람들은 점차 개인주의를 지향하게 되었다.

요즈음 소위 님비(NIMBY-not in my back yard)라는 유행어까지 나오게 되었다. 이것은 아무리 사회에서 필요한 시설이라도 내 주변에는 만들 수 없다는 극히 이기주의적인 태도를 일컫는 말이다. 본인이 직접 손해를 보게 되는 경우 적극적으로 반대를 하지만, 반대로 본인은 손해를 보지 않거나 손해를 보더라도 아주 많은 사람과 전 사회가 손해를 보는 경우에는 '왜 내가 내 시간과 노력을 들여 남을 위해 일해?' 또는 '누군가 나서는 사람이 있겠지'라는 태도로 자기와는 무관한 일로 만드는 것이다.

동네에 산더미 같은 쓰레기가 있고, 쓰레기로 인한 더러운 환경 때문에 위험한 전염병이 돌 확률이 높다고 하자. 쓰레기를 그곳에 버리지도 말고, 쓰레기를 치워 없애야 한다는 것은 모두 아는 사실이지만, 그 많은 쓰레기 더미에 내 것 조금 보탠다고 상황이 달라질 리 없으니 남은 안 되지만 나는 계속 버리며, 쓰레기를 치우자니 나만 버린 것이 아닌데 어째서 내가 치운단 말인가 하고 버리기만 하고 치우지는 않는다. 그런데 거의 모든 사람이 같은 생각을 하기 때문에 쓰레기 더미는 계속 커지기만 한다. 이것이 바로 그들이 원하는 대중 심리이다. 그들은 대부분의 사람들이 이런 태도를 갖도록 조장한다. 그래야만 민중을 농락하기 쉽기 때문이다.

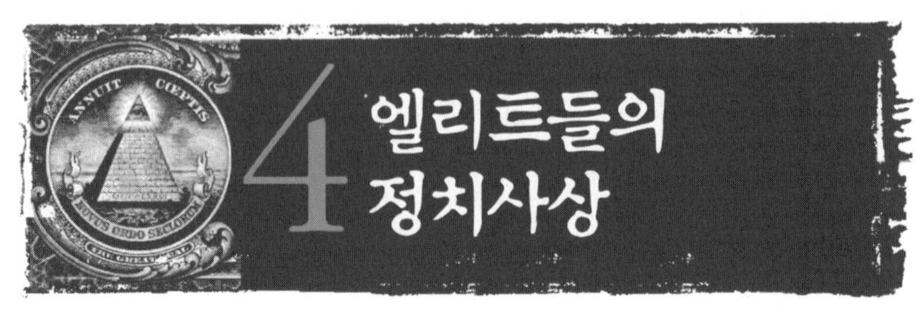

: 자유의 유래와 진정한 의미

세계 역사에서 자유라는 단어가 언제부터 의미 있는 정치적 구호로 등장했는지 생각해 보자.

왕정시대에 일반인에게는 자유라는 관념이 별로 없었다. 국가와 백성 모두 왕의 소유물이었다. 왕의 권리는 하늘이 내린 신성한 것이기에 왕의 처사에 아무도 의문을 품지 않았다. 다만 왕에게 백성을 평안하게 해줄 책임이 있다는 정도의 관념은 있었으나, 왕이 백성의 목숨도 마음대로 하는 것을 당연하게 여겼다.

자유라는 단어는 철학적 사상으로만 존재할 뿐이었다. 특히 일루미나티 프리메이슨에서 당시 공화국 정치 체제의 기본 이념으로 사용하던 평등주의와 합리주의를 근본으로 프랑스 혁명 때 '자유,

평등, 동지애, 아니면 죽음을!(Liberte, egalite, fraternite, ou la mort!)'이라고 대대적인 구호를 외치게 된다. 이는 1946년과 1958년의 헌법에도 나오는 모토이다. 프리메이슨이 프랑스 혁명을 주도하였으니, 당연한 일이라 하겠다. 프랑스 혁명은 국민들이 왕정을 붕괴시키고 국민이 나라의 주인이 되자는 투쟁이었다. 이 구호는 그 투쟁에서 국민의 성원을 얻기 위해 만든 대의명분이고 구호라고 할 수 있다. 그런데 『칙훈서』에서는 이 모든 것이 자기들이 목적을 달성하기 위한 기만술의 일부였다고 설명하고 있다.

프랑스 혁명 이후 전 세계인들은 자유와 평등이 인간으로서 갖는 기본권이라고 확신하게 되었다. 유대인 이외의 집권자, 즉 정치를 하는 젠타일들, 또는 각 사회의 지도자를 칭하는 소위 고이들은 이를 국가 통치의 기본 이념으로 삼았다. 그러나 이는 앞으로 전 세계를 통치하게 될 절대권력자에게는 거추장스런 사상이다. 자유와 평등은 절대권력자인 왕권을 타도하기 위한 방편이었으나, 이제 다시 절대군주제를 되찾기 위해서는 없애야 하는 것이 되었다. 따라서 자유주의는 일시적으로 백성들을 만족시키는 속임수에 불과하다. 지금 신자유주의의 기치 아래 부시 행정부는 '테러와의 전쟁'을 빌미로 애국법 같은 악법을 만들고, 도청, 임의 수색 등 국민의 자유를 빼앗고 있다. 이런 경향은 전제주의로 가는 일환이다.

인권(人權)도 같은 맥락이다. 인권을 존중한다는 말은 사회 약자에게는 언제나 솔깃한 말이다. 현재 미국의 외교정책이 가장 좋은 예이다. 미국은 마음에 들지 않거나 정복하려는 나라에게는 항상 인권 문제로 시비를 건다. 미국이 대국으로 발돋움하게 된 1898년의 미국과 에스파냐 사이의 전쟁도 인권을 빌미로 시작했고, 그 후

로도 인권을 빌미로 수없이 많은 전쟁을 치렀다. 지금 북한을 걸고 넘어지는 이유 중 하나도 인권 문제이다. 미국이 자국이나 동맹국의 인권 유린은 불문에 붙이고 남의 나라 인권만을 들먹일 때에는 전쟁을 염두에 두어야 한다. 그래서 미국의 근대사를 '인권과 평화의 침략사'라 할 수 있다.

분명히 인권은 존중해야 하는 아주 중요한 것이다. 문제는 남의 인권을 침략의 핑계로 사용하는 기만이다.

: 혼란은 기회가 된다

정치나 경제에 문제가 있어 혼란스러운 사회는 몇몇 소수에게는 큰 기회가 될 수 있다. 특히 혼란을 조작하고 기획한 자들에게는 일거에 큰 수확을 올리는 기회가 된다. 그리고 혼란기에 우뚝 서기 위해 취한 방법은 그게 아무리 나쁜 행위라 해도 문제가 되지 않는다. 그들은 승자가 되는 방법을 알고 있으며, 승자가 된 후에는 언제고 역사를 바꿀 수 있기 때문이다.

8·15 해방 이후 정부가 수립될 때까지, 4·19 이후 잠시 무정부 상태였을 때 많은 정당과 파벌로 혼란스런 사회를 거쳐야 했던 것을 기억할 것이다. 여러 개의 집단이 군웅할거(群雄割據)하면서 정리되는 과정을 보면 온갖 수단과 방법이 동원되는 것을 알 수 있다. 아무리 사악한 수단을 사용하여 권세를 잡았다 해도 성공만 하면 그들은 모두 거룩해지고 위대해지며 현명한 사람으로 추앙을 받게 되는 법이다.

현재 이스라엘의 정치 지도자들은 모두 한때 테러분자들이었다. 또 세계의 존경을 한몸에 받고 있는 넬슨 만델라도 한때 감옥생활을 했었다. 그러나 성공한 그들에게 아무도 테러분자라고 말하지 않는다. 이승만도 김구, 여운형 등 다른 정적들을 죽이고 권력을 차지했지만 그도 몰락하기 전까지는 위대한 국부였다. 재벌도 마찬가지이다. 밀수, 마약, 홍등가 사업 등을 하더라도 일단 부자가 되면 모두 위대한 사업가라고 우러러본다. 케네디 가문이 부자라는 것은 이미 잘 알려진 사실이다. 케네디 대통령의 아버지가 조직폭력단을 갖고 술 밀수로 돈을 벌어 영국 주재 대사도 되고 미국의 신 귀족계급이 되었지만 아무도 이를 탓하지 않는다. 다만 그의 가문을 위대하다고만 생각한다. 이것이 인간 사회의 철칙이라고 『칙훈서』에서는 가르치고 있다. 조직폭력을 만들어 법을 어겨서라도 돈을 버는 것은 권력을 잡기 위해 요긴한 방편이 된다. 이러한 현실을 독자들은 외면해서는 안 된다.

전제군주제는 필연적이다

인간이 사회를 만들어 더불어 사는 것이 필연적이라면, 반드시 지배를 하는 자와 지배를 받는 자가 있게 마련이다. 인간은 누구나 윗사람이 되어 아랫사람들을 호령하고 다스리며 살고 싶어 한다. 피지배자들은 자기들이 원해서 피지배자가 된 것이 아니다. 그렇게 태어난 것을 숙명으로 여기거나 아니면 윗사람이 되려고 하다 끝내 오르지 못하고 중도에서 만족하고 사는 사람이다.

최고의 자리에 오르려면 힘을 가져야 한다. 윤리가 아닌 힘, 즉 완력만이 그런 위치에 오르게 한다. 흔히 만인이 흠모하고 숭앙하는 사람이 지도자가 된다고 한다. 그러나 훌륭한 지도자는 사람들이 진실로 존경하게끔 믿도록 거짓을 완벽하게 연출하는 동시에 백성들이 알 수 없게 뒤에서 자신이 가진 힘을 100퍼센트 이용할 줄 아는 재능을 가진 사람이다. 이는 절대로 입 밖에 내어서는 안 되는 일이다.

때문에 『칙훈서』에서 지도자는 어려서부터 모든 조건이 충족되어 있고 훈련을 시켜놓았다가 때가 되면 드러낸다고 말한다. 다시 말해서 옛날 왕권시대처럼 왕자로 태어나서 임금이 되듯이 조건도 갖춰지고 훈련도 되어 있어야 한다고 주장하는 것이다. 물론 이는 민주주의 사회에서는 불가능한 일이다. 따라서 그들이 만들고자 하는 사회는 전제군주 체제가 되어야 한다는 것이다.

한편 젠타일은 '아는 것이 힘이다'라고 가르치면서 칭찬만 해주면 그것만이 제일인 줄 알고 좋아한다. 아마도 엘리트들은 속으로 "이 멍청한 것들!" 하고 쾌재를 올릴 것이다. 고이나 젠타일에게는 쓸데없는 지식만을 가르쳐야 한다. 그들을 생각할 줄 모르는 지성인으로 만들어야 하는 것이다. 사람들은 자신이 굉장히 지식이 많다고 자부하도록 만들어 놓아야 만족하고 사는 법이다. 그 지식은 밥 벌어먹는 데 필요한 지식이면 족하다. 필요하다면 운동, 게임, 퇴폐음악 등을 준다. 더 만족스럽게 만들려면 허영과 방탕에 빠지게 하면 된다. 그러면 그들은 자부심을 갖고, 이게 사람 사는 맛이라며 만족해한다. 이것이 투쟁하며 흘린 피의 대가로 얻은 자유와 정의의 결과이다.

그러면 세상의 모든 젠타일들을 이런 인간으로 만들려면 어떻게 해야 되는가? 『칙훈서』에서는 선택된 엘리트들이 금력으로 자기들의 일당을 선생으로 만들어 고이의 자식과 젠타일을 가르쳐 머리의 구조부터 개조시켜야 한다고 가르치고 있다.

이러한 관점에서 우리가 처해 있는 사회를 냉철하게 분석해 보았으면 한다. 어른들은 학창시절에 무엇을 생각했으며, 지금 학창시절을 보내고 있는 사람은 무엇에 몰두해 있는가를 한번 점검해 보는 것이다. 그리고 그때의 문화와 지금의 문화를 비교해 보라. 과연 사회가 좀더 인간답게 발전했는가? 그리고 젊은 사람들의 사고능력이 뛰어난지 구세대의 사람과 비교 관찰해 보기 바란다.

: 자유와 평등, 우민화로 가는 길

억압받는 사회에서 정의에 목마른 민중에게 자유와 평등은 목숨 바칠 가치가 있는 귀중한 개념이다. 그러나 『칙훈서』에서는 자유주의 사상을 자기들이 젠타일들을 현혹시키기 위해 창조해 낸 사탕발림 격의 관념이라고 강조하고 있다. 그렇다면 자유, 평등, 동지애 중에서 자유와 평등만을 숙고해 보자.

현재 자유와 평등은 전에 없던 새로운 논쟁을 야기하고 있다. 태아의 인권, 복제인간, 유전적 또는 정신적 장애자의 생식 문제, 안락사 문제. 능력의 여부와 상관 없이 모든 사람은 직장에서 평등해야 하는가? 여자와 남자가 성의 구별 없이 모든 점에서 평등해야 하는가? 이런 논란은 끝이 없다.

자유가 충분히 주어지면 사람들은 끝을 모르고 더욱 복잡한 미궁으로 떨어지게 된다. 자유사상에 취한 민중은 앞뒤를 가리지 못한다. 이때가 바로 그들이 우민화(愚民化) 정책을 펴기 아주 좋은 기회이다. 일반 대중뿐 아니라 소위 지도자라 칭하는 고이들도 제대로 사리분별을 하지 못한다. 엘리트들은 이 틈을 타서 탐욕과 욕심이란 인간 본능과 돈의 위력을 이용하여 사람들을 타락시켜 부정부패한 사회를 만든다. 그들은 돈을 소유하여 사회의 실권을 잡기도 하지만, 애초에 자유와 평등이라는 사상을 심어준 장본인들이다. 때문에 자연히 자유를 신봉하는 사회에서 그들의 위상은 최고 정점의 자리에 있게 된다. 그러나 이들은 고이들처럼 사회의 정면에서 활약하는 것이 아니다. 고이들 뒤에서 소리 없이 알게 모르게 조종하기 때문에 일반 대중은 이를 알아차리지 못한다. 결국 이들이 세계 정복을 위해 준비하는 시기에 인도하는 사회는 카오스의 사회 즉, 혼돈의 극치인 아비규환의 경지이다.

: 헌법으로 불화를 조장하다

자유는 모든 인간에게 중요하다. 자유는 사람들이 많은 피를 흘리며 싸워 쟁취한 이념이지만, 결국 피의 대가로 얻은 자유는 곧 방종한 자유로 변질된다. 물론 그 이유는 사람들이 자유가 얼마나 귀중한지 그 진가를 알지 못해 이를 남용하기 때문이다 그들은 이미 그 사실을 계산에 넣고 있으며, 그래서 그들이 원할 때에는 언제고 쉽게 빼앗아갈 수 있다는 것도 알고 있다. 사람들은 조건만 만들어 놓으면, 자진하여 자유를 가져가라고 애원하게 되며, 자진해서 노예의 구속된 생활을 선택한다.

그런 와중에 언어라는 교묘한 연장으로 헌법이라는 철칙을 만들어 놓고 사람들끼리 싸우게 만든다.『칙훈서』10장 10절의 설명처럼 헌법이라는 것이 혼선, 오해, 언쟁, 불화를 초래하도록 꾸민다. 우리말에 이현령비현령(耳懸鈴鼻懸鈴)이란 말이 있다. 즉, 코에 걸면 코걸이이고, 귀에 걸면 귀걸이가 되는 것처럼 헌법도 그럴 듯하지만 애매하게 만들어, 학자들 간에 서로 아전인수(我田引水) 격으로 해석을 달리해 결국 오해와 분열을 조장한다는 말이다. 물론 헌법뿐 아니라 모든 법률이 다 마찬가지이다.

요즈음 한국에는 헌법재판소라는 것이 있어 점차 많은 사람들이 헌법 소원을 하는 것으로 알고 있다. 헌법이란 것이 사전과 같아 읽어보면 달리 해석할 방법이 없도록 명확한 것이 아니기 때문에 9명의 재판관의 의견 또한 합헌과 위헌으로 갈라진다. 아마도 선택의 여유가 더 많이 있었다면 더욱 다양할 것이다. 지난 번 노무현 대통령 탄핵 문제를 다루었을 때에도 만약 촛불 시위가 그토록 거대하게 서울 중심가를 메우지 않았더라도 과연 헌재 판사들이 탄핵소추를 기각으로 끌고 갔을까 하는 의구심을 갖게 된다. 지금 한국의 정치 정황을 보면『칙훈서』10장 10절의 이야기가 절실하게 마음에 와 닿는다. 충분한 이유 없이 다만 국회의 다수 숫자로 괴변을 늘어놓으며 횡포를 부린다거나 언론과 함께 대통령이 일할 수 없도록 족쇄를 채우는 식의 트집은 국정을 혼란스럽게 만들고 있다. 진정한 민주주의가 상대를 건설적으로 비판하면서 바로 잡는 것이긴 하지만, 지금 한국의 정황은 그것과는 거리가 멀다. 물론 우리나라는 국가와 백성을 위한 것이 아니라, 자신의 사리사욕을 위해 위정자들이 작당을 해서 텃세 때문에 당파 싸움을 하는 전통을 갖고 있는 나라이다. 요즘은 일본이나 미국에 빌붙은 기회주의 매판들이 판을 치고 있다. 그럼에도 아직 우리 국민들은 매판을 매판으로 보지 않고 애국자로 보며 구관이 명관이라고 그들을 믿는다. 구한말 그 매판 때문에 나라를 빼앗긴 경험이 있으면서 아직도 교훈을 얻지 못하고 있다.

예부터 어려울 때마다 핍박받는 서민이 나라를 구해 놓으면 도망갔던 기득권자들이 돌아와서 나라를 다스리는 것이 통례였다. 요즈음 세상은 더욱 복잡해져서 외세의 금권과 입김, 언론의 기만과 만용, 정치인들의 조작 등으로 절대 다수 대중은 얼이 빠져 먹는지 싸는지 구별을 못할 정도이다. 더욱 기가 막히는 일은 그럼에도 불구하고 무식한 사람은 하나도 없어 보인다. 모두 세상만사에 대해 일가견을 갖고 있다 그러나 진실에는 귀를 막고 있다. 이런 사회를 설계한 엘리트들이 얼마나 웃고 쾌재를 부르고 있을지 상상해 본다.

: 파괴, 물질, 강요의 삼대주의(三大主義)

세계통일을 향한 방편으로 현대 프리메이슨의 교주 앨버트 파이크(Albert Pike)는 130여 년 전에 삼대주의를 훈시했다. 파괴주의(Destruction), 물질주의(Materialism), 강요주의(Imposition)가 바로 그것이다.

우선 파괴하라는 것이다. 전쟁은 당연히 이 조건을 만족시킨다. 독자들은 세계 각지에서 점점 더 많은 전쟁이 일어나는 것을 느낄 것이다. 전쟁은 엘리트들의 본업이라 해도 과언이 아니다. 전쟁이야말로 그들을 살찌우는 최상의 방법이다. 서로 싸움을 붙여 모두 약하게 만들어 자신들의 세력을 상대적으로 강하게 만드는 것이다. 전쟁은 세계 패권을 이룩하는 지름길이다. 전쟁을 한다는 것은 고이들끼리 패를 나누어 싸움질을 한다는 것이니 혼란의 조건을 만족시키고, 전쟁 때만큼 물자를 부수는 때가 없을 터이니 고이들의 돈을 빼앗고 그들이 가장 효율적으로 돈을 버는 방편이 된다. 또한 필요 없는 인구를 줄이는 일이니 그 이상 좋은 일이 또 어디에 있겠는가.

그들은 파괴가 경제를 발전시킨다고 가르치고 있다. 파괴를 하면 새로 건설을 해야 하기 때문에 경제 활동이 활발해진다. 경제 활동이 활발해진다는 이야기는 국민총생산(GNP)이 올라간다는 말이다. 그러나 그들은 내놓고 경제가 발전하니 전쟁을 하자고 말을 하지는 않는다. 우둔한 백성들이 알아차릴까 두렵기 때문이다. 그들에게 교육을 받은 경제학자들도 이를 알 수 있을까? 알래스카에서 유조선 발테즈 호가 바위에 부딪혀 기름을 쏟는 재난이 일어났을 때 20억 달러 이상의 경제 활동이 생겨서 GNP가 상승한 것을 이해하겠는가? 우리나라도 매년 태풍으로 인한 피해가 많다. 하지만, 이 때문에 한국의 GNP가 상승하게 되니 소수 기회주의자들이 돈을 버는 호기라고 고사라도 지낼지 누가 아는가?

그들은 GNP가 오르는 게 잘사는 증거라며 항상 GNP를 내걸고 경제 발전 효과를 이야기한다. 여기에 파괴주의의 묘가 있다. 그래서 파이크는 세 개의 세계전쟁을 명령한다. 지금까지 두 번의 전쟁을 했다. 나머지 하나는? 각자의 판단에 맡긴다.

흔히 전쟁을 하는 나라는 빚을 지게 마련이다. 한번 빚을 지면 빚을 제대로 갚지 못하는 한 채권자에게 굽실거리고 하라는 대로 하게 된다. 이것이 주권을 잃었다는 증거이다. 전쟁을 하면 부가 그들에게로 이동한다는 것을 깨달아야 한다.

두 번째, 물질주의를 조장해야 한다. 물질로만 만족하도록 물질 문명을 만드는 것이다. 이것은 사람들에게 황금만능주의가 가장 행복한 길임을 확신시키는 일이다. 사람들은 돈을 벌고 생활이 윤택해짐에 따라 여러 가지 생활 이기품목들을 구입하고 호화스런 옷을 입고 고급 승용차를 타고 해외여행도 다닌다. 모두 부자가 되었다고 생각할 것이다. 그러나 쓰고 싶은 것 다 쓰고 돈이 남는 사람들이 얼마나 있는가? 가난한 사람들이 과거 못 살 때보다는 생활 수준이 높아졌다면 이는 부자가 되었다고 말할 수도 있을 것이다. 중요한 것은 세상의 부가 어디에 편재해 있는가를 관찰하여 판단하는 것이다. 물질주의가 발달할수록 지적인 풍요는 아무 의미가 없어진다. 아무리 똑똑하고 아는 것이 많아도 돈이 없으면 그는 무능력한 사람이다. 돈만 있으면 된다. 돈으로만 사람을 판단해 부자는 똑똑하기도 할 거라고 숭배하는 사회가 지금 우리의 모습이 아닌가? 이것이 그냥 이뤄졌다고 생각하는가? 누군가 이렇게 되도록 노력한 사람이 있다. 바로 그들이다.

마지막으로 강요주의가 있다. 항상 고이들을 윽박질러 쫓기는 사람처럼 허둥지둥하게 만드는 것이다. 어려운 과제를 맡기고 시간과 물질 등 여러 가지 조건으로 압력을 주며, 다른 한편으로는 책임을 물어 마치 똥마려운 개처럼 만든다. 정치는 사업보다 훨씬 더 어려운 일이다. 앞으로 시간이 갈수록 더 어려워질 것이다. 이는 그들의 프로그램이 잘 돼가고 있다는 증거이다. 앞으로 그들이 만든 자유무역 체제로 인하여 정치인들은 앞을 다투어 나라를 팔아 그들에게 바치게 될 것이다. 국민들을 위해 일하겠다는 정치가들이지만 일단 나라를 운영하는 위치에 앉게 되면 나라를 위한 길이라 여기면서 나라를 팔게 되는 것이다. 일례로 기간산업의 사유화, 즉 민영화를 들 수 있다. 그러나 나라의 경제가 몰락하는 걸 보고 후회를 할 때면 이미 늦다.

: 세계 모든 이들을 가난하게 만들라

우리 속담에 '목구멍이 포도청이다'와 '금강산도 식후경이다'라는 말이 있다. 목구멍이 포도청이란 말은 배가 고프면 무슨 짓이라도 한다는 뜻이고, 금강산도 식후경이란 말은 먹는 것보다 더 중요한 것은 세상에 없다는 의미이다. 사람은 배가 부르면 게을러지고 교만해진다. 그래서 배고픈 사람은 말을 잘 듣고, 배부른 사람은 말을 잘 듣지 않는다. 그들은 이러한 철칙을 십분 이해하기 때문에, 금권을 이용하여 대중을 가난하게 만들 뿐 아니라 세계의 식량과 물까지도 장악하여 무기로 삼으려 한다.

인간에게 가장 중요한 것이 식량이다. 과거에는 정도의 차이가 있었겠지만 자급자족을 원칙으로 삼았다. 20세기 후반에 들어서면서 GATT, 우루과이라운드, WTO, 자유무역 등의 용어가 쏟아져 나오면서 각 지역의 식량 보급 체제가 바뀌었다. 농사를 기업으로 보고, 가장 능률적인 기업 경영을 분업으로 정의하고, 수출을 기본으로 하는 경제 체제를 최상의 과업으로 삼으며, 국경의 장벽 없는 자유무역 체제를 유일한 생존 수단으로 믿게 되었다. 이렇게 세계의 경제 구조를 바꾸어 놓은 엘리트들은 농업도 단일경작 체제로 바꾸게 했다. 농부들은 수익성이 훨씬 높다는 국가 지도층의 설명만 믿고 과거 수백, 수천 년 동안 해오던 경작법을 버린다. 대신 지방 일대가 단일 품종을 생산하게 되었다. 이러한 체제는 자연재해, 국제적 정치, 경제, 노동분쟁 등의 이유로 지역주민들에 대한 식량 보급을 위태롭게 만들고 있다. 엘리트들은 식량 유통, 종자 보급, 비료와 농약 보급, 사료 보급 등 식량의 제작 과정에서부터 소비자의 식탁까지 모든 과정을 차지해 마음대로 사람들의 생명줄을 쥐락펴락 하게 되었다. 세상에 이것보다 더 강력한 무기가 또 어디에 있겠는가? 그래서 지구의 인구 대부분이 점점 더 가난해지고 몇몇 부자만 산더미 같은 부를 축적하고 있는 것이다. 빈곤의 세계화가 도래하고 있다. 이제 곧 닥칠 전대미문의 세계 경제공황은 세계 통일의 날이 멀지 않았음을 알리는 것이다.

물론 고이 위정자들은 민중의 아우성 속에 나라를 구한다고 동분서주할 테고, 국민은 이들을 철석같이 믿을 것이다. 하지만 세상은 점점 더 구렁텅이로 빠지고 만다. 결국 대중들은 고이들과 더불어 그들의 기만술에 속아 기진맥진하게 될 뿐이다. 엘리트들은 고도의 기만술을 사용한다. 그들은 대중을 우민으로 만들어 진실을 알려주어도 대개는 이해조차 하지 못하고 믿으려고도 하지 않는 사람으로 만든다.

사람의 먹을거리 중에도 가장 절실한 것이 물이다. 그래서 지금 세계 굴지의 회사들은 수자원을 사들이느라 혈안이 되어 있다. 영국의 테임스워터(Thames Water)라는 회사의 방계회사 중 RWE AG라는 회사가 있다. 독일에 본부를 둔 이 다국적회사는 미국에서만 29개 주에서 1,600만 인구의 물 공급을 담당하고, 세계 20개 나라에 7천만 인구의 물줄기를 잡고 있다. 몬산토(Monsanto), 수에즈(Suez), 코카콜라(Coca Cola) 등등 많은 회사들이 더 많은 수자원을 사들이기에 노력하고 있다. 이것은 세계 경제를 잠식하는 것이자 먹거리를 무기화하기 위한 수순이다. 지금까지 정부가 공공의 이익을 위해 하던 수자원 개발과 상·하수도 시설 공급 제도는 이제 종말을 고하려 한다. 물 마시는 인간은 염두에도 없이 오직 이윤만을 추구하는 개인 기업들이 인간의 생존에 가장 중요한 물을 갖는 것이다.

: 공산주의를 지지한다

『칙훈서』에서 그들은 분명히 공산주의를 선호한다고 표현했다. 17세기 중반 영국에서 제라드 윈스탠리(Gerrard Winstanley)와 그의 조직인 디거스(Diggers)는 '토지의 소유권은 국민에게 있다'라고 주장하면서 사회주의적 관념을 전파하기 시작했다. 프랑스 혁명이 막바지에 이를 때인 18세기 후반에 이미 프랑스의 사상가 바보프는 기본적인 공산주의 사상을 설파했다. 루소 같은 철학자들도 공산주의 혹은 사회주의적 사고방식을 일깨우기 시작했다.

19세기에 들어서면서 스코틀랜드의 로버트 오웬(Robert Owen) 같은 사람들이 자기 재산을 가난한 사람들에게 나누어주면서 사회주의 사상을 고취시키는가 하면, 독일에서는 헤겔(Hegel)이란 철학자가 나와 철학적인 기반을 만들었다. 19세기 중반에 헤겔의 변증법 이론에 큰 영향을 받은 '마르크스(Marx)'와 그의 친구 '엥겔스(Engels)'는 공산주의와 사회주의에 대한 학문적 기틀을 마련해 직접 공산사상 조직 활동에 관여하게 된다.

한편 프리메이슨은 항상 뒤에 그림자처럼 서서 이들이 활동할 수 있도록 터전을 마련해 주었다. 19세기 말 영국의 지도자들로 구성된 페이비언 협회는 좀더 조직적으로 사회의 여론을 끌고 나가며 사회주의를 지원했다. 이들은 과격한 사회주의 계열인 마르크스파를 지원하는가 하면, 다른 한편으로는 온건적인 사회주의 노선을 지원하면서 영국의 노동당을 창설하게 했다.

드디어 1917년 러시아에서 공산혁명이 성공한다. 이 혁명은 사실상 유대인의 혁명이었다. 왜냐하면 혁명의 지도자들이 거의 모두 유대인이었기 때문이다. 혁명은 귀족을 말살했고, 그 결과 노동자와 농민을 앞세운 새로운 귀족이 탄생했다. 여기서 우리가 알아야 할 점은 혁명의 주인공인 노동자와 농민이 속았다는 것이다. 처음에는 알렉산더 케렌스키(Alexander Kerensky), 다음에는 레닌, 그 다음에는 스탈린으로 옮겨가면서 공포정치는 도를 더해갔다. 러시아 공산혁명은 어쩌면 앞으로 다가올 '시온의 왕국'에 대한 예행연습이었을지도 모른다.

당시 러시아 대중이 속았던 것처럼 지금 인류는 복지사회와 세계화라는 사탕발림에 또다시 속고 있다. 결국 세계의 독점경제를 이룩하고 역사상 그 어느 때보다 강력한 식량이란 힘을 무기 삼아 전대미문의 전제정치를 이룩하겠다는 욕망이 『칙훈서』에 내포되어 있는 것이다.

: 나라를 차지하는 최고 수단, 민주주의

우리는 대한민국이란 국호로 민주주의란 정치적 제도 하에 광복 이후 줄곧 살아오고 있다. 그리고 우리는 지구상에 민주주의만이 지상낙원을 이룩할 수 있는 유일한 제도라 생각하며, 이 민주주의를 수호하기 위해 어떠한 희생도 기꺼이 치를 준비가 되어 있다. 그런데 우리는 가장 이상적인 민주주의라는 체제 하에서 이승만, 박정희, 전두환 등 기회주의자들에 의한 독재정치를 겪었다. 그리고 권좌의 주인들은 권력을 유지하기 위해 수백만의 무고한 백성들을 희생시켰다. 민주주의라는 것이 과연 최상의 제도인가 다시 음미해 볼 필요가 있다. 이런 예는 우리나라뿐 아니라 세계 각처에서 찾을 수 있다.

물론 독재자가 나쁜 것만은 아니다. 독재자건 아니건 그 지도자가 올바르게 국민을 위한다면, 나라 발전에 그처럼 좋은 방법은 없을 것이다. 국가적인 사업을 할 때 빠른 속도로 진행할 수 있기 때문이다. 그러나 그런 이상적인 독재자를 만날 가능성은 몹시 희박하다. 공산주의는 노동자 농민이 주축이 되는 사회이기 때문에 만민이 평등해질 수 있어 좋고, 민주주의는 대다수 국민의 의사에 따라 나라가 운영되기 때문에 좋다고 하지만, 실제로 그렇게 운영되는 나라는 아무리 눈을 비비고 보아도 이 지구상에는 없다.

특히 민주주의라는 제도는 금권주의자들이 나라를 차지하기에 가장 알맞은 제도이다. 그들은 앞에 나서지도 않으면서 조용히 뒤에서 정치가들을 손아귀에 넣고, 이들을 시켜 정치를 하기 때문에 일반 대중은 그런 내용을 잘 알지도 못한다. 19세기 후반 빅토리아 여왕의 총애를 받았던 벤자민 디즈레일리(Benjamin D'Israeli) 영국 수상은 "민주주의는 어떠한 대가를 치르더라도 막아야 한다"라고 말했다. 디즈레일리는 그 이유로 민주주의란 패거리만 잘 만들면 나라의 권세를 잡고 주인이 될 수 있는 제도이기 때문이라 설명했다.

북한도 체제는 민주주의라 할 수 있다. 국호를 '조선민주주의 인민공화국'이라 한 뜻은 인민을 위주로 하는 공화국이란 뜻일 것이다. 반면 남한은 '민주공화국'이라 했다. 국호만을 볼 때 북한이 더 민주주의를 강조한 것이다. 대한민국도 헌법에 '대한민국의 주권은 국민에게 있고, 모든 권력을 국민으로부터 나온다'라고 했지만, 실상 국민이 얼마든지 주권을 총칼로 빼앗은 통치자의 희생양이 될 수 있다는 사실은 짧은 대한민국 역사로 이미 증명되었다.

원칙대로라면 미주기구(OAS)는 35개 회원국이 되어야 한다. 그러나 민주주의 국가가 아니란 이유로 쿠바를 받아주지 않아 34개국으로 구성되어 있다. 그러나 쿠바는 복지가 잘 되어 있어 국민들의 행복지수가 높은 나라이다. 만일 미국이 쿠바 사람들을 못살게만 않는다면 쿠바 국민은 훨씬 더 행복할 것이다. 그럼에도 불구하고 미국은 쿠바는 아주 못된 국가라 단정하고, 다른 나라들도 미국을 따라 쿠바는 지옥 같은 나라라고 여기고 있는 게 현실이다.

그들이 권력을 장악하기 위해서는 민주주의라는 것이 가장 손쉬운 제도이며, 그들이 만들고자 하는 사회는 우리의 상상을 뛰어넘을 정도의 전제주의 통치라는 것을 명심하자. 우리가 학교에서 배운 사전적 의미의 민주주의라는 것은 모든 국민이 참여할 때에만 가능한 것이다. 그러기 위해서는 국민들 스스로 깨어나 세상이 어떻게 돌아가는지 제대로 알아야 하고, 정치가가 그릇된 길로 가지 못하도록 적극 나서야 할 것이다. 민주주의란 온 국민이 정치에 참여할 때에만 이상적인 정치제도가 될 수 있다.

: 국가의 역할은 엘리트 보호에 있다

『칙훈서』 3장 16절에는 만약 어떤 국가가 그들을 공격하면 다른 국가가 자기네들을 옹호하여 싸워준다고 나와 있다. 지금 세계의 절대강자는 미국이다. 미국의 외교, 군사 정책에 감히 반대를 하고 나설 나라는 없다. 그래서 미국은 법도, 정의도 필요 없는 지구의 무법자로 바뀌고 다른 나라들은 그 앞에서 숨도 제대로 쉬지 못하고 있는 실정이다. 그런데 미국을 조종하는 힘이 하나 있다. 특정 국가가 아닌 소수의 특권층으로, 바로 이 『칙훈서』를 쓴 장본인들이다. 그래서 이들의 권익이 위험할 때에는 대신 싸워줄 나라가 있다고 표현한 것이다. 그 국가들의 중심에 미국이 있고, 미국의 뜻을 받드는 한국 같은 나라가 있는 것이다. 지금 이라크에 나가 있는 한국군도 달리 표현하면 미국의 용병인 셈이다. 베트남 전쟁에 용병으로 나갈 때에는 돈이라도 받고 나갔지만, 이번에는 제 주머니 털어 용병 생활을 할 정도로 세상이 변해 버렸다. 무지한 국민들의 동의를 얻기 위해 정부는 국익을 위하는 길이라고 말한다. 이에 대해 학계, 언론계 등은 정부의 처사에 동조한다. 감히 미국의 요구를 거절할 힘이 없다고 하는 것이 훨씬 더 솔직한 일이 아닌가 싶다. 그래야 국민이 세상을 옳게 보고 힘을 기르는 데 한마음으로 매진을 할 수 있을 것이다.

: 국가 권력의 조직폭력화

경찰, 검찰, 군대, 사법부 등이 국민의 자유와 권익을 보호한다는 원래의 목적에 반해 국민을 억압하고 탄압하는 기관으로 전락한 게 어제오늘의 일은 아니다. 역사상 이런 예는 얼마든지 찾을 수 있다. 우리나라 역사에서도 오랫동안 국민은 사실상 왕을 위한 희생물이었다. 정권의 소유자들은 기득권을 유지하기 위해 악법도 서슴지 않고 제정하며, 정당한 권리를 요구하는 사람도 자기네에게 위협이 될 가능성이 있으면 언제고 죄를 뒤집어 씌워 구금하고 죽였다. 이런 경우 국가의 모든 사법기관은 사병화(私兵化) 또는 조폭화(組暴化)한다. 이들은 어떤 미명을 빙자하여 악법을 제정한다. 그리고 이들은 헌법에 위배되는 악법도 법이라며 국민을 세뇌하고 악법을 실행한다.

예를 들어 1980년대에 전라도 광주에서 정의로운 시민을 향해 총을 쏜 모든 군인들은 집권자의 사병 노릇을 한 조폭이었다. 민주화 운동을 하는 젊은이들을 잡아 가두고 고문한 그들은 직함이야어쨌든 본질적으로는 조폭이었다. 이런 일들은 한국에서만 일어나는 것은 아니다. 악명 높은 공산국가인 구소련을 위시해 민주국가의 큰집인 미국의 날개 아래 권세를 잡은 독재국가까지 거의 예외 없이 일어나는 현상이다.

진정한 민주주의는 누가 만들어주는 것이 아니다. 정치가들이 나서서 만든다는 것은 말이 안 된다. 정치가란 대부분 고이에 불과하기 때문이다. 유일한 방법은 국민 하나하나가 모두 한마음이 되어 나랏일에 참여하여 정치가들을 감시하고 인도해 주며, 그들을 밀어주는 것뿐이다. 그리고 군인이나 경찰이나 판사 같은 사람들도 개인적으로는 한 나라의 국민이며, 통치자의 장난감 병정이나 조폭이 아니라는 것을 자각해야 한다. 자기가 그 자리에 있는 '존재 이유'를 인식하여, 옳지 않은 법률이나 명령이 헌법을 위반하거나 범죄라 판단될 때는 이를 단호히 거절하는 풍토를 만들어야 참다운 민주주의의 실현이 가능해질 것이다.

제2차 세계대전 이후 전승국들은 독일의 뉘른베르크와 일본의 동경에서 전범재판을 실행했다. 특히 우리는 뉘른베르크의 교훈을 상기해야 한다. 그때 다만 명령에 복종했을 뿐이라는 독일 지도자들 대부분이 유죄로 사형 선고를 받았다. 재판부는 판결에서 '각 개인은 자국의 명령에 복종할 의무에 앞서 국제적 의무가 우선한다'라는 뉘른베르크 재판의 원칙을 설명했다. 뉘른베르크 재판의 원칙은 1950년 UN에서 소위 '뉘른베르크 헌장'이라 하여 국제법으로 채택되었다. 이 법에 따르면 5.18 광주항쟁에 참가했던 군인들은 모두 전범이 되어 유죄 판결을 받아야 한다. 왜냐하면, 그들은 인류에 반하는 상관의 명령에 불복했어야 했기 때문이다.

: 자유를 포기시키는 법

　엘리트들이 목적을 달성하기 위해 자주 사용하는 방법 중의 하나는 '문제→반응→해결'의 순서를 밟는 것이다. 만약 민주주의 방식으로 국민의 자유를 박탈하고 경찰국가(독재국가)를 만들고자 한다면, 먼저 문제를 만들어 국민이 반응하도록 만든다. 문제가 극심해져서 반응이 절정에 달했을 때 국민의 소원에 따라 해결하는 것이다. 그러니까 어디까지나 해결은 국민의 의사에 따라 결정되는 것이기 때문에 국민은 나중에 불평을 할 수 없게 되고 다수 국민의 의사는 소수의 반대를 소멸시킬 정당성을 갖게 한다.

　예를 들면 2001년 9.11테러를 일으킨 후 국민들이 불안하여 전전긍긍하도록 도처에 테러 사건을 만들어내는 것이 한 예이다(『9.11, 위대한 기만』 참고). 또 유독 미국에서 자주 일어나는 총기 난사 사건들은 사회에 문제를 만들고 그 반응을 보는 좋은 예이다. 이런 사건이 벌어지면 국민들은 정부가 국민의 안전을 위해 어떤 조치를 취해야 한다며 개인이 총기를 소지하는 것을 금하라고 아우성친다. 그리고 국민들의 요구가 충분히 무르익었다고 판단될 때 그들은 해결책을 내놓는다. 이런 경우 해결책이란 것은 국민의 자유를 속박하는 것이다. '테러와의 전쟁'이 선포된 후 미국 국민들을 위시한 전 세계 민중이 자유와 권리를 자진하여 포기했다. 사람들은 옛날에 노예나 가축에게 화인(火印)을 찍듯 거주등록번호 같은 일련번호를 자진해 받는다. 또한 자기 몸에 칩을 심는가 하면, 정당한 이유 없는 검색이나 구금을 당해도 당연한 것으로 여기게 되었다. 다시 말해서 국민 스스로가 정부에게 자기들의 자유를

속박해 달라고 애원하게 된 것이다. 그들은 '문제→반응→해결'
이란 방법을 이용하여 이렇게 인간을 조종하지만, 우둔한 민중은
실상을 알려주어도 대부분 믿지도 않는다.

: 종교와 이성을 억누른다

프리메이슨은 원래 그리스도교와는 상극이다. 그러나 프리메이
슨에 가입하려면 반드시 종교를 갖고 있어야 한다. 프리메이슨은
유대인이 절대적 다수로 우위를 차지하고 있는 조직이다. 그리스
도교 세계는 안팎으로 프리메이슨이라는 뼈대로 조성되어 있다.

『칙훈서』에는 자유, 평등 따위는 자연법칙에 위배된다고 했다.
그러나 일반 인간사회에서는 자유와 평등을 모든 정치사상의 기본
요건으로 여기고 투쟁해 왔다. 유대인 사회에서는 구약성서가 특
별한 의미를 갖는다. 구약성서에 지금 우리가 믿고 있는 정의나,
평등, 또는 자유라는 관념은 존재하지 않는다. 그저 인간은 하느님
을 대신하는 국가의 지도자에게 종속되어 무조건 복종해야 하는
것이다. 그들에게 훌륭한 백성은 생각할 줄 모르는 무조건 복종만
잘하는 인간[10]일 뿐이다.

그리스도교의 전성기인 암흑시대에서 탈피하는 르네상스와 종교
개혁의 주인공이었던 프리메이슨들은 무지한 민중을 일깨워서 생
각하는 인간으로 만들어야 했다. 그 과정에서 자유사상을 예술, 문
학, 과학, 수학, 철학 등 모든 분야에 침투시켜 수백 년간 세상을 요
리해 왔다. 이제는 정복의 대상이었던 크리스텐돔(Christendom)

속에 들어가 뼈속부터 들여다보게 되었으니 남은 일은 신분을 드러내고 진정한 세상의 주인이 되는 것뿐이다.

더 이상 생각할 줄 아는 대중은 필요하지 않다. 때문에 우민화 정책이 필요한 것이다. 현 사회에 존재하는 인간군상을 세대별로 나눠 보면 나이가 어릴수록 이치를 따질 줄 모르고 인간관계를 이해하지 못하는 것을 알게 될 것이다. 신기한 것은 이렇게 우매해질수록 그들의 머릿속에 거짓 지식이 가득 차 자신들이 잘났다고 생각한다는 점이다.

이런 무식한 다수를 인정해야 하는 것이 바로 엘리트들이 좋아하는 민주주의 제도이다. 민주주의는 유식하건 무식하건 유권자가 될 수 있다. 무지한 대중의 뜻이 여론이 될 수 있다. 그리고 정치가는 이런 다수를 만족시키기만 하면 훌륭하다고 추앙을 받는 지도자가 된다. 진정으로 민족과 국가의 앞날을 염려하는 선견지명을 가진 현자는 우매한 다수 국민들이 이해하지 못하니 지도자로 선출될 수 없다. 이런 우매한 다수를 주류 언론이 앞장서서 대중의 머릿속에 그들이 원하는 것을 집어넣어 주며 사회를 이끌어가게 된다. 몸에 좋은 쓴 약을 우매한 대중이 좋아할 리 만무하니 사회는 당연히 그들의 뜻대로 될 수밖에 없는 것이다.

: 세계 정복을 위한 세 가지 방법

『칙훈서』에서는 세계를 정복하는 방법으로 세 가지를 들고 있다. 완력, 종교, 돈이 바로 그것이다. 과거에는 물리적인 힘, 즉 완력으로 다른 나라를 정복했다. 이것이 우리가 아는 일반적인 정복이다. 종교로 정복하는 방법은 이를테면 세뇌공작을 해 심리적으로 종속시키는 것이다. 그러나 아직 돈으로 세계를 정복한 예는 없었다.

돈의 힘으로, 다시 말해 경제적인 힘으로 한 나라를 정복하는 일은 느리고 어렵지만, 완벽한 방법이다. 그리고 이렇게 세계 전체를 정복하는 일은 이제 눈앞에 현실로 다가왔다. 지금 신세계질서 또는 신자유주의 또는 자유무역으로 우리 입에 오르내리는 것이 바로 세계의 모든 나라들이 한꺼번에 정복되고 있는 과정임을 헤아려야 한다. 지금 우리 지도자라는 사람들은 세계화에 동참하는 것이 유일한 살길이라고 주장하고 있다. 사실은 하루빨리 그들에게 종속되는 과정임을 모르고 있으니 미욱한 '고이'라고 비웃음을 받아도 할 말이 없다.

: 타블라 라사(Tabula Rasa)

세계 정복에 관한 이야기를 하는 길에, 특히 그 정복을 위한 마지막 세계전쟁을 눈앞에 둔 이 시점에 대중이 잘 모르는 중요한 용어 하나를 소개하고자 한다. 이는 아무것도 쓰여 있지 않은 공백의 칠판이란 라틴어이다. 17세기 철학자 존 로크(John Locke)는 사람은 아무 편견이나 지식이 없는 공백 상태로 태어나며, 오로지 살아가면서 경험한 감각에 의해 관념이 조성된다는 경험주의(empiricism) 이론을 내놓았는데 타블라 라사는 이때 만들어진 용어였다. 프로이트(Freud)도 심리분석을 할 때 이 이론에 근거를 두었다. 따라서 타블라 라사 이론을 확대하면 이미 들어 있는 관념을 백지 상태로 지워버림으로써 새로운 정체성을 만드는 것이 가능하다는 결론이 나온다. 이런 착안을 한 것은 세계 인류의 정신을 조종하려는 타비스톡(Tabistok)의 창시자들이다.

'타비스톡'의 기안자인 심리학자, 커트 루윈(Kurt Lewin) 박사는 세상을 통일하기 위해서는 먼저 세계를 '타블라 라사' 상태로 만들어야 한다고 믿었다. 그는 다음과 같이 말했다.

"카오스를 조작하고 잘 조종하여 사회에 퍼트리면, 사람들은 더욱 강력한 인간 관리도 기꺼이 감수하게 된다. 때문에 모든 인간들을 마치 어린 아이 같은 심리 상태로 환원시켜야 한다. 다시 말해서 '유동성 사회 카오스'를 창조해 내야 한다는 말이다. 테러가 사회에 만연한다면, 그 사회는 아무것도 쓰여 있지 않은 깨끗이 지워진 칠판으로 환원된다. 이런 사회에 밖에서 어떤 새로운 사상을 가져와 깔아놓으면 사람들을 조종하기가 매우 쉬워진다."

루윈 박사는 세상을 어떤 방향으로 몰고 가야 하는지 설명했던 것이다. 이것이 타비스톡 기획의 기본 원칙이다.

이제 독자들은 지금 세계 각지에서 발생하는 테러가 왜 일어나며, 온 인류가 왜 '테러'의 공포 속에 떨고 있는지 그 이유를 깨닫게 되었을 것이다.

┊ UN의 강력한 독재기관화

혼돈이 계속될수록 세계는 한발 더 세계 단일정부 수립과 가까워진다. 그동안 우리는 UN을 분쟁을 해결하고 궁극적으로 세계 평화를 이룩하기 위한 조직체로 이해해 왔다. 또한 UN이 명실공히 세계를 통솔하는 세계 정부 기관으로 자연스럽게 변모할 것이라 생각했을 것이다. 왜냐하면 엘리트들이 끊임없이 세계 단일정부 수립을 위해 노력해 왔으며, 지금의 UN이란 기구도 그들이 60여 년 전에 만든 조직이기 때문이다. UN이란 조직은 비록 몇 개의 소수 강국에게 거부권이란 특권을 부여하기는 했지만 대체적으로 우리가 배운 민주주의 방식에 의한 운영방식을 취하고 있다. 그러나 『칙훈서』에서는 앞으로 탄생할 세계 단일정부는 전제군주 통치라는 말을 여러 차례 강조해 왔다. 이제 앞뒤가 잘 맞지 않는 것은 알 수 있을 것이다. 따라서 UN이 강력한 독재기관으로 변모하게 될 거라는 결론을 내리게 된다.

한편 대부분의 사람들이 이미 미국이 세계의 패권을 차지했고, 그들이 세계를 통치하게 될 것으로 막연히 믿고 있을 줄 안다. 미국은 세계 헤게모니를 완전히 장악하기 위해 과거 소련의 영향권을 잠식하면서 러시아와 중국의 목을 점차 강하게 조이고 있다. 마치 진주만 공격 전에 미국이 일본의 목을 조이는 때와 흡사하다. 러시아와 중국이 더 이상 참을 수 없게 될 때 이 두 나라와 미국 세력권은 한판 승부를 겨루지 않을 수 없을 것이다. 저자는 이것을 지구가 마지막으로 겪게 될 제3차 세계대전으로 보고 있다. 그러나 여기서 우리가 명심해야 할 점은 대부분의 사람들이 미국 자체를 힘의 중심으로 믿고 있지만, 실은 엘리트들이 미국의 군사력과 재력을 이용하고 있을 뿐이란 것이다. 힘의 중심점은 미국 정부가 아니다.

한때 시온주의자들은 UN에서 미국이 마음대로 되지 않자 '미국은 UN에서 나가라'고 외치며 '미국 없는 UN'을 주창했었다. 그러나 UN이 자기네 마음대로 움직여주지 않으니 이번에는 UN을 미국 밑에 두어야 한다고 주장한다. 물론 미국을 마음대로 주무를 수 있게 된 후의 이야기이다. UN이란 것은 원래 세계 단일정부를 수립하기 위한 전초기지로 창설했던 것이다. 그러나 이제 미국이 독주하는 마당에 꼭 UN일 필요는 없다. 미국을 군사력과 재정 조달의 근거지로 삼고, 자기네들이 조종하는 미국을 앞세우고 UN을 그 밑에 두면 종국적인 목적인 세계 단일정부를 수립하기가 훨씬 수월해진다.

시사 문제에 관심이 있는 사람들은 미국의 독선적인 행동이 마치 옛날 서부영화에나 나오는 황야의 무법자 같다는 인상을 받았을 것이다. 인권과 평화의 사도 미국, 세계 경찰국가 미국, 세계의 법을 지키는 미국, 이런 나라가 국제재판소에서 미국인은 전범으로 제소하지 못하도록 하고, 대량학살무기, 인권 등의 이유로 이라크를 침공하고, 팔레스타인 사람들을 학살하는 등 세계의 법을 위반하는 본보기가 되고 있다. 그런데 이런 미국의 지도 아래 UN을 놓겠다는 말이다. 앞으로의 세계가 어떤 모습일지 짐작하기는 어렵지 않을 것이다.

: 과학 제일주의

우리는 사물의 이치를 형식상 형이상학(Metaphysics)과 형이하학(Physics) 두 종류로 구분한다. 형이하학은 과학이다. 우리는 현대 사회에 들어오면서 과학만이 유일한 잣대라는 엉터리 교육을 받아왔다. 모든 것은 수치로 표시할 수 있어야 그 가치가 인정된다. 예를 들어 어떤 직장에 근무하는 사람은 그 회사의 좋고 나쁨을 판단하는 기준을 수치로 표시할 수 있어야 한다. 이는 봉급의 고저, 근무시간의 장단 등으로 나타낼 수 있다. 하지만 직장에서 얼마나 보람을 느끼며 일할 수 있는가 하는 분위기를 말해 주는 행복감은 수치로 표시할 수 없기에 무시된다.

형이상학, 즉 정신적인 학문은 형이하학인 과학에서 미신 또는 근거 없는 학문으로 취급하여 무시당해 왔다. 따라서 지상 세계에서 형이하학만이 의미 있는 학문이 된다. 눈에 보이지 않는 지하 세계에서는 형이상학이 우선이고, 형이하학은 그 결과가 사물로 나타나는 말초적인 학문이라고 여긴다. 예를 들어 프리메이슨에서는 고대부터 피라미드의 각도를 매우 중요시해 역시 메이슨이었던 피타고라스를 통하여 삼각형의 신비한 여러 정의가 알려지기도 했다. 그러나 세상 사람들에게 알려진 것은 그 지식 일부분일 뿐이다. 우리는 뉴턴이 사과가 떨어지는 것을 보고 인력을 발견했다고 알고 있지만 사실 지하 세계에서는 훨씬 오래 전부터 인력에 대해 알고 있었다. 따라서 과학만이 유일한 진리인양 다른 것을 무시하는 태도는 참으로 가소로운 일이다.

지상의 과학문명 발달은 이들의 손에 달렸다. 1980년대 초 개발도상국의 지식인들은 절망하고 있었다. 왜냐하면 선진국의 과학은 가속도를 더하여 발전하고 있었기에 개발도상국이 아무리 열심히 해도 그 격차는 점점 벌어지고만 있었기 때문이다. 20~30여 년 전만 해도 선진국에 비해 뒤떨어졌던 한국의 과학기술이 이제는 선진국을 많이 따라잡았다고 생각할 것이다. 이는 엄밀히 말해 따라잡았다기보다는 따라오도록 기다려 주었다고 해야 옳다. 사실 엘리트들은 선진국의 과학이 더 발전하지 못하도록 붙잡아 놓았다. 그러나 그들만의 과학은 별개 문제다. 그들이 얼마나 앞서 있는가를 보자.

프리메이슨들은 1894년에 일곱 개의 무선전화기를 찰스턴, 워싱턴, 로마, 베를린, 몬테비데오, 나폴리와 캘커타에 놓고 사용했다고 밝혔다. 우리는 전화가 1874년 벨이 착상해 1876년 특허를 낸 것으로 알고 있다. 그러나 이것은 아주 기본적인 유선전화였고 무선전화는 1939년에야 그 기본 개념이 태동하기 시작했다.

현대 전쟁에서 유일한 무기는 폭발을 원리로 한 것들이다. 소총에서부터 원자폭탄까지 모두 폭발하는 무기다. 그러나 이것은 지금 엘리트들이 갖고 있는 무기에 비하면 원시적인 것이다. 앞으로 세계전쟁이 일어난다면 폭발물을 무기로 사용하는 마지막 전쟁이 될 것이다. 그러면 그들은 어떤 무기를 갖고 있을까? 알려진 바로는 백여 년 전에 니콜라 테슬라(Nikola Tesla)가 개발한 전자광학 무기와 UFO 기술이라 한다.

: 디스인포메이션

『칙훈서』에서는 거짓과 기만으로 대중을 몰아가면서 목적을 달성한다고 했다. '디스인포메이션'이란 말은 날아오는 화살을 엉뚱한 방향으로 돌리게 한다는 말이다.

예를 들어 미국이 이라크를 침공할 때 대의명분은 후세인의 대량학살무기를 없앤다는 것이었다. 그러나 이 이유는 곧 거짓으로 판명되었다. 이때 여러 시사 전문가들이 진짜 이유는 석유를 차지하기 위해서라고 의견을 내놓았다. 그리고 이 주장은 많은 사람들의 공감을 불러일으켰다. 그리고 소위 세상살이에 밝고 진보적이라는 인사들은 '바로 그것이다'라고 판정을 내리고 다른 이유는 찾아볼 생각도 하지 않았다. 이것이 바로 진실을 그럴듯하게 딴 곳으로 돌려 대중을 기만하는 것이다. 이라크 침공의 이유로 석유를 든 것은, 더욱 중요한 목적은 그늘에 감추어 사람들이 진의를 알지 못하도록 하는 좋은 예이다. 또 근자에는 기독교 세계와 이슬람 세계는 자연 발생적으로 충돌하게 되어 있어 언젠가는 커다란 전쟁을 유발하게 될 거라는 개념을 대중의 머리에 심고 있다. 그러나 이는 그들이 두 세계를 충돌하도록 뒤에서 조종한다는 사실을 숨기기 위한 디스인포메이션이다.

다른 좋은 예로 1963년의 케네디 대통령 암살 사건을 들 수 있다. FBI는 케네디 암살을 오스왈드라는 사람의 단독 범행이라 규정했다. 그러나 사람들은 국가의 발표를 사실이라 믿지 않았다. 때문에 13년 후인 1976년 의회에서 특별 위원회를 만들어서 소위 '워런위원회'라는 이름으로 모든 최첨단 기술을 동원해서 오스왈드의 단독 범행임을 증명했다. 그러나 대중들은 여전히 납득하지 못했다. 그래서 나온 것이 유대인인 올리버 스톤이 감독한 1991년의 「JFK」라는 영화였다. 이 영화는 많은 진실을 드러냈다. 영화 「JFK」는 1967년에서 1969년 사이에 수사한 뉴올리언스의 검사 짐

개리슨(Jim Garrison)의 수사 내용을 기반으로 만들어졌다. 그런데 영화를 감독한 사람은 스톤이었지만 제작자는 아론 밀찬(Arnon Milchan)이라는 이스라엘 출신의 시온주의자였다. 그는 「포브스」가 선정한 세계 250위의 부자이며 이스라엘의 무기상이자 이스라엘 핵무기 개발의 중심인물이었다. 케네디가 이스라엘의 핵무기 개발에 적극 반대한 사람이었기 때문에 이스라엘의 정보부 모사드가 케네디를 죽이기로 작정한 마당에 밀찬 같은 사람이 케네디 암살의 근본을 파헤친다는 것은 괴이한 일이다. 특히 영화 제작을 담당한 ABC 방송사는 CBS와 함께 엘리트들의 방송사로 잘 알려져 있다. 또한 ABC의 사장 마이클 아이즈너(Michael Eisner) 역시 유대인이었다. 영화에 얽힌 사람들이 모두가 유대인이란 이상한 우연의 일치를 보이는 것이다.

영화 「JFK」는 정부가 말하는 오스왈드 단독 범행은 사실이 아니며 CIA가 개입되어 있을 확률이 높다고 주장한다. 이로 인해 대중의 궁금증은 거의 풀렸을 것이다. 그러나 이는 이스라엘 모사드의 개입을 알아채지 못하도록 대중의 인식을 차단한 아주 대표적인 디스인포메이션이라 하겠다.

: 영웅을 죽여라!

엘리트들은 대중의 의사를 조작한다. 언론, 교육, 예술 등을 통해 대중의 사고방식을 창조해 낸다. 그런데 때로는 그 속셈을 알아차리고 막대한 영향력으로 대중을 이끌어 그들의 뜻과 반대로 가는 영웅이 나타날 때가 있다. 또한 가끔 현자가 나타나 시온 지도 장로의 기대와는 반대로 오히려 적을 만드는 일에 앞장설 수도 있다. 이런 경우 그냥 두면 사태는 걷잡을 수 없게 된다.

존 레논이나 마틴 루터 킹 같은 사람은 이미 우상화되었기 때문에 그들이 무슨 말을 하건 사람들은 비판 없이 따르게 된다. 그런데 만약 이들이 질서정연한 이론과 이치를 바탕으로 대의명분을 앞세운다면 어떨까? 그 영향력은 더할 나위 없이 클 것이다. 엘리트들도 이런 사람들은 무척 존경한다. 그러나 자신들이 하는 일에 지장을 줄 수 있기에 제 명보다 먼저 저세상으로 보낸다. 이들은 영웅들을 암살한 후 그들의 위대함을 앞장서서 칭송하기도 한다.

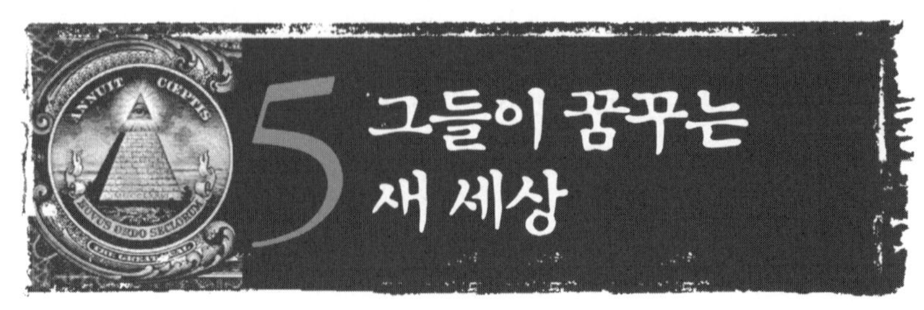

: 이슬람 테러리스트의 모체, 무슬림 형제단

1920년대에 이집트의 알 바나(Al Banna)라는 민족주의자가 '무슬림 브라더후드(Muslim Brotherhood)', 즉 '무슬림 형제단'이란 것을 조직했다. '알 바나'는 히틀러를 무척 존경했고, 나치의 정치철학만이 이상적인 사회를 구현하는 길이라고 믿었다. 1930년대에 들어서자 그는 자기 조직을 나치 첩보망의 아랍계 비밀조직으로 자진 편입시켰다. 그래서 그의 조직은 일반적으로 '아랍 나치'로 통할 정도였다. 이들은 유대인들을 저주했다. 민주주의 체제를 옳지 않은 것이라 여겼고, 서구 문명을 경멸했다. 그리고 영국 편에 서 있던 이집트 군부대 내에 무슬림 형제단원들을 잠입시켰다. 제

2차 세계대전이 일어났을 때 알 바나는 히틀러에게 롬멜 장군이 이집트로 들어올 때 이집트 내에서 봉기를 일으켜 알렉산드리아나 카이로에서 연합군은 단 한 사람도 살아 나가지 못하게 할 것이라고 약속했다. 전쟁 중 이들은 아랍권 내에 세력을 확대시켰으며, 심지어는 팔레스타인에 '예루살렘의 위대한 무프티'를 두목으로 한 특별 비밀부대까지 조직했다. 무프티라는 사람은 '무슬림 형제단'의 팔레스타인 총책이었다. 그는 전쟁 중에는 독일에 들어가서 국제 아랍 나치당원을 모집하면서 한편으로 나치 특수부대 SS의 아랍부대를 조직하여 '한드자 무슬림 사단(Handzar Muslim Division)'이라 부르고 본부를 크로아티아에 설치했다. 그리하여 나치 군대는 이들을 주력으로 하여 아라비아 반도를 점령하고 여기를 기지로 해 아프리카로 세력을 확장하려 했다.

그러나 전쟁에서 연합군이 승리하게 되면서 독일의 아랍 첩보 책임자가 카이로에서 영국군에게 포로로 잡혔고, 아랍 나치 조직의 전모가 밝혀지면서 대부분의 무슬림 형제단원들이 체포되었다. 그런데 영국은 이들을 처벌하지 않았다. 오히려 이들을 막 형성되는 '이스라엘'을 침공하여 섬멸하는 범 아랍민병으로 만들기 위해 이집트에 집결시키고 3년간 훈련을 시켰다. 물론 이런 일은 극비로 진행되었다. 이를 알아챈 프랑스 첩보 기관도 이 계획에 동조했다. 그래서 프랑스가 체포한 '예루살렘의 위대한 무프티'를 석방해 이집트로 보냈다. 1945년에서 48년까지 아랍나치당원들을 모두 집결시켜 훈련을 했지만, 그들은 성공을 하지 못했다. 일이 이렇게 되자 영국은 이 계획을 없던 일로 하고 영원히 비밀로 묻어버리기로 했다. 그리고 이제는 귀찮은 존재가 된 무슬림 형제단원들을 미국 CIA의 전신인 OSS에게 넘기게 된다. 당시는 소련이 아랍 공산당 조직을 위해 자금 등 모든 지원을 할 때였다. 미국은 이들을 아랍 세계에서 공산주의자들과 충돌시켜 대칭 세력으로 만들어 빨갱이들을 없애는 목적으로 사용하려 했다. 그러나 당시 중립 노선을 걷고 있던 이집트의 나세르 대통령은 자국 내에 이런 비밀 무장조직이 존재한다는 것을 알고 불안해졌다. 결국 그는 1950년대에 이들을 검거해 국외로 내보냈다. 할 수 없이 미국은 다른 장소를 물색해야 했다. 결국 찾은 보금자리는 사우디아라비아였다.

이들은 사우디아라비아에 들어가 나치 파시스트 사상을 간직한 채 기존에 있던 와하비즘(Wahhabism) 종파에 침투했다. 그리고 미국은 계속 이들을 지원했다. 지원이라는 것은 물론 돈을 준다는 뜻이다. 이때 무슬림 형제단에는 아잠(Azzam) 같은 석학이 있어 그들의 원리주의적인 사상을 가르치는 마드라사(Madrassa) 학원을 발전 보급하며 이슬람 원칙에 의한 나치식 전제주의적 사상을 고취시켰다. 와하비 종파의 본거지는 사우디아라비아로 그 나라의 집권층과 유기적인 관계가 있었다. 때문에 사우디 정부는 바로 와하비이고, 와하비는 사우디 정부라 해도 과언이 아니다. 그리고 이 종파는 파키스탄과 아프가니스탄 그리고 인도네시아의 집권 정치 세력에 막대한 영향을 주고 있으며 수단과 걸프 해협 주변 국가에도 약간의 세력을 갖고 있다. 아프가니스탄의 탈레반 정권 역시 교정(敎政)을 함께 하는 와하비였다.

일반적으로 사람들은 이슬람이란 종교 자체가 극단적이고 원리만 따지는 시대착오적 종교라고 믿고 있지만 사실은 그렇지 않다. 오히려 이슬람은 평화롭고 관대할 뿐 아니라 천 년 이상을 유대인들과도 매우 우호적인 관계를 유지했던 종교이다. 그래서 대부분의 이슬람 국가들은 와하비 종파를 이단으로 여긴다. 다만 사우디아라비아가 석유로 워낙 많은 돈을 벌어 영향력이 막강하기 때문에 말을 삼가는 바람에 비판의 소리를 우리가 잘 듣지 못하는 것이다. 잘 알다시피 사우디아라비아의 집권자들은 미국과 아주 우호적이다. 미국이 오랜 시간이 지나도록 아직 잡지 못하고 있는 '오사마 빈 라덴' 또한 마드라사 출신이었다.

1979년 소련이 아프가니스탄을 침공하자 미국은 그동안 꾸준히 뒤를 보살펴 주던 무슬림 형제단을 아랍 의용군으로 써먹기 위해 아프가니스탄에 보내게 되었다. 그러나 전에 나치를 지지했던 전력 때문에 '무슬림 형제단'이란 이름을 계속 사용할 수는 없었다. 그래서 이름을 성전의용대(Maktab al-Khadamat al-Mujahidin)라는 뜻의 MAK이라 바꾸고, 일반적으로 무자헤딘(Mujahidin)이라 불렀다. 전쟁은 미국의 승리로 끝났다. 미국은 목적을 성취하였으나 무자헤딘은 갈 곳이 없었다. 사우디아라비아가 그들의 귀환을 원치 않았기 때문이었다. 그 사이에 아잠은 암살을 당하고, MAK 조직은 둘로 분리되었다. 오사마 빈 라덴은 그 중 극단적이고 원리주의적인 파벌의 지도자가 되었다. 바로 알 카에다이다. 하마스 역시 무슬림 형제단의 일원이다. 2004년 3월 22일 이스라엘군이 하마스의 지도자 야신(Yassin)을 살해했을 때, 무슬림 형제단이 이집트 카이로의 신문에 조사(弔辭)를 기재하면서 그를 가자 지구의 무슬림 형제단 책임자라 표현하기도 했었다.

결론은 알 카에다, 하마스 같은 조직의 모체인 무슬림 형제단이 미국과 유기적인 관계가 있다는 말이다. 지금 테러와 전쟁을 치른다며 알 카에다가 미국의 철천지 원수인 것처럼 요란을 떨지만 그 내막은 세상에 알려진 것과 다르다는 것을 알아야 한다. 때문에 무슬림 극단주의자들을 대량 생산해 내고 있다는 마드라스 이슬람 학교 교과서를 미국에서 인쇄해서 파키스탄과 중앙아시아, 중동 등 이슬람 국가에 배포하고 있는 것이다. 무슬림 형제단에 대해 더 자세한 내용을 알아보려면 인터넷 검색창에서 'banna nazi'를 쳐 보면 된다. 인터넷의 자료들을 읽어보면 전후좌우가 어떻게 된 것이지 대강 알 수 있을 것이다.

이제 독자들은 세계를 조종하고 결국 세계 단일정부로 통일하는 과정에서 정치·경제·군사·종교 등 필요한 모든 함수관계를 이해해야 한다. 그렇지 않고서는 모순투성이로 보이는 세계 시사 문제를 제대로 이해하기란 불가능하게 된다.

: 코앞으로 다가온 세계 단일정부

『칙훈서』에서는 지상국가, 시온의 왕국을 세운다고 여러 번 강조하고 있다. 이것이 그들의 최종 목표이다. 이미 이야기했지만 이 세계 통일은 많은 사람들이 의식조차 하지 못하는 상황에서 이뤄진다. 과거에 있었던 힘이나 신앙에 의한 통일과는 다른 양상을 보인다. 이번에는 경제와 힘, 종교의 명실공히 삼위일체식 세계 정복이다. 이번에 엘리트들이 세계를 정복하고 그들의 지상정부를 세워 절대독재군주를 통치자로 세우면, 인류는 종주인종과 종속인종으로 갈리게 될 것이다. 종주인종은 물론 하느님에 의해 선택된 유대인이고, 나머지 젠타일이라고 부르는 지구상의 모든 인류는 그 밑에 종속된다. 때문에 세계 통일이 된 후 모두 유대인을 섬길 준비가 되어 있어야 한다.

현대 프리메이슨의 정신적 아버지인 앨버트 파이크 장군은 세 번의 세계전쟁을 하라고 지시했다. 우리는 이미 두 번의 전쟁을 치렀다. 문제는 과연 최후의 전쟁이 올 것인가이다. 나는 분명히 올 거라고 믿는다. 그것도 매우 가까운 시일 내에 일어날 거라 생각한다.

흔히 그리스도교 신자들은 말세 또는 아마게돈이라는 표현을 한다. 세상이 끝날 때가 오면 하느님이 불이나 물로 심판을 한다는 것이다. 바로 이것이 제3차 세계대전이다. 요즈음 네오콘들은 지난 냉전이 제3차 세계대전이며 앞으로 다가올 전쟁은 제4차 세계대전이라고 말하고 있다. 이는 해석 나름이겠지만 여기서는 냉전을 전쟁으로 간주하지 않기로 한다. 냉전은 미국과 소련이 서로 견제하기 위해 군비 경쟁과 세력을 넓히기 위해 대립한 것으로 실제로 큰 전쟁이 벌어진 것은 아니기 때문이다.

제3차 세계대전을 성공적으로 치르기 위해서는 우선 세계 각국의 경제력을 모두 빼앗아야 한다. 각국 정치 지도자들인 고이들은 열심히 정치를 하지만 엘리트들의 보이지 않는 사슬에 얽매여 세상이 어떻게 돌아가는지 알아차리지 못한 채 열심히 엘리트들에게 국가의 자산을 빼앗기다 결국 국가의 쌈짓돈마저 자진해 바치게 된다. 현재 국가의 공공 기간산업을 민영화한다는 것이 바로 그것이다. WTO를 구심점으로 하는 자유무역 체제로 세계 경제의 틀을 바꾸는 이유도, 또한 전 세계를 분업 체제로 만들어 무역을 기반으로 하는 경제 체제로 만드는 이유도 엘리트들이 모든 경제권을 장악하기 위함이다. 이 모든 것이 자발적으로 나라를 통째로 갖다 바치도록 하는 공작이지만 사람들은 깨닫지 못하고 있다. 오히려 사람들, 특히 지도자들은 이미 진심으로 그 길만이 살 길이라고 믿고 있다. 근래 한국에서도 기간산업의 민영화 문제로 인해 정부와 노동자 사이에 갈등이 한창이다. 그들은 하루라도 빨리 국가의 쌈지 꾸러미를 팔아야 나라가 잘 된다고 믿는다. 그러나 사실은 위정자들이 권좌에 앉아 있을 시간을 조금 더 연장하는 것뿐이다. 하지만 결국 칼자루를 쥔 사람들은 위정자들이다. 그들은 총칼을 사용해서라도 뜻을 이룰 것이다. 위정자들은 엘리트들, 여기서 더 구체적으로 표현한다면 국제금융가들에게 매인 몸이다. 따라서 그들의 하수인 노릇을 하는 수밖에 없다. 하수인들이 사명을 다 했을 때 바야흐로 세계는 일차적인 경제 통일이 이루어질 것이다.

다음 단계는 힘의 통일이다. 힘의 통일이란 여러 복합적인 목적을 이루기 위해 벌이는 전쟁이다. 이것이 바로 그리스도교에서 말하는 아마게돈이다. 불로 심판한다는 것은 폭발하는 무기를 마지막으로 사용하는 전쟁을 말한다. 폭발하는 무기란 권총에서부터 원자폭탄까지를 모두 포함한 말이다. 그러나 전쟁이 끝날 때에는 전자무기가 나타나 폭발 무기는 과거의 유물로 전락할 것이다.

전쟁이 끝나도 그리스도교에서 말하는 영생을 얻는 유토피아는 오지 않는다. 오히려 젠타일에게는 지옥과 같은 노예로서의 삶이 펼쳐질 것이다. 오직 유대인들만 유토피아를 맞게 될 것이다. 물론 무기로만 전쟁을 하는 것은 아니다. 이미 엘리트들의 손아귀에 들어 있는 물과 식량, 그리고 역시 그들이 조종하는 질병과 천재지변으로 많은 사람들이 목숨을 잃을 게 분명하다.

: 세계를 조종하는 핵심권력, 네오콘

요즈음 정치 이야기를 할 때 네오콘이라는 단어를 쉽게 듣게 된다. 세계를 조종한다는 미국의 핵심 권력을 바로 네오콘이 쥐고 있다. 이는 바로 현 부시 행정부의 주요 구성원이 네오콘이란 말이다.

네오콘은 신보수주의파로 알려져 있다. 복음주의 기독교 세력이 주축이 된 집단으로 극단적인 사회 질서를 구축하려는 정치철학을 갖고 있는 것으로도 알려져 있다. 이들은 전에는 자유주의자로 알려져 있기도 했지만, 시간이 가면서 여기에 네오(neo)란 어휘와 신(新)보수란 명칭이 붙어 자유주의와 보수를 혼동하게 했다. 아마도 지금 알려진 네오콘이 보수당으로 알려진 공화당의 대통령 주변에 자리잡고 있는 실세들을 말하기 때문에 신보수란 이름이 붙지 않았나 짐작된다.

소련의 붕괴로 세계를 제패한 미국은 세계화와 더불어 '신자유주의'라는 유행어로 세상을 제압하고 있다. 세계화라는 말과 신보수주의와 신자유주의는 동의어로 보아도 된다. 여기서 '신자유주의'라는 용어에 대해 짚고 넘어가야 한다. 이 말은 새로운 '자유주의'라는 뜻이다. 그러면 원래의 자유주의 또는 고전적 자유주의란 무엇인가하는 의문이 생긴다. 일단 과거의 자유주의 타령은 덮어두자. 신자유주의는 공산주의, 사회주의, 자본주의 등 여러 종류의 사상이나 이념과 비교하여 이를 총 망라한, 또는 아무것에도 속하지 않는 자유사상, 즉 사상이나 주의가 없는 이념을 말하는 것이다. 우선은 네오콘의 뒤에 프리메이슨 조직과 시온주의자들이 있다는 것을 기억하기 바란다. 사실 이들은 우리가 생각하는 진정한 보수주의자들도 아니고 주류 전통 보수주의자들이 새로운 사상으로 변신한 것도 아니다.

그 뿌리를 설명하려면, 프랑스 나폴레옹 시대까지 거슬러 올라가야 한다. 나폴레옹은 단순히 전략을 잘 꾸미는 군인 출신의 통치가가 아니었다. 그는 뛰어난 정치가이자 철학자였다. 나폴레옹은 약관의 젊은 군인으로 자코뱅이란 프리메이슨 조직에 가담해 루소, 칸트 같은 철학자들의 사상에 많은 영향을 받았다. 황제 즉위식 때의 일이다. 당시 유럽에서는 왕위에 오를 때 교황이 씌워주는 관을 받는 것이 상식이었다. 그러나 나폴레옹은 교황이 주는 관을 기다리지 않고 제 손으로 직접 왕관을 썼다. 이는 교황의 권위에 도전하는 상징적인 행위였다. 당시 그의 이런 행동은 가히 혁명적인 것이 아닐 수 없었다. 때문에 전 유럽인들이 그의 사상을 오랫동안 우러러 보게 되었다. 그리고 매우 오랫동안 그의 철학은 전 유럽에 강력한 영향을 미치게 되었다. 그의 사상을 쉽게 이해하기 위해서는 도스또예프스키의 『죄와 벌』이란 소설을 읽어보면 도움이 될 것이다. 19세기 중엽 러시아의 도스또예프스키는 당시 만연했던 나폴레옹의 사상을 비판하려는 목적에서 이 소설을 썼다.

소설의 주인공인 가난한 대학생 라스콜리니코프는 자기는 현재 돈이 없는 가난한 청년이지만, 언젠가는 사회의 지도자가 될 숙명을 갖고 있다고 믿었다. 그는 세상에는 아무짝에도 쓸모 없는 벌레 같은 전당포 노파가 많은 돈을 가진 것을 매우 부당하게 여겼다.

그에게 자기처럼 유망한 인재가 돈이 없어 학업을 계속하지 못하는 것은 부조리한 일이었다. 그래서 그는 노파를 살해했다. 노파의 돈을 자기 같은 사회에 이로운 자가 사용하는 것은 정의로운 일이라고 믿었던 것이다. 그 당시 많은 사람들은 죄와 악을 상대적인 개념으로 인식했다. 세상에는 범인(凡人)과 비범인(非凡人), 두 종류의 사람이 있는데 범인은 사회를 통솔하는 도덕이나 법률에 복종해야 하지만 비범인들에게는 그런 것들을 초월할 권리가 있다는 것이다. 사회나 국가를 지배하는 지도자는 비범인이다. 이들은 범인의 기준으로는 범죄자일 수도 있다. 그러나 사회를 통솔하고 새로운 가치를 정립하기 위해서는 그런 비범인이 꼭 필요하기 때문에 그들의 범죄를 범죄로 다루어서는 안 된다고 생각했다.

바로 이런 사상이 네오콘 사상의 핵심이다. 그들이 세계를 통일하고 인류를 지배하려는 것은 궁극적으로는 인류가 잘 살기 위한 것이다. 그들은 이 목적을 달성하기 위해서는 어떤 범죄적 행위도 정당화할 수 있다고 믿는다. 그래서 그들은 전쟁을 다목적 도구로 생각한다. 목적을 이룰 때까지 늘 전쟁 계획을 세우며, 살상을 일삼는다.

지금 알려진 미국의 네오콘 집단은 모두 시온주의자라 보아도 무방하다. 왜냐하면 네오콘의 95퍼센트 이상이 유대인들로 구성되어 있고, 유대인이 아닌 사람들도 철저하게 시온주의자처럼 행동하기 때문이다. 몇몇 비평가들은 그들은 미국의 권좌에 있으면서 이스라엘에 대한 충성을 제일 원칙으로 삼고 있다고 말하기도 한다. 시온주의자들은 구약성경을 믿는다. 현재 이스라엘이 팔레스타인이나 다른 아랍인들에게 하는 비인도적인 행태나 미국이 이라크나 다른 지역에서 그 나라 국민에게 하는 것을 보면 구약성경에서 유대인들이 타민족에게 취한 내용과 비슷하다는 것을 알 수 있을 것이다. 예를 들면, 이스라엘 자손들이 굶주릴 때 땅을 제공하여 먹고 살게 해준 은혜를 저버리고 떠날 때 이집트에서 노략질을 한다던가, 남의 땅 가나안에서 이방인으로 사는 도중 야곱의 딸 디나가 원주민 히위족 세켐에게 강간당하자 사죄하고 결혼하겠다고 했음에도 히위족을 몰살한 일이나(창세기 34장), 모세가 원주민들을 쫓아냈던(출애굽기 33~34장) 일들은 모두 하느님의 이름으로 정당화되었다. 왜냐하면 자신들을 선택된 비범인이라 믿었기 때문이다. 나폴레옹의 사상은 이렇게 시온주의와 합쳐져 시나키즘 또는 네오콘이란 집단을 형성하게 된다.

네오콘들은 지금도 먼 옛날의 과거와 같은 행동을 취하고 있다. 미국의 저명한 목사이며 철저한 시온주의자인 팻 로버슨(Pat Robertson)은 「700클럽」, 「기독교 방송」, 「법과 정의 센터」, 「크리스천 연합」, 리젠트 대학 같은 거대한 조직의 창시자이다. 명실공히 미국 기독교계의 지도자 중 하나인 것이다. 그러나 로버슨은 철저한 시온주의자이자 네오콘의 오른팔이다. 그는 지난 2005년 8월 22일 「700클럽」 방송에서 수백만 청중에게 베네수엘라의 차베스(Chavez) 대통령을 암살해야 한다고 호소하기도 했다. 세계의 평화와 인권 그리고 정의를 위한다는 미국의 지도자 중 하나가 미국의 정책을 비난한다고 남의 나라 대통령을 방송을 통해 죽여야 한다고 떠들 정도라면 과연 누가 진정한 테러분자인지 곰곰이 생각해 볼 문제라 느껴진다.

지금 세상은 그리스도교, 유대교, 이슬람교 셋이 원리주의 때문에 충돌하는 모양새를 하고 있다. 신의 이름으로 행하는 전쟁은 그 어느 것보다 끔찍하다. 평화나 사회 안정을 유지하는 데 종교는 방해만 된다. 이런 종교적 생활방식에 대한 실망으로 자유주의라는 사상이 일어나게 되었다. 이미 세상 사람들은 일부 이슬람 사회의 정치와 종교가 하나된 삶을 이상하게 느끼게 되었다. 자유주의와 종교는 서로 상충되는 사상일 수밖에 없는 것이다.

네오콘이 이상으로 삼는 사회를 건설하기 위해서는 이미 막강한 세력을 갖고 있는 종교 집단의 힘을 약화시키거나 아예 이들을 없애버려야 했다. 그리하여 지금 '테러와의 전쟁'이란 구호 아래 이슬람권을 테러의 근원으로 자리매김하면서 기독교권과 이간질하고 있는 것이다. 그리하여 이슬람권을 핍박하여 반감을 유발하는 동시에 자작극으로 테러를 감행하여 비 이슬람계 민중들에게는 반 이슬람 감정을, 이슬람 민중들에게는 기독교계에 대한 반감을 불러일으키고 있다. 이는 머지않아 문명의 충돌로 지구상의 큰 불상사를 일으키기 위해 기초 작업을 하는 것이다.

물론 그들은 신앙이 정신적 안식처이며, 때로는 인간을 통제하는 수단이라는 점도 간과하지 않았다. 그래서 그들은 인간의 기본권이나 종교의 자유 등을 외치면서 그동안 주류 종교와 이와 야합하는 정부에 의해 핍박받던 토속종교를 옹호하고 많은 이름 모를 새 종교를 탄생시키기도 한다.

또한 네오콘은 국가주의나 민족주의를 말살하려 한다. 민족이나 종교를 중심으로 공동체를 이루는 관념은 자유주의와 상충되기 때문이다. 국가라는 것은 이상적인 의지에 의해 선택할 수 있는 것이 아니다. 태어나면서 자연적으로 주어진 것이고 때문에 주어진 통치 체제 아래서 적응해야 한다. 때문에 자유주의 사상과는 충돌이 되는 사상이라는 것이다. 그들은 지구상의 모든 국가와 민족을 지속적으로 평등하게 만들 수 있는 사상은 자유주의뿐이라고 주장한다.

지금 강대국에 점령당한 피지배 민족의 항거는 테러라는 이름으로 죄악시되고 있으며, 이들은 수단과 방법을 가리지 않고 말살해야 하는 인류의 적이 되어버렸다. 말로 하는 탄원에는 콧방귀도 뀌지 않으면서 어쩔 수 없이 물리적 수단으로 항의하는 집단은 모두 테러분자로 취급하는 것이다. 작게는 살길이 막히자 FTA에 반대하는 농민들의 항거부터 크게는 팔레스타인이나 쿠르드 족 또는 티베트의 항거를 국가에 대한 테러나 점령국에 대한 테러 행위로 믿도록 민중을 세뇌하고 있는 중이다. 데모나 독립운동가들의 투쟁으로 무고한 사람들이 희생되는 기사가 보도되면 사람들은 흔히 그들을 나쁜 사람으로 믿는다. 네오콘은 언론을 비롯한 사회의 여러 기능을 동원한 이런 세뇌와 자유무역이나 신자유주의의 기본 틀인 MAI 같은 시책을 통해 정부의 힘을 일개 기업체보다 약하게 만들어 정부는 국민을 위해 일할 수 없도록 만들면서 독점경제 체제가 완료되어 세계 단일정부가 성립될 때를 대비해서 민족주의 혹은 국가주의를 약화시키는 작업을 하고 있는 것이다.

현재 미국의 부시 행정부는 지금까지 우리가 학교에서 배워온 양심이나 옳고 그름에 관계없이 남의 나라에서 마구 행패를 부리고 있다. 이라크 아부그라이브 형무소나 쿠바의 관타나모 미 해군기지에 있는 구치소 등 세계 각지에 몰래 설치한 비밀 감옥에서 근거 없이 잡아들인 죄인 아닌 죄인들을 한없이 가둬두고 고문을 한 일 등 네오콘의 본질이 드러나 미국에 대한 세계 여론이 악화되고 있다. 이 때문에 미 의회에서 다시는 고문을 못하도록 하는 법안을 논의하지만 부시는 법안이 통과되더라도 서명을 않겠다고 공공연히 말하고 다니고 있다. 가히 안하무인이라 하겠다. 한국에서도 도청 문제 때문에 정부와 사법 당국이 난처해하고 있지만, 9.11테러 이후 부시 행정부가 불법으로 몰래 도청해 온 것을 폭로한 언론인에 대해 사과는커녕 오히려 직무를 충실히 한 언론인을 색출해서 처벌토록 명령했다. 이것이 미국의 현주소이다. 이것만 봐도 끝이 얼마 남지 않았음을 짐작할 수 있다.

ː 트로츠키와 시나키즘

앞에서 미국의 네오콘을 대충 소개해 보았다. 물론 네오콘은 미국뿐 아니고 여러 나라에 깊이 뿌리내리고 있다. 그런데 특히 미국의 네오콘에 대해 집중하여 논하는 이유는 그들이 현재 절대 강자인 미국에서 최고의 권력을 행사하는 집단이기 때문이다.

미국의 네오콘과 분리해서 생각할 수 없는 것이 바로 시온주의이다. 시온주의자들은 거의 대부분 유대인들이지만, 젠타일(비 유대인)도 많이 있다. 지금 부시 정권의 실권자들을 예를 들면 부시를 위시해서 라이스 국무장관 같은 사람들은 유대인이 아니다. 부통령 체니와 럼스펠드가 유대인이라고 주장하는 사람들도 있지만 확실하지 않다. 그러나 이들 모두 열열한 시온주의자들이다. 그리고 참모들을 위시해서 정책 결정 부서와 책임자의 주변인들은 거의 모두가 유대인들이다. 이밖에 젠타일이지만 충실한 시온주의자들로 복음주의 기독교인들을 꼽을 수 있을 것이다. 이들은 미국 국민이지만 미국보다는 이스라엘의 국익을 먼저 생각하는 사람들이다.

19세기에 유럽의 열강들이 세계 곳곳을 나눠 먹느라 정신이 없을 때 미국은 유럽의 마수를 피하려고 1923년 먼로정책을 선포하면서 타국에 간섭하지도 간섭을 받지도 않겠다는 정책을 폈다. 이때부터 미국은 남미 여러 국가들과 공동으로 유럽 열강의 세력을 막겠다는 의지를 표현했다. 특히 1920년대에는 남미를 찬탈하려는 유럽에 대항하려 시나키즘을 전개하기도 했다.

잠깐 초점을 돌려 공산주의를 실현한 러시아를 살펴보자. 러시아에는 지금도 유대인들이 많지만, 전에는 훨씬 많은 유대인들이 살고 있었다. 제정 러시아 때 재야 진보 세력이었던 무정부주의, 아나키스트 조직을 주도한 사람들도 거의 유대인들이었다. 당시 황제였던 알렉산드르 2세는 유대인들을 매우 미워했다. 왜냐하면 서구 각 중앙은행을 차지한 유대인들에게 경제권을 빼앗기지 않으려고 안간힘을 쓰고 있었기 때문이다. 결국 유대인들은 1881년 황제를 암살했다. 뒤이어 황제에 오른 알렉산드르 3세는 곧 포그롬 (Pogrom)을 명했다. 포그롬은 공권력이 유대인 마을에 들어가 난동을 부리면서 살인, 약탈을 일삼는 것이었다. 겉보기에는 아버지를 암살한 유대인들에게 복수하는 것으로 보였지만 사실 새 황제는 당시 러시아 사회의 모든 부문을 장악하고 있던 유대인들의 꼭두각시였다. 포그롬 역시 유대인들의 술책이었다. 때문에 무고한 일반 유대인들을 혹독하게 박해하면서도 정작 아버지를 암살한 유대인 조직이 자신을 5번이나 암살하려 했음에도 불구하고 전혀 조치를 취하지 못했다. 여하튼 이 때 약 2백만 정도의 유대인들이 러시아를 떠났으며, 이 중 약 125만 정도가 미국으로 이주하게 된다. 이들은 미국에 있던 유대인들의 보살핌 속에서 새 터전에 정착했으며, 이들 대부분이 민주당에 입당해 허약하던 미국 민주당의 근간이 되어 공화당과 양립하는 강한 정치 세력을 만들게 된다. 이런 이유로 유대인들이 제정 러시아를 무너뜨리는 데 앞장선 것이며, 공산혁명의 주동자가 되었던 것이다. 공산혁명을 완수한 주요 인물들은 거의 유대인들이었다. 이는 멘쉐비키나 볼쉐비키 양쪽 다 마찬가지였다. 처음 혁명에 등장했던 케렌스키도, 후에 나온 레닌도 모두 유대인들이었다.

레닌이 죽고 난 다음 대부분의 사람들은 역시 유대인이었던 트로츠키(Trotsky)가 권좌를 이어받을 것으로 짐작했었다. 우여곡절 끝에 그는 스탈린에게 패권을 빼앗기고 망명하던 중 스탈린이 보낸 자객에게 살해당했다. 스탈린은 그루지아 출신으로 유대인 여자와 결혼을 했지만, 유대인은 아니었다. 그는 유대인들을 몹시 경계했다. 때문에 유대인들은 거의 트로츠키 편이었다. 그래서 소련 공산당 치하에서 유대인들이 핍박을 받았다는 말이 나오게 된 것이다. 스탈린은 혹독한 폭력을 휘둘렀지만 트로츠키는 비폭력주의자로 알려져 있었다. 그는 영국의 페이비언 협회나 미국 정부와 재벌들로부터 암암리에 많은 지원을 받고 있었다. 중요한 점은 트로츠키파 이념의 근본이 시나키즘이었다는 것이다. 트로츠키파가 스탈린파에 의해 실각한 후에 이들은 대거 미국으로 잠입하게 되고, 대부분 다른 유대인들과 마찬가지로 민주당에 입당하거나 민주당을 열렬히 지원하게 되었다. 후에는 공화당에도 입당해서 미국 정계의 양날개를 주무를 수 있는 숨은 세력으로 성장하게 된다. 레닌이 부르짖던 '영원한 혁명'은 사실 트로츠키의 이론이었다. 1939년 소련은 히틀러와 불가침조약을 맺었다. 비록 1941년 독일이 소련을 침공하면서 깨지기는 했지만, 이 조약은 당시 철저한 반공국가였던 유럽의 맹호 나치 독일과 손을 잡고, 두 나라가 핀란드, 에스토니아, 라트비아, 리투아니아, 폴란드, 루마니아를 나누어 갖기로 비밀리에 약속했던 조약이었다. 이 중 핀란드는 독립국으로 남아 있게 되었지만, 결국 제2차 세계대전이 끝난 후에 나머지 다섯 나라들은 모두 소련이 차지하게 되었다.

이런 볼쉐비키의 '영원한 혁명'에 반하여 1938년에 미국으로 이주한 독일 태생 유대인 레오 스트라우스(Leo Strauss)는 '영원한 정복'이라는 미국판 시나키즘의 표어를 내걸고 이를 교단에서 가르쳤다. 이렇게 이들은 자기들의 목적을 달성하기 위해 서두르지 않고 끈질기게 노력을 계속해 오늘의 미국 정계를 차지하게 된 것이다. 아직도 이들의 노력은 계속되고 있다.

이런 역사적, 사상적 줄기 때문에 어떤 사람들은 네오콘을 자유 공산주의자라 부르기도 한다. 네오콘들은 시민들이 자유를 누리는 사회를 싫어하고 정부의 권한에 한계가 부여되는 것을 싫어한다. 때문에 네오콘을 신보수주의라 하는 것은 옳지 않다. 그보다는 신파시스트라고 해야 걸맞는다. 지금 부시 대통령이 헌법을 우습게 보고 정부의 불법 도청을 자유롭게 하고 아무나 근거 없이 구속하는 애국법을 더 강화해야 한다는 주장 역시 바로 이런 시나키즘, 즉 파쇼주의의 실현을 목표로 한 것이다.

여기서 언급해야할 사람이 있다. 바로 미국 네오콘의 아버지라 불리는 얼은 어빙 크리스톨이다.

그는 네오콘의 가장 기본적인 정책, 즉 민주주의를 이용하여 자유를 없애자고 주장했다. 또한 서민을 위한다는 사고는 할 필요조차 없다며 「서민정치는 걱정할 필요 없다(Populism Not to Worry)」라는 그의 논문에서 설명하기도 했다. 원래 미국의 독립정신과 건국철학에서 미국 건국의 아버지들이 염려했던 것이 민주주의라는 틀 안에서 존재할 수 있는 다수의 횡포였다. 때문에 소수의 의견을 존중해야 하고, 민중의 절대 다수를 차지하는 서민의 필요와 요구를 지도자들이 냉철히 판단해서 민주주의를 관리해야 한다고 했다. 민주주의에서 다수의 의견이란 자칫 잘못하면 그릇된 의견을 여론 몰이로 끌고 가서 국민의 뜻이란 명분으로 국가와 사회를 오도할 수 있는 위험을 갖고 있다. 크리스톨의 논문 제목 중 포퓰리즘(populism)이란 단어는 한국 식자들이 흔히 사용하는 '대중의 인기'를 뜻하는 것이 아니다. 이는 19세기 말 경제공황 당시 서민들의 권익과 생존권을 위해 생긴 민중당(People's Party)의 별명으로 포퓰리스트 정당(Populist Party)에서 유래한 말이다. 그래서 포퓰리즘은 민중당의 일반 서민을 위한 정책 이념을 뜻하는 것이다. 건국 초기부터 미국의 정치가들은 서민들을 위해 이런 포퓰리스트적인 정신을 헌법에 새겨 넣었다. 그런데 크리스톨은 네오콘의 정신으로 이를 없애자는 것이다. 네오콘들은 자유와 민주주의를 위해 세계를 정복하겠다고 한다. 실제 그들의 목적은 민주주의와 자유를 없애고 단일 전제군주 정부를 설립하는 것이지만, 몽매한 민중은 국민의 기본 권리를 제 스스로 포기하면서 그들의 말을 믿고 따라가고 있다.

어빙 크리스톨의 아들 윌리엄 크리스톨은 극우 유대인으로 미디어 제왕이라 불리는 루퍼트 머독(Rupert Murdock) 소유의 「위클리 스탠다드」라는 별로 유명하지 않은 잡지의 편집장이다. 그러나 이 잡지는 네오콘의 정책이 어떤 것인지 배울 수 있는 중요한 잡지이며, 공화당 젊은 당원들의 필독서이다. 다시 말해 미국이 앞으로 결정해야 할 외교정책 등이 미리 이 잡지에 설명되어 있을 정도이다.

﹕ 재벌들의 파시즘

나의 다른 책에서 공산주의의 창시자는 재벌들이었다고 설명했다. 그 반대편도 물론 마찬가지이다. 『비극과 희망(*Tragedy and Hope*)』의 저자 캐롤 퀴글리(Carroll Quigley) 교수는 세계은행의 원목적은 세계의 경제를 독식하고 지배하려는 것이라 했다. 삼권분립과 선거 제도 등으로 인해 옛날 전제군주 시절에 비하여 정치 세력은 약해졌다. 그러나 오히려 돈의 힘은 점차 더욱 강해졌다. 그래서 이제는 돈의 힘이 전 세계적으로 민주주의 국가를 만들도록 강하게 압박하고 있다. 아무리 국민을 행복하게 해도 체제가 민주주의가 아니면 나쁜 나라가 되고 지도자는 타도의 대상이 된다.

민주주의라는 제도는 돈이 없으면 정치 활동을 할 수 없다. 그리고 돈이 있는 자는 정치가들을 매수해 얼마든지 권력을 가질 수 있는 것이 미국을 위시한 모든 민주주의 국가의 현 상황이다. 그 돈의 힘으로 1931년 독일 바이마르 공화국을 무너뜨렸으며 앵글로아메리카(Anglo-America)의 자금력으로 나치당이 일어서게 된다.

미국의 정치계를 잡고 있는 네오콘 역시 자신들의 세력을 더욱 더 공고히 하기 위해서 UN과 세계은행을 통해 세계의 정치와 경제를 장악해서 지금까지의 신사적인 운행 방법에서 마피아식이나 스탈린 같은 철권 운행으로 전환하는 그들 식의 진전이 필요했다. 때문에 부시 행정부가 거센 반대에도 불구하고 국방성 차관으로 있으면서 럼스펠드 장관을 감시·지도하던 폴 월포비츠(Paul Wolfowitz)를 세계은행 총재로 만들고, 국무차관보로 있으면서 국무장관 콜린 파월(Colin Powell)을 감시 지도하던 존 볼튼(John Bolton)을 UN 대사로 임명한 것이다.

월포비츠는 국무차관보로서 이라크 침공을 구상한 장본인이다. 그는 CIA가 제공하는 정보로 이라크를 침공하는 것은 충분치 않다고 믿어, 이스라엘의 모사드와 함께 대량학살무기에 대한 정보를 조작해서 세계를 속이면서 이라크 침공을 성사시킨 인물이다.

: 세계로 퍼져나가는 시나키즘

'시나키즘'이란 이름은 1920년대 초에 들어와서 붙여진 것이다. 1920년대 초에서 1945년까지는 미국에서 사용되었으며, 국제첩보 요원들끼리 '나치-공산주의'를 일컫는 말로 '시나키즘'이란 용어를 사용했다. 이는 하나의 사상으로 제1차 세계대전 이후 주로 학계에서 논의되다가 프랑스와 스페인 등 세계 각국으로 퍼져나갔다.

1941년 7월 날짜로 만들어진 프랑스 군첩보대에서 만든 보고서에 '제국을 위한 시나키즘 운동(Synarchist Movement of Empire:SME)', '시나키스트 혁명 대회(Synarchist Revolutionary

Convention:SRC)', '혁명 활동 비밀위원회(the Secret Committee of Revolutionary Action:SCRA)', 그리고 두건(頭巾)을 썼다는 뜻의 '카굴라(Cagoulards)'라 알려진 SME의 무장 조직에 대해 설명한 것이 발견되었다.

보고서에 의하면 카굴라는 제1차 세계대전 후 베르사유 평화협정 직후에 조직되었으며, 세계은행이 자금을 조달할 뿐 아니라 조종도 하고 있다. 그들의 목적은 현존하는 세계의 모든 정부와 국회를 파괴하는 것이다. 그래서 되도록 독재 전제정치 체제로 변환시키고, 각 산업의 CEO에게 권력이 집중되도록 하며, 각 나라에 지명된 은행 대표가 해당 국가의 경제를 조종할 수 있도록 만든다고 한다.

이것을 지금 도하개발 어젠다나 WTO 같은 모임이나 '자유무역,' FTA 등의 세계 무역의 새 룰과 국영 기업체들의 사유화, 농민들의 처절한 시위와 연관해 생각해 보자 지금 누가 세계를 어떤 방향으로 몰고 가며, 종국적으로 어떤 세상이 될 것인지 깨닫게 될 것이다.

결국 세계를 자기네 식으로 통일하기 위해 전쟁은 물론 다른 모든 수단을 동원하고 있는 것이다. 그래서 이들은 표적으로 삼은 정부 주변에 동전의 양면처럼 친 공산주의와 극우 반공진영, 친 이스라엘과 반 이스라엘, 친미와 반미 등을 동시에 포석해 놓고 문제를 일으킨다. 20세기 후반에 들어와서부터 일어나는 대부분의 테러 사건과 극단주의 또는 원리주의 운동은 바로 시나키스트들의 기획 하에 이루어지는 것으로 봐도 무방하다.

20세기 전반의 프랑스의 비시 정권과 라발 정권의 핵심에는 항상 이들이 있었다. 그리고 이 같은 양상은 멕시코와 남미로 번졌

다. 특히 반 이스라엘 테러의 경우 자작극이거나 미리 알고도 사건
이 일어나도록 고의적으로 방임하거나 심지어는 도와주는 일도 허
다하다. 그 이유는 세계 인민들로부터 동정심을 얻고, 자기네들의
보복을 정당화할 수 있는 근원을 만들어주는데다, 자국민의 분노를
불러일으키는 삼중 효과를 얻기 때문이다. 이런 일들은 특히 미국
이 즐겨 사용한다. 예를 들면 1898년 쿠바 침공을 시작으로 남미와
하와이 필리핀까지 석권하는 전쟁을 일으키는 미 해군함 메인 호
폭발, 미국에게 제1차 세계대전에 참가할 명분을 준 1916년의 미 해
군함 서섹스 호 사건, 제2차 세계대전 참전의 명분이 된 1941년의
하와이 진주만 공습, 베트남 전쟁을 일으키기 위한 1964년의 통킹
만 사건 등은 자신들의 자작극이거나 적을 유인해서 일으켰던 좋은
사례들이다.

: 미국의 실상

일반적으로 미국의 네오콘이라 하면 부시 대통령을 비롯한 주변
사람들, 즉 체니 부통령과 국방장관 럼스펠드를 생각하게 된다. 물
론 이 사람들 역시 철저한 네오콘, 즉 시나키스트이고 시온주의자
들이다. 하지만 실세들은 언론의 조명을 받지 않는 채 중요 정부
부서나 정계, 학계, 산업계, 언론계, 정보계, 군사 계통 등 전역에
깔려 있다. 이들은 거의 전부가 유대인들이다. 예를 들면 백악관에
일하는 대변인 아리 플레셔(Ari Fleischer), 정치담당관이며 전 공
화당 전국위원회 위원장이었던 켄 멜먼(Ken Melman), '악의 축'이

란 어휘를 만든 대통령 연설문 담당자 데이비드 프럼(David Frum), 대통령의 일정을 관리하는 브래드 블레이크먼(Brad Blakeman), 백악관과 유대단체 연락 담당자 아담 골드먼(Adam Goldman), 트레비 트로이(Tevi Troy), 노암 뉴스너(Noam Neusner), 대통령 비서실 차관 조시 볼튼(Josh Bolton), 부통령 비서실장 루이스 리비(Lewis Libby), 국내정책위원회장으로 있으면서 대통령 보좌관보이며 현 북한 인권문제 담당자로 있는 제이 레프코위츠(Jay Lefkowitz), 대통령 개인비서인 블레이크 고테스먼(Blake Gottesman) 같은 사람들이다.

또한 국방성 회계감사관 도브 자카임(Dov Zakheim), 지금은 세계은행 총재가 되었지만 국방성 차관으로 있던 월포위츠는 실지로는 장관을 조종하는 네오콘 실세 중의 실세였다. 국방성 경제담당 차관보 에릭 에델만(Eric Edelman), 국가안보위원회의 민주·인권·국제 문제 부의장이며 국무장관 콜린 파월을 감시 조종하며 이스라엘 각료 나탄 샤란스키(Natan Sharansky)의 지도를 받는 엘리엇 아브람스(Elliot Abrams), 국방정책 차관보 더글라스 페이스(Douglas Feith), 법무부 범죄처장으로 있으면서 법무장관 존 애쉬크로프트(John Ashcroft)를 감시하며 국토안보장관을 하다 카트리나 태풍 때 사임한 마이클 처토프(Michael Chertoff), 국무성 인신매매 감시 및 퇴치 국장 밀러(John Miller), 아버지 부시 때부터 국무장관 제임스 베이커(James Baker)의 보좌관을 역임했으며, 아들 부시 때 국무성 군축과 세계안보 담당 차관보와 동시에 국가정책위원회와 PNAC(신세기 미국을 위한 계획) 임원을 하고 지금 많은 UN 회원국들의 반대에도 불구하고 UN 미국대사로 임명된 존 볼

튼, 국방성 정보담당 차관보 스티브 캠본(Steve Cambone), 부통령 중동정책 고문이자 자유레바논위원회 위원이며, 네오콘의 싱크탱크 중의 하나인 고차원전략및정책연구소(Institute for Advanced Strategic and Political Studies) 이사이며, 이스라엘 리쿠드당 지도자 베냐민 네타냐후에게 오슬로 평화협약을 파기하고 이라크에 침공해야 한다는 논문을 써서 바친 사람 중 하나인 데이비드 웜저(David Wurmser), PNAC와 NATO 미국위원회 등의 이사, 이라크 해방위원회 서기, 국방성 정보담당 차관보, 민간정책연구소 연구원, 국방장관 럼스펠드의 우주미사일위원회 회원 등을 역임하는 개리 슈미트(Gary Schmitt) 같은 사람들이 정치권의 실세이다.

그리고 학계에서는 「역사의 종말(The End of History and the Last Man)」이란 논제를 펴낸 일본계 미국인 프랜시스 후쿠야마(Francis Fukuyama)와 「열린시대에서 역사의 종말인가?(The End of History in the Open-ended Age?)」란 글로 유명한 조셉 크롭시(Joseph Cropsey), 하비 맨스필드(Harvey Mansfield) 같은 사람들이 있다. 또한 예일대 교수로 『미국이 잠자는 동안에(*While America Sleeps*)』라는 책을 아들과 함께 써서 미국이 세계 우위를 지키려면 국방비를 증가시켜야 한다고 논리적으로 주장한 도널드 케이건(Donald Kagan), 스트라우스파 학자이며 정보 전문가로 펜타곤 특별기획처장으로 있는 아브람 셜스키(Abram shulsky), IWF(Independent Women's Forum)라는 반여권운동 여성조직을 구성하며 활약하고 있는 바바라 리딘(Barbara Ledeen)과 그녀의 남편으로 부시 행정부에서 '창조적 파괴(Creative Destruction)', '전면 전쟁(Total War)'이란 표제의 외교정책 기안자로 알려졌으며 이제는 더 이상 외교적 노력은 끝내고 이란, 시리아, 레바논으로 쳐들어가야 한다고 주장하는 마이클 리딘(Michael Ledeen) 등도 네오콘이다.

언론계에서도 이들은 좌파와 극우파 양쪽 모두에서 활약한다. 예를 들면, 「월스트리트 저널」의 편집부, 몽펠레랭 협회, 아메리칸 엔터프라이즈연구소(AEI), 허드슨연구소 같은 곳이 있는가 하면 소위 가톨릭 극우파인 '통합주의자'들 중에도 많다. 「위클리 스탠다드」의 편집장인 윌리엄 크리스톨, 엘리엇 아브람의 장인으로 AEI의 가장 영예로운 어빙크리스톨 상을 받기도 하고, 평론가로서 특히 유대인 잡지에 기고를 많이 한 노만 포도레츠(Norman Podhoretz)와 그의 부인 미지 덱터(Midge Decter) 역시 괄목할 만한 활약을 하는 언론인들이다. 또 노만 포도레츠의 아들 존 포도레츠(John Podheoretz)는 머독 소유의 「뉴욕 포스트」의 칼럼니스트이고 「폭스 TV」에도 자주 나오는 시사평론가이기도 하다. 이들은 모두 유대인들이며 이들 중에는 이스라엘과 미국의 이중 국적을 가진 사람들도 적지 않다. 네오콘을 안다는 사람들은 이들에겐 이스라엘이 첫째이고, 미국은 단물 빨아먹는 대상일 뿐이라고 말하기도 한다. 좀더 자세한 내용을 알고 싶으면 'http://www.jew-watch.com/jew-occupiedgovernments-usa.html'을 방문하기 바란다.

또 아메리칸엔터프라이즈, 중동언론문제연구소, 허드슨연구소, 근동정책위싱턴연구소, 중동 포럼, 국가안보문제유대인연구소, 안보정책센터, PNAC 등이 네오콘과 맥락을 함께 하는 대표적인 씽크 탱크들이다.

외교 정책을 수립할 때 정부는 많은 것을 정보에 의존하게 된다. 따라서 정보는 엄청난 힘을 발휘할 수 있는 근거가 된다. 때문에 네오콘들은 일찍부터 정보 계통에 많은 인맥을 깔아놓았다. 어쩌면 부시 가문이 대선에 승리한 이유도 정보력과 정보요원들의 활동이 월등했기 때문일 것이다. 얼마 전에 울분에 못 이겨 퇴역한 펜타곤 소속 전 정보장교 카렌 키앗코프스키(Karen Kwiatkowski) 중령은 아들 부시가 대통령이 된 후, 정치적 배려로 대거 배치된 유대인 정보원들 때문에 아무리 사실이라도 이스라엘에 불리한 보고나 의견을 상신하면 위험하다는 것을 느꼈다고 증언했다. 그는 이제는 퇴역한 민간인으로서 공개적으로 네오콘과 시온주의자들을 성토하는 사회운동가가 되어 나라를 바로 잡는 데 헌신하겠다고 한다.

민주당은 원래 유대인들의 지원으로 기반을 구축한 정당이다. 일반적으로 노동자와 농민 또는 중산층을 대표하는 진보 정당으로 알려져 있다. 반면에 공화당은 유산계급을 대표하며 보수주의를 표방하는 정당이다. 그러나 지금 부시 대통령을 중심으로 하는 공화당의, 네오콘 파벌은 이런 보수 이념과는 거리가 먼 파벌이다.

원래 시나키스트들은, 민주당의 골수 반공주의자이자 극우 보수주의자인 헨리 잭슨(Henry Jackson) 상원 의원을 지지했다. 시온주의 조직의 지원을 받은 잭슨 의원은 시온주의자이자 시나키스트 유대인인 리처드 펄을 보좌관으로 두고 민주당 내에 네오콘의 기반을 굳히게 되었다.

한편 미국의 전통 보수주의는 60년대 중반부터 빛을 잃고 있다가 시나키스트들의 영입으로 점차 되살아나 80년대에 레이건이 대통령이 되면서 활짝 피어났다. 이후 레이건이 표방한 보수주의의 뒤에서 당시 부통령이었던 부시를 중심으로 네오콘은 확고하게 자리를 잡게 된다.

지정학 전략가로 '암흑의 왕자'라는 별명이 붙은 리처드 펄은 레이건 행정부에서 국방차관을 지내기도 했다. 그는 원래 미국 네오콘의 아버지라고 불리는 어빙 크리스톨의 수제자였다. 그는 현재 미국방 정책위원회 회장직을 맡고 있으면서 부시 대통령을 보좌하고 있다. 또 그는 정식으로 등록된 이스라엘 무기 산업의 로비이스트이기도 하다. 한때는 이스라엘을 위한 스파이 혐의로 FBI에서 조사를 받은 적이 있지만 물론 입건되지는 않았다. 한국계 '로버트 김'의 경우와는 비교되는 일이다. 지금 공화당 부시 정권의 실세로 꼽히는 펄이 얼마 전까지만 해도 민주당의 원로 의원 잭슨의 보좌관으로 있었다는 점을 생각해 보자, 그러면 민주와 공화 양당을 네오콘들이 어떻게 움직이고 있는지 대강 짐작할 수 있을 것이다.

전통적으로 보수 정당으로 알려져 있는 공화당의 본색은 조심성 있고, 천천히 원만하게 처리하자는 보수주의였다. 그러나 신보수주의라는 네오콘은 그와는 전혀 다르다. 그들은 집요하고, 공격적이며 혁신적이다. 그들은 파시즘을 추구한다. 파시즘이란 히틀러나 무솔리니처럼 국가사회를 단위로 하는 사회주의 형식이다. 사회주의는 민주주의나 자본주의와는 거리가 멀다. 네오콘들이 민주주의를 부르짖고 있기는 하지만, 이는 단순히 그들이 조종하기에 가장 알맞은 제도이기 때문에 그러는 것뿐이다. 때문에 공화당의 과거 정통 보수주의자들은 얼떨결에 헤게모니를 빼앗기고, 이제야 정신차려 네오콘들을 신랄하게 비판하고 네오콘의 위험을 경고하며 싸우고 있다. 대표적인 인물로 공화당 대통령 후보 경선에 출마했던 패트릭 뷰캐넌(Patrick J. Buchanan)을 들 수 있다.

근래 이들은 자유무역이라는 세계 통일 방식을 계속 추진하고 있다. 자유무역이란 결국 전 세계 인류를 노예화하여 자기네들이 주인이 되겠다는 걸 목표로 하고 있다. 다시 말해서 빚을 지게 해서 그 빚의 대가로 머슴살이를 시키는 제도인 것이다. 때문에 세계은행의 역할이 중요하다. 그래서 엄청난 반대에도 불구하고 월포위츠를 세계은행 총재에 우격다짐으로 앉힌 것이다. 지금 한국에서 진행되고 있는 미국을 위시한 FTA의 내용을 자세히 보면 그 목적이 어디에 있는지 알 수 있게 된다.

: 네오콘이 한국에 미치는 영향

미국에 린든 라루시(Lyndon LaRouche Jr.)라는 사람이 있다. 그는 1980부터 계속 민주당의 예비대통령 후보이기도 하고, 전 세계적으로 '라루시 운동(LaRouche Movement)'이라는 정치운동도 하는 정치, 경제, 문화, 종교 등 다방면에 천재적인 지식을 갖고 있는 일종의 이인이다. 공식적으로 어떤 특정 분야의 전문가라는 간판은 없어도 그의 해박한 지식은 전문가들을 놀라게 한다. 특히 제 3세계와 미국과 불편한 관계에 있는 나라에서는 영웅 대접을 받기도 한다. 그는 심오한 사상과 논리로 지금까지 세계를 지배해온 기득권 세력에 도전하고 그들의 그릇됨을 지적한다. 당연히 네오콘과 사이가 좋을 리 없다.

그는 2004년 3월 12일 한국 「말」 지와의 인터뷰에서 그 해 2월 28일 실패로 끝난 북한 핵문제에 대한 6자 회담으로 인해 한반도에 위험한 조짐이 있을 것이라고 예언하기도 했다. 당시 러시아의 외무차관 알렉산드르 로시코프(Alexandre Losyukov)도 미국이 전쟁을 일으킬지도 모른다고 경고했었다.

여하튼 그 시기에 노무현 대통령은 국회에서 탄핵을 당하고 (2004.3.2.), 고건 총리가 대통령 대행을 맡게 되었으며, 3월 11일 스페인 마드리드에서 열차 폭파 사건이 일어났다. 이런 중요한 시기에 네오콘 선동분자들은 3월 18일에는 한국의 이라크 파병을 막기 위해 한국에서도 테러가 일어날 것이란 거짓 정보를 주었다. 그렇지 않아도 염려하고 있던 고건 총리에 의해 한국은 비상사태에 들어갔다. 그리고 연일 서울에서는 대통령 탄핵을 반대하는 촛불 시위가 계속되었고 4월 15일에 있었던 17대 국회의원 선거에서 열린우리당은 대승을 하게 된다.

라루시는 네오콘의 싱크탱크인 AEI가 한국의 보수기득권자들의 집합체인 한나라당과 손이 닿아 탄핵을 일으켰다고 말한다. 라루시는 한국의 촛불 시위 군중들은 진보적인 노무현이 지배하는 것도 아니고 관료들이 조종하는 것도 아니기 때문에 한국에서 테러가 일어날 확률이 더 크다고 말한다. 한국 네오콘의 추종자인 경찰과 검찰은 촛불 시위를 막으려 애썼다. 이때 촛불 시위를 보호하기 위해 문화행사로 보느냐 정치행보의 반대 시위로 보느냐 하는 시각차로 정부와 경찰 사이에 논쟁이 벌어지고 있었다. 이런 때 네오콘들이 테러를 하고 무고한 시민들을 죽인 후 이를 노무현 지지자들에게 뒤집어씌워 노무현에게 그 화살이 돌아가게 해 결과적으로 네오콘 계열의 한나라당에 유리한 선거 결과를 가져올 수 있다는 이론이 성립된다는 것이다. 이에 따라 조선일보는 3월 18일자 기사에 알 카에다 요원이 이미 서울을 수차례 다녀갔다는 국정원의 국회 보고를 발표했다.

라루시는 한국을 어떻게 보고 있을까? 노무현이 처음 대통령 경선에 나오고 민주당의 공식 대통령 후보로 선정되었을 때에도 미국은 그의 당선 가능성은 전무하다고 생각했다. 그저 국민의 일시적 불만의 발로로 여겼다. 그래서 정작 노무현이 당선되었을 때 미국은 당황했다. 노무현의 행적이나 공약을 보면 미국 네오콘의 행로와는 거리가 있기 때문에 미국은 억지로라도 그를 탄핵으로 끌고 가 정권 교체를 하려 했던 것이다. 그러나 이 작전 역시 실패로 돌아갔다.

한편 미국의 세계 정책에 의해 처벌 대신 중용의 기회를 맞아 승승장구 한국의 기득권을 유지한 과거 친일파들과 부정과 아첨으로 기득권 대열에 선 기회주의자들로 구성되었던 기득권자들은 지금도 굳건하게 서 있다. 한국에서 인맥은 가장 중요한 자산이다. 그래서 한국에서 권력이나 재력을 구가할 수 있는 지위는 얼기설기 연결된 인맥에 의해서 이루어진다. 여기서 유용한 인맥이란 기득권과의 유기적 연결고리를 의미한다. 때문에 한국의 고위직 공무원이나 법조계 인사들 또한 정치계 인물이나 재계의 실력자들은 모두 과거 기회주의자들로 구성된 기득권자와 유기적인 관계를 갖고 있다는 결론이 나온다. 다시 말해서 이들은 거의 모두 기회주의자이고 친미 보수주의자들인 것이다. 아무리 혁신적 사상을 가진 사람이 대통령이 된다 해도 절대 다수를 차지하는 한국 기득권층의 의사를 거슬러서 정치를 한다는 것은 여간 어려운 일이 아닐 것이다. 때문에 미국은 아직 한국을 믿고 있다. 결국 라루시는 60여 년간 기반을 굳건히 다져 놓은 친일 혹은 친미 기회주의자들이 기득권을 가진 상황에서 미국의 뜻에 반하는 개혁은 어려울 것이라고 본다. 한국의 모든 분야에서 실권을 쥐고 있는 테크노크라트들은 거의 모두가 앞에서 말한 기득권 출신들이기 때문에 이들은 자신들의 이익에 해가 되는 어떠한 새로운 개혁도 받아들이지 않으려 할 것이고, 기득권을 지키기 위해 전력을 다해 미국 네오콘 편에 설 것이다. 이들에게는 국가와 민족 또한 자기들의 권익을 위해서만 존재하는 것이다. 그리고 이를 위해 기꺼이 국가와 민족을 이용하고 팔아치울 준비가 되어 있을 것이다. 때문에 일반 대중이 현실을 이해하고 세계 정세를 읽고 판단하는 일이 절실해지고 있다.

: 세계 통치의 새 구조

『칙훈서』에서 누차 강조되지만, 세계를 통치하기 위해서는 돈이 필요하다. 결국 세계의 경제권을 차지해야 한다는 말이다. 경제권을 갖기 위해 상대방의 돈을 빼앗고, 돈을 쓰지 않을 수 없는 처지로 몰고 가 상대가 빚을 지도록 만들어야 한다. 그리고 항상 변동이 있도록 조작해야 한다. 개인이나 국가는 변동을 겪으면서 돈이 생기기도 하고 없어지기도 한다. 즉 돈이 옮겨 간다는 말이다. 변동을 일으키는 방법 중 하나가 바로 전쟁이다. 전쟁은 사업 중에서도 가장 돈을 많이 벌 수 있는 큰 사업이다. 그들은 항상 전쟁을 일으키려 한다.

개인적인 단위로 빚을 지게 하려면, 신용거래를 해야 하고 사치를 해서 자기 분수보다 더 많은 돈을 쓰도록 만들어야 한다. 현재 한국 사회에서 유행하고 있는 신용카드 제도는 아주 좋은 예다. 은행에서 융자도 쉽게 잘 해줄 것이다. 절제를 모르는 많은 사람들은 자기가 갖고 있는 돈의 한도를 보고 돈을 쓰는 것이 아니라 카드 회사에서 알려준 카드 한도액이나 은행에서 융자해 준다는 한도액을 기준으로 돈을 쓰게 된다. 일시불로 못 갚으면 할부로 지불해도 되니까 돈을 마구 쓰게 되고 모자라면 다른 회사의 카드를 또 만들어 쓰면 된다. 할부로 갚기 어려우면 다른 카드에서 돈을 빌려 갚아도 된다. 그러다 보면 언젠가는 채권자 앞에서 얼굴을 못 드는 죄인이 된다. 나라도 마찬가지다. 한번 빚을 진 정부는 자기 백성에게는 더없이 엄하고 불호령을 하는 잔인한 존재이지만, 빚 독촉하는 채권자 앞에서는 두 다리 사이에 꼬리를 바짝 밀어 넣은 강아지와 마찬가지다.

또 한 가지 과제가 있다. 바로 10장 7절에서 말하는 경제 통일이다. 유럽에서는 유럽통합(EU)을 만들고, 미주에서는 캐나다와 미국의 자유무역을 위시하여 남북미 전체를 하나의 통합시장으로 만드는 FTA 체제가 형성되고, 아시아도 곧 자유무역 시장을 만들자며 이미 여러 나라의 정상들이 의논하는 중이다. 그러나 이것이 끝은 아니다. 다만 징검다리일 뿐이다. 이제 지역 단위 자유시장 단계를 채 끝내기도 전에 바다 건너 칠레나 미국과도 연결하여 자유무역 제도로 묶는다. 이렇게 해서 일단 세계를 셋이나 네 개 정도의 단일시장으로 만들면서 동시에 다음 단계인 하나의 세계 시장으로 만드는 것이다. 이런 과정에서 사람들은 유로(Euro)나 아메로(Amero) 같은 지역 단위의 화폐를 보게 될 것이며 종국에 가서는 전 세계를 통일한 화폐 단일화를 보게 될 것이다. 국경에 대한 관념 역시 무의미해질 것이다. 그리고 어느 특정 국가의 시민인 것보다 미국인이나 한국인 할 것 없이 모두 동일한 거주증을 갖고 다닐 날이 올 것이다. 그렇다고 자유롭게 아무 곳이나 마음대로 여행하고 이사를 갈 수 있다는 말로 오해해서는 곤란하다. 북한에서 여행증이 있어야 제 나라 안에서도 여행을 할 수 있는 점을 상상해 보기 바란다. 이는 한 나라 또는 그 지역의 경제권을 차례로 빼앗기다가 나중에는 지구상의 모든 경제를 그들의 손아귀에 집어넣게 된다는 소리다. 이들은 자신들이 나라의 자산을 뺏기 쉽도록 만들기 위해 경제 구조와 제도를 바꾸도록 했다. 과거 국가가 공익을 위해 직접 관리에 나섰던 공기업을 팔아치우게 하고 엘리트들이 공기업의 주인이 되도록 제도를 바꾸는 일이 지금 한국에서도 진행되고 있다. 그렇게 되면 쉽게 그들이 나라의 자산을 손에 넣을 수 있게 될 것이다.

: 프리메이슨은 무엇인가?

이제 많은 사람들이 프리메이슨이란 비밀 조직이 존재한다는 사실을 알았다. 프리메이슨은 11세기 가톨릭이 십자군을 창립하여 세계적인 전쟁을 일으킬 때 템플기사단이라는 기사단을 조직한 데서 직접적인 기원을 찾을 수 있다. 그러나 템플기사단을 조직한 막강한 지하조직이 또 있다. 바로 시온수도회이다. 여기서 시온이란 단어에 주목하기 바란다. 템플기사단이 11세기에 만들어졌다면, 시온수도회는 훨씬 이전에 만들어졌다.

『칙훈서』11장 7절에서는 프리메이슨에 대해 이야기하고 있다. 프리메이슨은 유대인이 대부분이다. 보통 사람들은 프리메이슨이 유럽이나 미국에나 존재한다고 생각하겠지만, 사실은 중국, 일본, 한국에도 존재한다. 이는 라이온스나 로타리클럽처럼 서로 친목을 도모하고 자선사업을 위주로 하는 여느 클럽과 다를 바 없다. 또한 프리메이슨이란 단체가 비밀이 많고 음모를 꾸미고 있다고 하지만 이는 대부분의 프리메이슨이 된 단원 자신들도 잘 모르는 일이다. 어떤 사람들은 최고 지위인 33°가 된 사람은 모든 비밀을 알 것이라고 믿을지도 모른다. 그러나 이런 지위를 갖고 있는 사람들도 거의 대부분 모르고 있다. 세상에는 33° 계급을 가진 메이슨[11]들은 셀 수 없을 정도로 많다. 하지만 보통 사람들이 상상하는 비밀을 아는 사람은 33° 중 아주 극소수라는 것을 알아두기 바란다.

물론 메이슨들은 거의 사회의 지도자급 인사들로 구성되어 있으며, 아무나 가입하고 싶다고 할 수 있는 것도 아니다. 이들이 가장 크게 중요시하는 것은 동지애이며, 무조건 복종이다. 이들은 입단식을 할 때 죽었다 되살아나는 의식을 치른다. 여기서 죽는 것은 부모 밑에서 이 세상에 태어나 그때까지 산 인생은 죽는 것으로 하고, 프리메이슨으로 거듭난다는 뜻이다. 계속하여 칼을 심장에 갖다 대는 의식이 이어진다. 이는 명령을 어겼을 때 죽음을 달게 받겠다는 의미이다. 독자들은 가끔 할리우드 영화에서 마피아 같은 조직폭력단에 입단할 때 마치 졸업장처럼 생긴 멋진 종이에 서약이 써 있는 것을 구겨서 불을 붙이고, 서약서가 다 탈 때까지 두 손을 모아 받들고 있는 모습을 본 일이 있을 것이다. 이런 경우 입단을 한 사람은 물론 손바닥이 타서 화상을 입는다. 조직폭력도 하나의 지하조직이고 목숨을 건 명령 계통을 유지하기 때문에 프리메이슨과 비슷한 입단 의식을 갖는 것이다. 또한 어떤 조직은 칼로 손을 잘라 피로 맹세하는 곳도 있다. 이 모든 것은 모두 프리메이슨에게서 배워 흉내를 내는 것이라 생각하면 된다.

프리메이슨에 가담한 메이슨들이 자신들이 엘리트가 된 것이라 생각할지도 모른다. 그러나 그것은 착각이다. 그들은 이용만 하고 목적이 달성되었을 때에는 버린다.

: 터널 시각의 사회 통념화

『칙훈서』의 11장 5절에는 그들이 색칠한 색안경을 고이들의 코에 걸어놓고 그 색안경의 색깔로만 세상을 쳐다보도록 훈련한다고 했다. 이는 그들이 사회의 통념을 만들어 고이들의 판단 능력을 만화경처럼 대롱 속에서만 볼 수 있도록 조종한다는 것이다. 현대 사회는 통신 수단이 매우 발달되어 세상 사람들 모두가 나름대로 세상일을 모르는 게 없다고 믿고 있다. 그래서 사람들은 나라의 지도자나 정책에 대해 잘한다 못한다 비판한다. 물론 제대로 알고 옳은 판단을 해서 지도자를 평하는 일은 타당한 일이다. 그러나 대부분은 언론이 색칠한 안경을 쓰고 언론사의 의도대로 그릇된 판단을 하는 경우가 허다하다. 이것이 문제가 되는 것이다. 그리고 그 중,

특히 유식한 사람들이 제가 쓴 색안경과 같은 색깔로 세상을 보지 않는 사고를 배척하게 된다.

사람의 두뇌는 마치 술잔과 같다. 일단 채워진 잔에는 새로 다른 것을 더 부을 수 없다. 일단 채워진 물을 쏟아 버리고 다시 채우기 전에는 다른 지식을 그들의 머리에 집어넣을 수 없는 것이다. 그릇된 사고 방식을 가진 선생에게서 배운 제자가 다시 선생이 되어 가르치는 사람의 제자가 되는, 쳇바퀴 식의 그릇된 사고방식과 지식의 대물림은 새로운 시각에서 나온 견해가 아주 간단하고 명약관화한 진리라 할지라도 모른 척하고 덮어두거나 거부반응을 보이게 한다. 톨스토이도 "사람들이 지금까지 즐겨 친구들에게 설명하고 후배들에게 가르친 그들이 알고 있다는 지식과 한 오라기씩 엮어 만든 그들 인생 자체에 아주 명확하고 간단한 내용일지라도 모순이 있다고 지적할 때 대부분의 사람은 물론이고 심지어는 세상에 복잡한 문제를 쉽게 푼다는 현명한 사람들까지도 이를 인정하려고 하는 사람은 극히 드물다는 것을 나는 안다"라고 했다. 사실 우리 모두는 이런 습성을 잘 알고 있기는 하지만 인정하려고 하지는 않는다.

예를 들어보자. 요즈음 세계화의 물결을 타고 FTA가 화두로 등장했다. 정부와 주류 언론과 사회 지도자들은 거의 합창하듯 찬성의 소리를 내고 있는 반면, 세계화를 촉진하는 회담 장소에는 어김없이 반대 시위가 심하게 일고 있다. 그러나 이경해 같은 사람이 멕시코 칸쿤에서 열린 WTO 각료회의에서 할복자살을 했음에도 한국 언론들은 왜 그런 사람들이 목숨을 걸고 투쟁을 하는지 자세히 설명하지 않는다. 다만 그런 세계화에 반대하며 데모하는 사람들을 싸잡아 '무정부주의자'로 몰아붙이고 있다. 만약 언론매체가 FTA의 필요성을 다루듯 반대 시각도 같은 비중으로 다룬다면 대중의 사고는 달라질 것이다. 하지만 그렇게 하지 않고 있다. 왜일까?

바로 '무정부주의자'라는 낙인을 찍고 그들을 판단하도록 만드는 엘리트들의 프로그램 때문이다. 그래서 사회적 통념을 그들은 정부를 부정하는 사람들이란 인식을 갖도록 만든 것이다. '무정부주의'라는 어휘는 'an-archy'에서 온 말이다. 우리가 배운 대로 언뜻 생각해 보면, 정부의 존재를 부정하는 듯하지만, 실은 'an'의 반(反)과 'archy'의 권위라는 뜻으로 결국 정부의 권위주의를 반대한다는 것이 원뜻이다. 즉, 일단 정권을 차지하면 국민의 의사가 어떠하든 자기네들 편한 대로 좋을 대로 국가 대사를 결정하는 것에 반대한다는 뜻이다. 이런 결과로 다수 대중은 세계화를 반대하는 사람들을 반대를 위한 반대를 하는 사람들, 또는 생각 없는 사람들로 치부해 버리고, 툭하면 모임이나 시위가 불법이라고 범죄자로 본다. 그들을 잡아가는 정부 고위자나 경찰이 애국자인가 아니면 시위하는 사람들이 애국자인가? 생각해 볼 일이다.

또 다른 예로 음모론이라는 용어를 들 수 있다. 음모론이란 어휘에는 만들어낸 근거 없는 주장이라는 뜻이 내포되어 있다. 때문에 이는 믿을 것이 못되며 음모론을 믿는 일은 생각이 모자라는 사람이나 하는 짓으로 경멸하는 게 사회의 통념이다.

일반적으로 사회에서 보편타당한 지식으로 통하는 상식에 대해 반론을 제기하는 사람은, 알려진 사실 보도를 여과 없이 수용하는 일반 사람들에 비해 훨씬 뚜렷한 확신을 가져야만 발설할 수 있다. 때문에 절대 다수가 믿는 알려진 통념과 다른 이론을 주장하는 일은 모두가 주의 깊게 경청해야 한다. 그러나 대부분은 그런 소리를 음모론이라 칭하며 그저 흘려보내 버린다. 이런 이성을 가진 사람이 정상일 리 없지만 그들은 자신들을 정상이라고 믿는다. 바로 이런 것이 엘리트들이 원하는 일이다.

그래서 엘리트들은 타비스톡 같은 기관을 통해 인간 농사의 묘를 연구하고, 그들이 고안해 놓은 터널을 통해서만 사물을 볼 줄 아는 인간 군상을 만든다. 특히 흥미로운 점은 배운 사람일수록 통찰력이 모자르다는 것이다. 이들에게 네모난 만화경으로 세상을 구경시키면 세상이 네모난 것으로만 알고, 원통 만화경으로 교육시키면 원형 이외의 세상은 없는 것으로 안다. 그리고 이런 사람들이 학식이 많다며 학교와 언론에서 대중을 교육시키는 야릇한 세상이 된 것이다.

: 모든 종교를 하나로!

모든 종교를 하나로 귀착시키는 일도 중요한 과업이다. 다시 말해 종교적으로 세상을 통일한다는 말이다. 그들의 세계 통일 방안은 첫째 경제 통일, 둘째 무력 통일, 셋째 종교 통일로 보인다. 이세 가지가 모두 완료되었을 때 비로소 과업을 완수했다고 할 것이며, 그때 완전한 지상정부, 시온의 왕국이 기능을 발휘한다고 믿을 것이다. 이 세 종류의 통일은 거의 동시에 일어나고 있다.

중세 암흑시대는 가톨릭이 천하를 통일했던 시대였다. 예수가 죽은 후 그리스도교가 성장하여 다른 모든 종교를 억누르고 세계의 패권을 잡게 되었고, 그들은 『콘스탄틴의 기증(*Donation of Constantine*)』이라는 책을 조작하여 신성로마제국을 세우고 급기야 교황은 종교를 통하여 왕중왕이 되었다.

예나 지금이나 역사는 힘 있는 사람에 의해 왜곡된다. '현재를 조종하는 사람이 과거를 조정하고, 과거를 조종하는 사람이 미래를 조정한다'는 오웰의 말은 너무도 옳은 말이다. 요즘 대부분의 사람들은 역사가 왜곡되어 있다는 것조차 믿지 않는다. 그래서 그리스도교 교인들은 불완전한 성경은 철석같이 믿으면서 예수의 가족이 어떻게 되었는지는 안중에도 없다. 그리스도교 제국의 원조인 서양 사회에서는 홀리 그레일(Holy Grail)이란 성배나 아더 왕의 이야기가 전설로 내려오고 있다. 그러나 한국의 그리스도교도 중 대부분은 그것이 무슨 소리인지 모르고 있다.

역사는 예수의 핏줄과 그리스도교와의 끊임없는 투쟁으로 이뤄졌다. 예수는 다윗 왕의 후손이고, 예수의 후손이 메로빙거 왕가며, 이를 찬탈한 피핀의 후손이 교황과 작당하여 위에서 말한 콘스탄틴의 기증을 조작하고 신성로마 제국을 창건했다는 게 조작되지 않은 역사이다. 이를 조금 더 이해하려면 『교회에서 쉬쉬하는 그리스도교 이야기』가 어느 정도 도움을 줄 것이다.

세계를 통일한 그리스도교 제국과의 투쟁에서 시온주의자들이 득세하기 시작한 것은 르네상스부터였다. 다시 말해 르네상스부터 가톨릭의 세상이 무너지기 시작한 것이다. 그 후 뒤를 이어 종교개혁이 일어났다. 그리고 장막 뒤에서 조용히 계속된 전쟁은 이제 막바지에 이르러 가톨릭은 사실상 장송곡을 부를 때가 되었다.

프리메이슨과 가톨릭은 서로 원수 관계이다. 1738년부터는 프리메이슨이라면 자동적으로 파문되는 교황의 칙령이 내리기도 했다. 이 칙령은 현재도 유효하다. 그러나 현재의 바티칸은 프리메이슨 천국이라 해도 과언이 아닐 정도로 프리메이슨이 운영하고 있는 것이 현실이다.

지금 우리가 당연한 권리처럼 부르짖는 자유는 프리메이슨 덕분에 얻게 된 것이다. 그 점에 대해서는 프리메이슨에게 고마워해야 할 것이다. 그러나 그들에겐 젠타일들의 생각을 훨씬 앞서는 다른 목적이 있었다. 자유의 취득이란 왕권의 몰락을 뜻했고, 가톨릭의 쇠퇴를 의미하였다. 이것이 세계 정복의 첫걸음이었다.

그 결과 종교의 자유가 당연한 일이라고 지금 우리는 생각하고 있다. 이제 모든 종교는 지상으로 나왔고, 새로운 종교도 많이 생겨나는 세상이 되었다. 핍박을 받고 숨도 제대로 쉬지 못했던 토속 종교들이 대단히 빠른 속도로 번지고 있다. 그리고 각 신앙에서 공통된 점을 찾아 통일된 하나의 종교로 나아가는 것이 현재의 추세이다. 근래에 교황이 타 종교지도자들을 만나는 일은 통일된 세계종교에서 기득권을 잃지 않으려는 노력일 수도 있고, 아니면 엘리트의 앞잡이로 뉴 에이지 운동의 선봉자가 되고자 함일 수도 있다. 이제 어떻게 유대교를 지상의 교로 만들 수 있을지 두고 볼 일이다.

: 그리스도교를 파괴하라

서양의 문화는 유대 그리스도교 문화가 근본이다. 사회의 기반을 이루는 도덕관념, 예술 등 모든 사고방식의 근본은 유대교와 그리스도교의 가르침이다. 이러한 서양의 문화가 세계를 지배하고 있으며, 이에 따라 동양인인 우리도 이 문화를 받아들여 지금 그들의 머리 모양을 하고 옷을 입고 노래를 부르며 그들의 생활을 배워 그대로 하고 있다. 동양과 서양의 정신 구조가 같아진 것이다.

일단 이렇게 통일된 단일 문화를 만든 다음 수순은 이 세상을 정신적으로 파괴하는 것이다. 자유라는 이름을 빌려 타락하고 퇴폐적인 문화를 소개한다. 그리고 그동안 큰일을 해온 그리스도교를 파괴해야 한다.

이스라엘에서는 1977년에 반 개종법안(Anti-conversion law)을 만들어 아무도 유대인들의 개종을 종용할 수 없는 법률, 즉 선교를 불법화했다. 1989년에는 유대인이 기독교 신앙을 갖는 것을 불법화하여 기독교도 유대인은 이스라엘에 이민을 올 수 없게 되었고 유대인으로 인정받지도 못하게 되었다. 그리고 1997년에는 반 기독선교법안(Anti-Missionary Bill)을 상정토록 하여 개종을 종용할 목적으로 만든 유인물을 소지, 반입, 배포하는 자는 징역 1년에 처했다. 이스라엘 사회에서는 절대 다수가 이 법안을 강력하게 지지하는 상황이다. 이때 미국 등지의 언론은 이 사실을 대중에게 알리지 않으려 했다. 다만 1997년에 데일 크롤리(Dale Crowley Jr.)라는 열렬한 이스라엘 지지자이며 복음주의 목사였던 사람이 그동안 충성했던 이스라엘에 대해 반기를 들고 이스라엘에서 기독교 선교를 불법화하자는 움직임이 있음을 알린 일이 있었다. 그 때문에 그는 20여 년 동안 일하던 워싱턴의 WFAX 라디오 방송국에서 파면되었다. 그런가 하면 2003년 3월 30일에는 세계 복음을 목적으로 하는 50개의 기독교 종파들이 공동으로 이스라엘 정부에 대해 이스라엘에서는 기독교 전도를 하지 않겠다는 서약을 했다. 이 반기독선교 법안을 기안한 이스라엘 국회의원 니심 즈빌리(Nissim Zvili)는 기독교 연합의 이런 선언을 보고 "이쯤되면 법으로 정하는 것보다 낫다. 이는 매우 거대한 성과이다"라면서 매우 기뻐했다고 한다. 물론 이스라엘에서 모든 기독교 선교 조직이 철수한 것은 당연한 일이다. 이에 대해 이스라엘을 전적으로 지원하는 세력인 미국의 극우 기독교계의 대표자라 할 수 있는 제리 폴웰 목사, 팻 로버슨 목사, 제시 헬름스 상원 의원 같은 사람들은 완전히 꿀 먹은 벙어리가 되었다. 한국의 극우 기독교 세력은 뭐라고 할지 매우 궁금하다.

이렇게 그들은 이미 그리스도교를 파괴하기 시작했다. 그런데 이를 지원하는 자들은 어처구니 없게도 극우 기독교 원리주의자들이다. 열심히 하느님을 찾는 기독교 광신도들은 자기네들이 가장 진실한 하나님의 종이고 양이라고 믿겠지만, 누가 과연 적그리스도인가를 생각해 봐야 할 것이다.

: 과연 말세는 올 것인가?

오래 전부터 크리스천들은 말세라는 말을 많이 했다. 세상의 끝이 오고 그 끝에는 광명 편(Light Side)과 암흑 편(Dark Side) 사이에 아마겟돈이라는 마지막 큰 전쟁이 일어난다고 했다. 광명 편은 하느님의 편이고, 엘리트의 편이다. 그리고 암흑 편은 당연히 적그리스도 편이고 악마의 편이며 현 세상에서 주권을 갖고 있는

쪽이다. 결과는 물론 광명이 이기게 된다. 독자는 그가 누구인지 갈피를 못 잡고 혼동할 것이다. 현재 그리스도교도가 볼 때에는 그리스도교도가 광명이고 그들을 암흑이라고 생각하겠지만, 엘리트들이 볼 때에는 그리스도교도가 암흑이고 자신들이 광명인 것이다. 광명은 하느님을 말하고, 암흑은 사탄을 말한다. 광명이란 선과 동의어가 아니다. 필자는 시온의 왕국이 설립될 때에는 틀림없이 세계전쟁이 일어날 거라 짐작하고 있다. 앞에서 말한 파이크 장군이 명령한 세 번째의 세계전쟁은 바로 이것이라 짐작된다.

만약 전쟁이 일어난다면 세계 여러 곳에서 동시에 불이 붙을 것이다. 한반도를 중심으로 남·북한, 일본, 중국, 대만, 러시아, 미국 등이 주로 참가하는 다국적 전쟁, 중동 지역의 이스라엘과 팔레스타인을 중심으로 한 여러 아랍 국가들이 참여하는 전쟁, 코카서스 산맥과 흑해, 카스피해 지역을 중심으로 한 전쟁, 발칸반도와 동남아를 중심으로 한 회교도와 그리스도교의 전쟁, 우즈베키스탄을 중심으로 한 인도, 파키스탄, 미국, 러시아, 중국 등이 참여하는 중앙아시아의 전쟁, 그리고 아프리카와 남미 등 사실상 전 세계가 불바다가 되는 것이 아닌가 한다. 이 전쟁은 폭발물에 의존하는 마지막 전쟁이 될 것이며, 전 세계의 잉여인구를 크게 줄일 것이다. 이런 마지막 전쟁이 있은 후 마지막 제3의 대혁명이 일어나 결국 그들이 말하는 지상정부, 시온의 왕국이 수립된다. 프리메이슨에서 말하는 세 개의 세계전쟁과 세 개의 혁명이 완료되는 것이다.

물론 마지막 전쟁이 끝난 다음에 오는 시온의 왕국에서는 평화가 유지될 것이다. 그러나 그 평화는 우리가 그리워하는 그런 평화는 아닐 것이다.

프리메이슨의 절대 다수는 유대인들이다. 프리메이슨이란 조직의 이름이기도 하고 그 회원을 일컫는 말이기도 하다. 그리고 흔히 짧게 말해서 회원을 편하게 메이슨이라고 부른다. 물론 프리메이슨이란 조직은 오랜 역사를 가진 비밀 조직이지만, 근래에 와서는 별로 비밀도 아니다. 이제는 그들의 모임 장소인 '라지'에 커다랗게 간판도 붙여 놓았다. 그래서 서양 도시의 길을 지나노라면 어렵지 않게 라지를 볼 수 있고 연회장소로 누구나 임대도 할 수 있다. 그리고 회원들도 다른 어느 봉사단체와 마찬가지로 배지, 반지, 모자, 스티커 등 자신이 메이슨임을 표시하기도 한다. 아무리 보아도 비밀스럽다는 느낌은 받을 수 없다.

프리메이슨이 비밀 조직이고 막대한 힘이 있다는 소문이 나니까 혹시 입신양명의 기회를 잡을 수 있을까 해서 프리메이슨에 가입하고 싶어 하는 사람들도 많다. 그러나 회원이 돼서 아무리 기다려도 로타리나 라이온스나 키와니스 같은 조직의 회원과 다른 점은 찾지 못할 것이다. 특별한 점은 고사하고 다른 봉사단체보다 동지애가 못하지나 않으면 다행일 것이다.

옛날에는 메이슨이란 것이 알려지면 신변이 위험할 정도였으나 점차 그런 것이 없어지고, 세상에 프리메이슨이 존재한다는 일은 일반인의 상식으로 되었기 때문에 감출 필요가 없어졌다. 그래서 그들은 자신들을 일반에게 공개했다. 그리고 자신들에겐 아무런 비밀도 없고, 다만 동지애를 중시하는 친목 조직일 뿐이라고 강조하고 있다. 그러나 아직도 그들의 제식에 외부 사람들이 들어와 참관하는 것을 허락한 일은 없다. 사실 사회에서 말하는 비밀을 아는 사람들로 구성된 진짜 비밀 조직은 보통 메이슨들이 상상도 못하는 다른 곳에서 얼굴 없이 이들을 통솔하고 있다.

세상에는 헤아릴 수 없을 정도로 많은 사회봉사, 동지애 결속, 친목 등을 목적으로 하는 단체들이 존재하지만, 많은 부분에서 프리메이슨의 운영 방법을 따르고 있다. 그래서 위에 말하는 프리메이슨 조직은 현대에서는 사회 지도층을 상대로 하는 거의 모든 봉사 조직이라 아울러 생각해도 무방하리라 믿는다.

어떤 이름의 조직에 가담했어도 이들은 관리, 정치가, 기업가, 철학자, 예술가, 과학자 등 사회에서 내노라 하는 사람들이다. 이는 사회를 이끄는 엘리트들에게는 매우 중요한 신분이다. 그리고 이들 대부분 공명심과 출세욕을 갖고 있다. 이것은 심성이 나쁘다는 말은 아니다. 이 심성을 바탕으로 시작해서 사회 지도자가 되거나, 노력하다 보니까 지도자가 되어 출세와 명성을 얻든 대중에 득이 된다면 상관은 없다고 본다. 그러나 이런 사람들 중 많은 부분이 기회주의자인 것도 사실이다. 엘리트들이 선호하는 인종은 노력 없이 공명을 이루려는 바로 이런 기회주의자들이다. 그래서 각 해당 사회의 지도자급 인물들을 망라하여 성분을 분석하고 기억하여 필요한 때 적재적소에 사용하려는 원대한 목적이 도사리고 있는 것이다. 이런 속성을 간파했기 때문에 목적을 달성한 후에는 이런 무리들을 배제한다는 가르침을 칙훈으로 내린 것이다.

: 교회의 부패와 타락

앞에서 종교 통일에 대해 이야기했다. 현존하는 가장 큰 종교 세력은 가톨릭이다. 그러나 가톨릭은 이미 안에서부터 좀먹고 있다. 프리메이슨들이 바티칸의 중요한 지위를 거의 차지하여 카톨릭을 완전히 조종하고 있다. 그러나 그것은 바티칸에서의 이야기다. 세계 각지에 산재해 있는 교회는 아직 가톨릭 원래의 이념을 간직하고 있다. 또한 이들은 가톨릭이란 종교로 단합되어 있으니 엘리트들에게는 무서운 존재가 아닐 수 없다. 물론 이는 가톨릭뿐만 아니다. 신교, 구교 할 것 없이 모두 교회이기는 마찬가지다. 교회에 나가는 사람들에게 신부나 목사의 영향력은 대단히 크다. 이는 그들이 신앙이라는 이름으로 교인들에게 정신적 지주가 되기 때문이다. 엘리트들로선 그들을 무기력하게 만들 필요가 있다. 그러기 위해서는 그들의 위상을 추락시켜야 한다. 엘리트들은 우선 종교 지도자들을 차마 점잖은 사람이 입에 담기도 거북한 음탕하고 음흉한 파렴치한으로 만든다. 그리고 이간질을 하여 서로 싸우도록 한다. 성직자들을 부패하게 만들어 교인들에게 혐오의 대상이 되도록 하는 것도 빼놓을 수 없다. 목사나 신부들의 부정과 성추행 사건들이 연일 보도되는 것도 이러한 맥락에서이다. 예전에는 교회의 힘이 너무나 컸기 때문에 감히 아무도 교회의 비리를 입 밖에 내지 못했지만, 현대에 와서는 언론과 다른 어떤 힘의 지원으로 어둠 속에 묻혔던 비밀이 밖으로 나오고 있는 것이다.

ː 정보가 통제하는 사회

　과학이 발달하면서 상상을 초월하는 정보시대가 도래했다. 그러나 대개 정보 기술이 우리 생활을 편리하게 만들었다고만 생각할 뿐, 정부나 거대한 기업체들이 이 기술로 우리의 개인적 권리를 얼마나 빼앗을 것인가는 상상하지 않고 있다. 다만 정부에서 자랑하는 기술 발전만 대견스럽게 생각한다. 얼마 전에 한국 매스컴에 소개되었던 에셜론은 전율이 일 정도로 공포스럽지만 사람들은 그저 먼 산 너머 불처럼, 자신과는 아무 관련이 없는 남의 일처럼 생각하고 금방 망각해 버린다. 에셜론은 수십억 인구가 사용하는 모든 전기·전자 통신기기의 통신 내용을 동시에 검사하여 감시하는 감청·도청 기관의 코드명이다. 이들은 음성을 마치 지문 등록하듯 모두 등록할 수 있어서 어떤 요주의(要注意)되는 소리가 들릴 때에는 순간적으로 그것이 누구의 말이라는 것을 가려내게 된다. 특히 한국은 주민등록증을 어느 나라보다 효율적으로 사용하는 나라다. 이것이 전산화되어 모든 국민의 일거일동을 알아차릴 수 있으며, 이것도 부족하여 곧 갖고 다니는 신분증 대신 주사로 살갗 속에 넣어두는 칩(chip)을 태어나는 모든 인간에게 박아 넣을지도 모른다. 다시 말하자면 백화점에 있는 상품처럼 모든 인간이 바코드를 갖게 된다는 말이다. 인간은 상품처럼 취급되고 가축처럼 인간 농사를 위한 개별 관리가 실시될 것이다. 멍청한 젠타일들은 그것이 자신의 자유를 구속하는 줄도 모르고 정부가 과학의 이기를 이용하여 국민을 편안하게 해준다고 믿어 오히려 고맙게 생각할 것이다.

: 하나 되는 세상, 천국인가 지옥인가?

『칙훈서』는 금의 힘으로 세상을 통일한다고 했다. 다시 말해 돈의 위력이 우선 세계 통일을 하고, 다음으로 힘, 즉 무력으로, 그러고 나서 정신, 즉 신앙적으로 세계를 통일하여 명실공히 영원한 일인 독재 전제군주를 세우고 지상정부, 시온의 왕국을 수립한다는 설명이다. 독재군주는 종교에서 섬기는 하느님과 같은 존체(存體)가 된다. 모든 것이 정의롭고 원칙에 입각한 이상사회를 건설하게 되고, 유대인은 세계를 지배하는 운명을 가진 민족이기 때문에 종주민족으로서 모든 타민족을 다스리게 된다.

그들은 과거 오랜 기간 동안 충분한 돈을 모았고, 그 돈의 위력으로 미국을 위시해서 우리가 아는 선진국들을 모두 차지하고 있다. 이제는 경제 통일을 위한 수순으로 자유무역, 시장경제를 통해 독점경제를 이룩하는 단계에 들어가 한국도 미국과 FTA를 한다고 야단법석이고, 도하개발 어젠다를 실행하여 모든 사람들이 잘 살게 된다고 들떠 있다. 또 한편으로 무력 통일을 하기 위해 제3차 세계대전을 진행하고 있다. 중동에서, 중앙아시아에서, 한반도에서 세계 모든 곳을 전쟁의 도가니로 만들려 하고 있다.

테러와의 전쟁은 바로 제3차 세계대전의 전주곡으로 보인다. 제3차 세계대전은 새로운 지상세계를 만들기 위한 전쟁이기 때문에 길고 험난하여 이 전쟁에서 살아남는 이는 그리 많지 않을 것이다. 왜냐하면 세계 인구를 줄이기 위한 목적도 있기 때문이다. 대강 떠도는 말들을 종합해 보면 세계 인구를 약 5억 정도로 줄이지 않나 짐작된다. 따라서 전쟁에서는 폭파무기뿐 아니라 화학, 세균 무기도 동원될 것이며 전자파 무기도 모두 동원될 것이다.

마지막으로 종교 통일 역시 진행 중이라 믿는다. 물론 이는 다른 통일에 비해 급한 것은 아니다. 다만 전쟁이 끝난 후 살아남은 인류를 통치할 때 자발적으로 모든 사람들의 정신이 하나로 묶이도록 만드는 것이기 때문에 느리지만 차근차근 완성해 갈 것이 분명하다.

이런 과업을 수행하는 데 있어 모든 것이 쉽게 이루어지지 않을 것이란 것은 그들이 더 잘 알고 있을 것이다. 사실 그리 쉽게 진행되는 것을 원치도 않고 있을 것이다. 그들은 늘 헤겔의 변증법을 사용한다. 즉 '대립을 창조함으로서 원하는 결과를 얻는다'는 '정＋반＝합'의 이론을 적용하는 것이다. 한국에서 일어나는 격렬한 한미 FTA 반대 시위도 그들의 계산속에 있다.

이제 그들의 계획을 중지시키고 진정한 인류의 평화를 위해 기수를 돌리게 해야 한다. 그러면 우리는 무엇을 해야 할까? 우선 세상을 이해해야 된다. 그리고 항상 그래왔듯이 외적과 싸우는 것도 중요하지만, 더 무서운 것은 우리 속에 있는 다른 나라 세력이다. 개인의 득을 위해 '우리'라는 대아를 희생시키려는 기존 세력을 먼저 정리하는 것이 우선이라고 생각한다. 그래서 '우리'라는 공동체는 뭉쳐야 하는 것이다.

2부

시온의 칙훈서 전문

일러두기

원제를 그대로 직역하면, 『시온 지도장로 정회의 의정서(*PROTOCOLS of the Meetings of the Learned Elders of Zion*)』이지만, 내용을 좀더 정확히 이해하기 위해서는 '의정 칙훈서' 또는 '시온의 칙훈서'라 함이 훨씬 더 정확하다고 본다. 원제는 지도장로들의 회의 기록이라는 뜻이지만, 실제 내용은 옛날 봉건시대의 절대군주처럼 신성하다 할 정도의 권위를 가진 지도장로들이 앞으로 세계를 정복하기 위해 내린 지침서이자 훈령(訓令)이기 때문이다. 때문에 황제의 훈령과 유사하다는 의미에서 '칙훈서(勅訓書)'라 붙였고, 또한 시온주의자들의 절대적인 훈령기관이기에 '시온'이란 말을 앞에 달아 제목을 『시온의 칙훈서』라 하였다. 항간에서는 '시온의 의정서'라 부르기도 하는데, 이는 같은 책을 말하는 것이며 다만 보는 관점이 달라 의제를 달리했을 뿐임을 미리 알려둔다.

: 인간의 본성과 자유

1 각각의 중요한 사상을 전하기 위해 장식적인 말은 피하고 직접적인 비유를 통해 사실을 설명할 것이다.

2 따라서 이제 고이와 우리들의 관념 차에서 유발(誘發)된 우리의 제도에 대해 말하려고 한다.

3 좋은 마음보다 나쁜 마음을 가진 사람이 훨씬 많다는 것을 잊지 말라. 때문에 인간을 통치하는 최선의 방법은 학술적 논리 전개가 아닌, 폭력과 테러이다. 모든 사람들은 할 수만 있다면 독재자가 되고 싶어 한다. 극소수의 사람만이 전체의 안녕이 우선이라 생각할 뿐이다.

4 무엇이 인간이라고 부르는 희생물을 독차지하지 못하도록 막았으며, 지금까지 무엇이 그들을 인도하였는가?

5 애당초 인간 사회는 창조될 때부터 완력과 잔인성으로 통솔되었다. 이후 법을 만들어 통치했지만, 외양만 바뀌었을 뿐 그 본질은 완력(힘)이다. 따라서 완력 앞에서 자연의 법칙은 거짓이 된다.

6 정치적 자유는 이상적인 생각일 뿐, 그러니 이 사상을 필요할 때마다 적절히 사용하라. 자유를 미끼로 많은 군중을 자기 편으로 만들어 권력을 잡은 상대편을 분쇄하는 데 이용하라. 상대방이 자유주의 사상을 갖고 있다면 일은 더욱 쉽다. 그들은 스스로 제 권리를 쉽게 내줄 것이다. 즉, 자유주의 사상으로 해이해진 정부는 신흥 세력에게 덜미를 잡힌다. 눈먼 국가 지도자는 누군가 안내하지 않으면 한시도 권력을 지탱할 수 없다. 때문에 새로운 힘이 자유주의의 사상 때문에 약해진 자리에 대신 들어앉게 된다.

ː 금(金)

7 우리 때에 자유주의적인 사상을 가진 통치자의 진정한 힘을 대신했던 것은 금이었다. 당시는 신앙이 지배하던 때였다. 그래서 자유를 적절하게 사용할 필요가 있었다. 하지만 국민에게 권좌를 맡긴 결과[12], 얼마 안 가 세상은 난장판이 되었다. 그 순간을 틈타 우리는 각 계급과 당파 간 싸움을 조성했다. 드디어 권력자들은 힘을 잃게 되었으며 나라는 잿더미가 되었다.

8 서로 헐뜯다가 주권을 빼앗기건, 외세가 들어와 주권을 갖게 되건
상관없다. 한번 잃은 주권은 다시 찾을 수 없다. 주권은 바로 우리
손에 들어와 있기 때문이다. 우리는 우리가 독점하고 있는 자본의
전제 통치권(the despotism of Capital)으로 절박한 상황에 처한
그들 국가를 구해 주겠다고 선심을 베푼다. 선택의 여지란 없다.
만일 싫다고 거절한다면 멸망의 나락으로 떨어질 것이다. 때문에
그들은 우리의 제안을 기꺼이 받아들인다.

9 자유주의 사고를 갖고 있는 사람은 이런 방법을 부도덕하다 할지도
모른다. 그런 사람에게 묻고 싶다. 국가가 두 파로 나뉘어 서로 으르
렁거리고 있다고 가정하자. 상대편에서는 밤에 많은 인원으로 습격
할 계획이다. 만약 이를 알려주지 않는 것이 비도덕적인 일이라고
생각한다면 이쪽에서는 어떤 방법으로 방어를 할 수 있단 말인가?

10 앞뒤가 맞지 않는 논리를 내세우는 정치가의 주장이 군중들의 목
전이득(目前利得)과 부합할 때, 양심적인 지도자가 정당한 논리로
군중을 이끌 수 있다고 생각하는가? 군중 혹은 군중심리는 하찮
은 감정, 즉 서너 푼짜리 신념이나 전통 또는 감상적인 논리에 이
끌린다. 따라서 군중들이 합의한 정책은 결국 우연히 생겨난 결과
물이거나, 다수의 오합지졸이 작당한 것이다. 이런 정책은 모순된
것이며 결과적으로는 무정부 상태의 원인이 된다.

11 정치는 윤리나 도덕과는 별개의 것이다. 윤리적인 사람은 유능한
정치인이 될 수 없다. 지도자가 되려는 사람은 교활해야 한다. 사
람들이 그의 거짓을 믿도록 만들어야 한다. 솔직함과 정직은 정치
에서는 금물이다. 이는 통치자를 권좌에서 끌어내릴 가장 효과적
인 요인이 되기 때문이다. 고이들의 국가에서는 정치가들에게 윤

리적일 것을 요구한다. 우리는 이들을 따르는 어리석은 짓은 하지 말아야 한다.

: 강력한 힘이 곧 권리이다

12 권리는 강력한 힘으로만 얻을 수 있다. 이는 아무 근원도 없는 추상적인 사고이다. 그저 내가 너보다 강하다는 것을 증명할 수 있도록 내가 원하는 것을 내놓으라는 것이다. 그것 말고는 아무 뜻도 없다.

13 권리는 어디에서 시작해 어디에서 끝나는가?

14 정부가 어리석고 힘이 없으면 자유주의 사상에 뿌리를 둔 권리를 주장하는 단체와 파벌들이 우후죽순으로 일어나 혼란스럽게 한다. 이때 우리는 강력한 권리를 표방해 나갈 것이다. 사회 질서와 규율을 통솔하는 힘을 나눠 약하게 만든다. 모든 조직을 개편·신설하며, 자유주의적 권리를 주장하던 다른 파벌들이 자진하여 권한을 넘기도록 만들어 명실공히 완전한 주권을 갖는 군주가 된다.

15 어느 분야건 어떠한 권모술수건 우리를 거역하지 못하도록 힘을 키워야 한다. 만약 힘이 약하면 남들이 알아차리지 못하도록 비밀스러워야 한다.

16 우리가 지금 해야 할 일시적인 악행(惡行)은 선행(善行)으로 바뀔 것이다. 우리의 악행은 자유주의 사상으로 혼란스러워진 나라를 정상으로 되돌린다. 그리하면 우리의 방법은 정당한 것이 된다.

따라서 우리는 무엇이 옳고 무엇이 윤리적인가보다는 무엇이 필요하고 가치 있는 일인가에 역점을 둬야 한다.

17 우리에게는 정략적으로 세워진 계획이 있다. 그 계획은 수많은 세월에 걸쳐 내려온 역사(役事)이기에 저버려서는 안 된다.

18 우리의 계획을 성공시키기 위해서 조직폭력 집단의 잔악하고 변덕스러우며 무지막지한 운영 방법에 관심을 기울일 필요가 있다. 조직폭력 단원들은 상황을 이해하는 능력은 약하지만 자신이 어떤 처지인지 그리고 안정된 삶을 위해 무엇을 해야 하는지를 파악하고 이를 존중한다. 즉, 무조건 명령에 복종하는 것이다. 조직폭력 단원들은 아무리 똑똑해도 정치가 어떻게 돌아가는지 이해하지 못한다. 때문에 사회 전체가 완전히 붕괴되지 않는 한 지도자가 되지는 못한다.

19 다만 어렸을 때부터 지도자 훈련을 받은 사람만이 정치의 묘를 이해할 수 있다.

20 인간은 정치 활동을 시작하면 명예와 권력에 눈이 멀어 조직 관리에 소홀하게 되고 서로 다투다 자멸한다. 많은 사람들이 뭉친 국가라는 집단이 시기와 질투 없이 개인의 이득을 생각하지 않고 침착하게 나라의 중대사를 다루는 일이 가능할까? 또한 이들에게 외세에 대항하여 방어할 수 있는 능력이 있을까? 상상도 못할 일이다. 계획이 깨지면 두목이 많아지고 결국 뿔뿔이 흩어진다. 그러면 현명한 행동을 할 수 없게 되어 붕괴하고 만다.

: 우리는 전제군주가 되어야 한다

21 오직 전제군주만이 국가의 여러 기능을 올바로 분리하고, 확실하고 효율적인 계획을 세운다. 어느 사회건 권력은 어느 한 사람에게 귀속되게 마련이다. 따라서 절대적인 힘을 가진 전제군주 없이는, 다시 말해 대중을 인도하는 길잡이 없이는 문명의 존재 자체가 불가능하다. 조직폭력 집단에서 두목의 힘을 빼앗으면 그 순간 그들은 무정부 상태의 오합지졸이 되어버린다. 따라서 우두머리는 잔인한 사람일망정 그 세계에서 최고의 자리에 있는 전제군주가 돼야 한다.

22 자유라는 명목 하에 인간이 감당하기 힘들 정도로 너무 많은 권리가 주어졌다. 이기지도 못할 술에 흠뻑 젖은 짐승 같은 인간들을 생각해 보라. 이들은 우리와 근본적으로 다른 자들이다. 우리는 그들이 주정하고 쓰러져 있는 길을 깨끗한 정신으로 걷도록 선택된 사람이다. 고이들은 이미 우리가 심어놓은 비밀요원, 즉 부잣집 가정교사와 추종자 그리고 우리가 마련한 미인계로 인해 어려서부터 부도덕한 것을 배운 사람들로, 어려서부터 계급적 사상에 젖은 미천한 것들이다. 미인계란 자진해 부패와 향락을 따르는 소위 사교계의 여자를 말한다.

23 힘 자체를 신봉하도록 만들라. 정치에서는 오직 힘만이 정복 수단이다. 이 힘을 은밀히 사용하는 것이 정치가의 기본 자질이다. 폭력은 가장 기본적인 힘이다. 새로이 떠오르는 우리에게 굴복하길 거부하는 통치자에게는 수단과 방법을 가리지 않고 거짓과 교활함으로 우리를 신임하도록 만들어 통치하라. 이런 사악한 방법만

이 선(善)을 끝내는 유일한 방법이다. 다른 방법은 없다. 그러므로 우리의 목적을 달성하기 위해서는 뇌물과 속임수와 음모뿐 아니라 모든 수단과 방법을 가리지 말아야 한다. 정치에서 권력을 탈취하고 유지하기 위해 남의 것을 빼앗는 것은 필수 지식이다.

24 참혹한 죽음이 함께하는 전쟁은 피하고, 평화적인 정복의 길을 밟도록 한다. 그렇게 해야 민중은 죽음의 두려움에서 벗어나 만족스러운 마음에 자신이 정복당한 것도 알아차리지 못하게 된다. 그러나 공포 분위기는 계속 유지해야 한다. 그래야 대중이 맹목적으로 복종한다. 우리 국가의 정의는 인정사정없이 혹심한 것이어야 한다. 이는 권력을 잡기 위함이 아니다. 이 모든 것을 우리의 책임으로 느껴야 한다. 승리하기 위해서는 폭력적인 수단을 계속 사용하면서 우리의 말을 진실로 믿도록 유도하는 것이다. 우리의 논리는 모순 없이 철두철미하게 들어맞아야 한다. 그리하여 우리는 실천 방법뿐 아니라 논리 면에서도 완벽을 기하여 모든 정부가 우리 지상정부의 발밑에 무릎 꿇게 만든다. 만약 불복종할 경우 너무도 무자비한 처벌을 받게 된다는 것을 스스로 깨닫게 하라.

: 자유주의 사상을 종식시켜라

25 우리는 고대부터 자유(Liberty), 평등(Equality), 박애(Fraternity)[13]를 처음으로 부르짖은 사람이다. 그러나 훗날 이 달콤한 표현에 매혹된 멍청이들이 세계의 안녕과 개인의 참 자유를 찾겠다고 사방에서 날아와 주절거렸다. 현명하고 유식하다 자처하는 고이들은

이런 용어의 추상적인 뜻을 전혀 이해 못한다. 이들은 용어들의 관계와 의미의 상반적(相反的) 모순을 알아차리지 못한다. 평등이란 있을 수도 없고 자유로이 될 수도 없는 것이 진리이거늘 이들은 깨닫지 못한다. 자신이 만든 법에 스스로 종속되어 있다는 점이 진리인 것과 마찬가지로, 인간이 마음과 성격과 능력에서 평등하지 못함은 자연 법칙이다. 정치 집단의 구성원들은 눈먼 자들이다. 또 그들이 만든 규율에 의해 선출된 두목 역시 눈먼 장님이다. 두목감으로 훈련을 받은 사람은 바보라 할지라도 통솔할 수 있지만 훈련을 받지 않은 사람은 설사 천재일지라도 다스리지 못한다. 뿐만 아니라 이들은 정치에 대해서는 아무것도 이해하지 못한다. 물론 고이들은 이런 사실에 관심조차 없다. 그러나 실은 이런 바탕 위에 세상의 모든 규칙이 만들어졌음을 우리는 알아야 한다. 과거 고이 위정자들은 아버지가 아들에게 정치적 문제를 어떻게 현명하게 다루는지, 또한 지배를 받는 민중이나 신하가 거역을 못하도록 통솔하는 비법은 무엇인지를 대대로 가르쳤다. 하지만 긴 시간이 지나면서 이러한 내용은 잊혀졌다. 이런 현상은 우리 일을 완수하는 데 도움이 된다.

26 자유, 평등, 박애를 주창하는 눈먼 자들 덕에 우리의 지위가 저절로 격상되고 있다. 전 세계는 자유, 평등, 박애라는 기치 아래 충성을 맹세한다. 그러나 이것들은 마치 안락의자에 파고드는 좀벌레처럼 잠잠하고 평화로운 고이 국가의 근본을 파괴하고 있다. 후에 소개하겠지만, 이는 우리의 승리를 도울 뿐 아니라 무엇보다 우리가 승리의 패를 손에 쥘 가능성을 준다. 즉, 우리의 앞길을 막을 수 있는 유일한 세력인 고이들의 특전을 파괴하고, 영원히 멸

망할 그들 대신 그 자리를 우리 특수 계급으로 메우게 된다. 특수 계급은 바로 우리의 현명한 장로들에게 기동력을 마련해 준 돈의 힘과 앞으로도 그 힘을 지켜줄 지식과 금전이다.

27 민감한 인간 심리를 잘 다뤄서 일을 쉽게 만들 수 있다. 돈을 벌어 부자가 되겠다는 욕심, 끝없는 물욕 등의 약점을 잘 이용하라. 그러면 그들의 원래 뜻한 바를 잊게 만들 수 있다. 돈으로 그들의 의지(意志)를 매수하라. 그러면 우리에게 충성할 것이다.

28 자유라는 추상적인 관념은 국가의 주인인 국민을 양으로, 정부는 목동에 불과하다고 설복하기에 아주 쉬운 수단이다. 이렇게 설복한 다음 마치 낡은 장갑을 바꾸어 끼듯 우리가 필요한 대로 정부를 바꾸면 된다.

칙훈 제 2장

∷ 엘리트의 과제

1 국토 영역이 크게 바뀌지 않는 한 전쟁은 우리의 목적을 이루기 위해 꼭 필요한 것이다. 뿐만 아니라 전쟁은 우리의 경제적 위치를 확고하게 한다. 참전국들은 반드시 우리의 절대적 힘에 의존하게 된다. 또 전쟁을 하는 양측의 운명은 우리 엘리트의 자비심에 달려 있다. 결과적으로 우리는 수많은 인간을 어떠한 제재도 없이 감시·통제할 수 있는 능력을 갖게 된다. 우리의 국제적 권리는 국가의 권리를 말살할 것이며, 각국이 자신들이 만든 법률로 자국민을 다스린 것과 똑같은 방법으로 우리는 그들을 다스릴 것이다.

2 우리가 선택할 행정 지도자는, 어렸을 때부터 전 세계를 통치하기 위한 교육과 훈련을 받고 천재적인 지능을 지니고 태어난 우리 지

도자들에게 절대 복종해야 한다. 또한 정부의 도를 배우지 않은 사람으로서 장기의 졸개 역할을 충실히 할 사람이어야 한다. 우리 지도자들은 지나간 역사를 관찰해 배운 점을 기초로 우리의 정치적 설계를 실천하는 데 적합하고 필요한 정보를 통괄하는 사람이다. 반면 고이들은 역사를 고찰하지도 않고, 실질적인 안내도 받지 않아 제대로 판단하지 못한 채, 이론적인 구태의연한 사설(事設)만 배운 자들이다. 때문에 우리는 그들을 신용하지 않는다. 다만 칼을 뽑는 종말의 그때까지 자기만족과 제멋대로 꿈꾸는 희망 속에서, 즐거웠던 과거를 회상하며 살게 하는 것이다. 계속된 홍보 활동으로 그들이 과학[14]의 논리를 수락하여 믿도록 종용하고, 과학적 논리를 따지는 데 여념이 없도록 만들어라. 그러면 고이들은 그들이 얻은 지식을 더욱 발전시키려고 할 것이며 아무런 논리적인 확증 없이 과학에서 얻은 지식을 실용화하려 들 것이다. 그러나 우리 엘리트들은 교활하게 그 지식의 조각들을 맞춰 우리가 원하는 방향으로 대중을 교육한다.

∶ 파괴적인 교육

3 여기에서 말하는 내용을 잠시라도 허술하게 생각해서는 안 된다. 우리가 고안하여 창작해 낸 다원주의, 마르크시즘, 니체이즘[15]을 신중하게 생각해 보라. 우리 유대인들은 고이들의 마음속에 이러한 부조리가 어느 정도로 중요한 위치를 차지하고 있는가를 쉽게 판단할 수 있다.

4 정치와 행정을 관리할 때 국가의 대중적인 사상, 성향, 성격을 감
  안하는 것은 바른 길을 걷기 위해 반드시 참고해야 할 것들이다.
  전체를 하나의 기계에 비유해 보자. 진행 과정에서 각 부분마다
  대중의 본질에 따라 그들과 융화하면서 일해야만 우리 시스템이
  승리할 수 있다. 그리하지 않고 과거 역사의 교훈을 현실에 적응
  시키지 못한다면 성공하지 못할 것이다.

5 통치자에게는 민중의 사고방식을 움직이는 막강한 힘이 있다. 바
  로 언론기관이다. 그들은 우리가 원하는 것이 어쩔 수 없는 일이
  라고 주장하는 한편, 불평하는 사람의 대변자가 되며, 불만을 조
  장하고 그것을 드러낸다. 즉, 언론의 자유란 사실을 윤회재생(輪
  廻再生)하여 둔갑시키는 언론에게 힘을 준다는 뜻이다. 고이들은
  언론을 이용할 줄 모른다. 언론의 힘은 우리의 손에 있다. 우리는
  언론을 통하여 막강한 영향력을 유지하지만 계속 그들의 그늘 밑
  에 존재해야 한다. 우리는 언론 덕분에 적은 피와 땀으로 막강한
  부를 손에 쥐게 되었다. 이렇게 되기까지 많은 선조들의 희생이
  있었음을 잊지 말아야 한다. 신의 뜻에 의하면 우리 선조 한 명의
  희생은 고이 천 명의 희생에 해당한다.

칙훈 제 3장

: 상징적 뱀

1 이제 목표가 얼마 남지 않았다. 지금까지 먼 길을 걸어온 결과 우리를 상징하는 뱀이 나타나 용틀임할 준비가 돼 있기 때문이다. 이 뱀이 몸통을 감아 강력한 힘으로 조일 때 온 유럽 국가들은 그 안에서 꼼짝 못하고 굳어버릴 것이다.

2 각 나라의 헌법은 얼마 안 가 와해될 것이다. 왜냐하면 우리가 헌법을 만들 때 일부러 서로 조화되지 않도록 부조리하게 만들었기 때문이다. 이들 헌법은 언뜻 보면 완전무결한 것 같지만 사실은 커다란 문제를 안고 있다. 그래서 결국 속으로 끊임없이 요동을 쳐 와해되고 만다. 고이들은 헌법이 아무 모순 없이 늘 평형을 이루고 있다고 여긴다. 그 평형은 왕이나 통령의 신임을 받고 그들

을 위해 일하고 있는 참모들과 불가분의 관계에 있다. 참모들이 책임감 없이 절제 못하고 어리석고도 망령된 권력을 행하기 때문에 뜻대로 되지 않는 것이다. 권력이란 그들의 아성(牙城)을 둘러싼 공포로 만들어졌다. 따라서 왕이나 대통령은 백성과 호흡을 같이할 수도, 권력을 빼앗으려 덤비는 세력과 싸우기 위해 백성과 연대할 수도 없게 된다. 주권을 가진 자와 백성들 가운데서 일어나는 눈먼 세력 사이를 갈라놓았으니, 마치 장님과 지팡이가 서로의 존재 이유를 이해하지 못해 제 기능을 못하도록 만들어 놓은 셈이다.

3 권좌를 추구하는 무리들이 그들이 얻은 권력을 남용하게 하라. 모든 반대파들끼리 유대하게 해 독립을 위한 자유주의적 성향을 모두 분쇄한다. 그들이 만드는 모든 조직에 침투하여 혼란을 일으켜 내분을 일삼으라. 다른 세력들이 무장하도록 도와주며, 그들이 하려는 모든 것에 반대하고 공격하는 단체를 조직한다. 또 한편에서는 정부 측에 서서 제일 앞장서 투쟁하는 투사를 만든다. 이렇게 하면 혼란스런 상황에서 우왕좌왕하는 일부 민중을 만족시킬 수 있다. 이제 멸망은 시간문제이다.

4 의회나 정부 측 각 부서에 지칠 줄 모르는 떠버리들을 침투시켜 모든 합의를 지연시킨다. 언론들이 정부 요인들을 늘 도마 위에 올려놓고 씹을 수 있도록 일간 신문을 우리 틀에 맞게 유도한다. 그래서 권리를 남용하도록 만들어 결국 분노한 민중 봉기의 거센 바람에 하늘 저 멀리로 날아가 종말을 고하도록 하라.

가난은 우리의 무기이다

5 모든 민족들을 과거 노예나 농노로 쇠사슬에 매여 있을 때보다 더욱 견고한 가난의 쇠사슬로 묶는다. 일단 이런 상태가 되면 아무리 몸부림을 쳐도 그들은 절대로 사슬에서 완전히 풀려날 수 없다. 우리는 헌법에 상당한 국민의 기본 권리를 가상으로 집어넣었다. 소위 국민의 권리라는 것은 하나의 사상일 뿐, 실생활에 적용되는 것이 아니다. 무산 노동자 계급은 극심한 노동에 대해 두 배의 대가를 기대한다. 그러나 돌아오는 것은 약간의 빵부스러기뿐이다. 실망은 불평이 되고, 언론은 노동자들의 열띤 불평을 싣는다. 국민들이 헌법의 무익함을 깨달을 때 우리 엘리트들은 충실한 하인들을 앞세워 빵부스러기를 한줌 뿌린 다음 우리의 종에게 투표하도록 한다. 이렇게 그들의 지도자를 새로 앉히는 것이다. 가난한 사람들을 위해 공화국이 내거는 권리는 실제로 필요한 것이 아니다. 그것은 소위 지도자라는 사람들이 국민 앞에 내보이는 겉치레, 즉 그들의 상전에게서 버림받거나 동료들에게 반격당할 위험에서 해방되기 위하여 자기의 성을 구축하느라 여념이 없는 쓰디쓴 풍자에 불과하다.

우리는 공산주의를 지지한다

6 국민들을 부추겨 사회에서 귀족 계급을 말살시킨다. 사실상 귀족 계급은 국민들의 부와 실리를 지키는 유일한 방어막이다. 오늘날

은 귀족 계급이 붕괴되면서 노동자의 어깨에 자본가의 멍에가 씌워졌고 무자비하게 돈을 빼앗기게 되었다.

7 노동자들이 핍박 받는 상황에서 구세주처럼 나타나 사회주의, 무정부주의, 공산주의 등의 투쟁 대열에 참여하게 한다. 전 인류가 뭉쳐야 한다는 프리메이슨에서 말하는 형제애(兄弟愛)를 주장하면서 이들에게 도움의 손길을 뻗는다. 지금까지 노동자들이 일한 대가로 인생을 즐기던 귀족 계급은 노동자 계급이 잘 먹고 건강하게 사는 일에 관심을 기울이지만, 우리는 고이라는 인종을 말살시켜 없애는 데 관심을 둔다. 노동자들이 육체적 나약함과 식량 부족을 느낄수록 우리의 힘은 강해진다. 노동자들이 약해져야만 말 잘 듣는 노예로 계속 일할 뿐 아니라, 우리에게 대항해 자신의 정부를 세울 생각조차 못하게 된다. 굶주림은 귀족들이 왕을 앞세워 국법으로 노동자들을 졸라매는 것보다 더욱 강하게 노동자들의 목을 죄고, 이는 자본의 힘을 창조해 내는 여건이 된다.

8 조폭들을 이용하라. 욕망, 질투 그리고 증오심을 불러일으키게 만들어 그들 손으로 우리를 방해하는 세력을 분쇄하여 뿌리째 없애게 하라.

9 전 세계를 통치할 우리의 지상군주가 임하는 그때가 되면 역시 조폭들을 시켜 모든 방해되는 요인을 없애도록 한다.

10 고이들은 우리 전문가들이 알려주지 않으면 제대로 생각조차 할 수 없다. 그래서 그들은 우리의 왕국이 도래할 때 우리가 서두르는 것도 알아채지 못한다. 서둘러 할 일이 있다. 바로 학교에서 아이들에게 아주 간단한 진리를 가르쳐주는 것이다. 바로 모든 지식의 근원인 인간 사회를 어떻게 구성해야 하는가를 이해시키는 것

이다. 인간 사회는 근본 구성 요소로 노동자 계급을 필수로 여긴
다. 결과적으로 사회 부류와 그로 인한 사회 조건[16]에 따라 사회
가 구분된다. 인간이란 태생에 따라 해야 할 일이 따로 있다. 때문
에 평등이 이루어질 수 없는 것이다. 따라서 각자 태어난 목적이
다르므로 평등이란 있을 수 없다는 것을 강조해야 한다. 같은 일
을 저질렀다 하더라도 자기 자신의 명예만 더럽힌 것과 사회 전체
의 명예를 더럽힌 것을 동등한 죄라 할 수는 없다. 그리고 계급에
따라 직업이 결정되며 해당 직종은 해당 계급 안에 있어야 하고
이러한 운명적인 조건이 고통의 원인이 될 수 없음을 가르쳐라.
이러한 사회 구조에 대한 지식을 잘 이해하고 나면 모든 민족들은
우리의 정부에 자진해 복종할 것이며 우리가 정해 준 일을 기꺼이
받아들일 것이다. 현 사회 상황에서 그들이 가진 지식은 언론 등
출판물을 이용하여 맹목적으로 믿고 신봉하도록 우리가 조작한
것이다. 사회 계급과 조건이 왜 구성되어야 하는지를 이해하지 못
하기 때문에 주어진 계급과 조건에 대한 맹목적인 증오심을 갖는
것도 우리의 공작 때문이다. 이렇게 엉뚱하게 사회를 인도할 수
있는 것은 고이들이 무지하기 때문이다. 우리는 그런 그들에게 감
사해야 한다.

: 유대인은 안전할 것이다

11 공장이 문을 닫고 상거래가 중지되는 경제 위기가 닥치면 위정자
들에 대한 민중의 증오는 더욱 심해진다. 이때 우리는 갖고 있는

재력으로 장막 뒤에서 모든 방법을 동원해 공작을 해야 한다. 우
선 노동자와 조폭을 한꺼번에 동원해 전 유럽의 거리로 내보내 궐
기하게 하여 경제공황을 만들라. 단순하고 무식한 조폭들은 이를
상상만 하던 일확천금의 기회이자 약탈의 기회로 믿고 피 흘리기
를 마다하지 않을 것이다.

12 폭동이 일어나도 우리의 자산을 보호하도록 조치를 취했기에 피
해를 입지 않을 것이다.

13 그렇게 되면 주권을 행사하는 국민들은 모든 고이들을 심판대에
올려 단죄하려 할 것이다. 바로 이때 우리는 현명하고 결단력 있
게 사회의 동요를 안정시켜 모든 분야에서 자유주의를 섬멸한다.

14 이러한 혼란기를 틈타 들어앉은 통치자는 전에 부르짖던 바로 그
자유를 제재하고 잠시 동안이나마 만끽했던 자유는 사라진다. 그
러나 새 통치자 역시 이전 통치자와 마찬가지로 눈이 멀었다. 때
문에 얼마 안 가 기로에 놓여 어찌할 바를 모르다 결국 우리 앞에
와서 지도를 청할 것이다. 이들은 자신이 이전 통치자와 같은 길
을 가고 있다는 것도 모르고 우리 발밑에 전권을 바치게 된다. 프
랑스 혁명을 떠올려보라. 당시의 위대함(Great)이라는 단어 역시
우리가 지어준 것이다. 모든 일이 우리 손에 있음을 꼭 기억하라.

15 이후 우리는 모든 국가의 국민들을 연이은 실망의 길로 인도하고
있다. 이는 종말에 우리가 전 세계를 통치하게 될 시온 국가의 절
대군주를 지지하도록 하기 위해서이다.

16 현재 우리에게 대항할 세력은 없다. 그 이유는 어떤 국가가 우리
를 공격하면 다른 국가가 우리 대신 싸워주기 때문이다. 이는 끝
없이 악랄한 고이들의 근성 덕분이다. 그들은 권력을 갖기 위해

무슨 짓이든 한다. 그들은 힘없는 사람에게 무자비하고 자신들의 과오에는 관대하며 밥 먹듯 죄를 짓는다. 자유사회 제도의 모순에는 한없이 인내하면서 독재의 폭력에 항거하는 희생자를 다룰 때에는 추호의 인내심도 발휘하지 않는다. 그들의 이러한 자질이 우리의 과업을 가능케 한다. 사실 오늘날 수상이니 독재자니 하는 고이들의 폭정에 희생되고 고통받고 있다는 사실을 감안하면 최소 스무 명 정도의 통령의 목이 날아가야 할 것이다.

17 그러나 이 같은 상황에 처한 각국 대중의 비논리적 행동은 참으로 흥미롭다. 이런 현상이 무엇을 의미하는지 제대로 파악해야 한다.

18 독재자들은 국민이나 국가가 희생되고 부당한 처사를 받는 이유가 더욱 원대한 목적, 즉 국민의 사회복지나 평등, 국제 친선을 위한 것이라고 해명한다. 물론 그들은 우리의 절대적 통치 아래 통합이 이루어지고 있다고는 말해 주지 않는다.

19 이들은 자신들이 하는 일을 정당화하고 죄의식을 없애며, 어떤 명령이든 따르도록 국민을 훈련시킨다. 다행인 것은 이러한 경지에 이른 국민은 모든 부문에서 부조리와 혼란을 일으키며 안정을 파괴한다는 것이다.

20 자유에 대한 신념은 어떠한 세력에도 대항하여 싸우도록 많은 사람들을 끌어낸다. 이들은 전제군주와 싸우고, 신에게 저항하며, 심지어 자연 법칙과도 투쟁한다. 따라서 우리 왕국을 건설한 후에는 자유라는 것을 폭도들의 피에 굶주린 잔인한 힘의 근원이라 여기게 해, 인간의 사전에서 이 단어 자체를 영원히 없애버리도록 한다.

21 인간은 짐승과 마찬가지이다. 목마른 자에게 피를 주면 그는 그걸 마시고 얌전히 잠들 것이다. 그들이 잠든 사이에 쇠사슬로 꽁꽁

묶으면 간단하게 처리할 수 있다. 그러나 그들이 피를 얻지 못할 때에는 잠도 안 자고 계속 투쟁한다는 것을 잊지 말라.

: 젠타일 사회의 순리를 깨달아라

1 모든 공화국은 몇 가지 단계를 거친다. 첫째 단계는 눈먼 폭도들
이 스스로를 좌익과 우익이라 칭하며 사방에서 일어나는 현상이
다. 둘째 단계는 인기 있는 민중 지도자가 우후죽순으로 생겨나
얼마간 무정부 상태를 이룬다. 이는 결국 독재자 등장의 원인이
된다. 독재자는 법도 아랑곳 않고 제대로 일하지도 않는다. 그러
나 겉으로는 책임감을 갖고 국민을 위하여 일하고 있는 군주이다.
독재자 배후에 있는 비밀 조직은 비밀리에 여러 조직의 배후에서
조삼모사(朝三暮四)를 일삼으며 점차 독재군주의 손발인 폭력 단
체로 변신하게 된다. 애당초 필요에 의해 생겨나고 성장한 세력이
지만, 점차 이들 스스로 장기집권을 보장받아야 한다고 믿게 된

다. 이런 변화는 우리에게는 다행스런 일이다.

2 무엇이 그리고 누가 보이지 않는 세력을 일망타진할 수 있는가?
바로 이것이 우리가 가진 힘이다. 장님처럼 내용도 모르고 무조건
충성하고 있는 젠타일이나 메이슨 같은 상류계급 회원들이 아무
리 믿을 만해도 우리의 존재와 목적에 대해서는 절대 발설하지 말
고 어느 누구에게도 알려지지 않은 미스터리로 남겨 놓아야 한다.

: 신을 파괴하라

3 조물주의 자연 법칙은 종속을 의미한다. 평등은 조물주인 신 또는
하느님의 법칙에 위반되는 사상이다. 자유라는 관념이 평등과 관
계없이 형제애와 하느님을 믿는 신앙에 기초를 두었다면 국가경
제적인 면에서 인민의 안녕에는 피해가 없을 수도 있다. 민중이
신을 믿고 교회에 나간다면 성직자의 손에 이끌려 신이 지상으로
내려보낸 독재자에게 모든 것을 맡기게 될 것이다. 이러한 이유로
신을 믿고 신앙을 앞세우는 고이들의 마음을 파괴하기 위해 우리
는 모든 신앙을 약화시키고 필요한 것을 수학적으로 셈하는 마음
을 불어넣어야 한다.

4 고이들이 깊이 사물을 고찰하지 못하도록 산업과 무역에 몰두하
게 하라. 그리하여 모든 국가들이 이득을 얻는 데 전념하며 서로
경쟁하여 공동의 적이 누구인지 생각할 틈을 주지 말라. 자유사상
이 고이들이 거느리는 사회를 분열하고 파괴하도록 하기 위해, 산
업이 투기가 되도록 만든다. 땅을 위주로 하는 생업에서 투기성

산업으로 전환해 인류 전체의 생명줄이 우리 손에 들어오게 하라.
남보다 좀더 부유해지려는 욕망은 극도의 생존투쟁을 불러온다.
이로 인해 사람들은 사회에 실망하고 이를 부정적으로 인식한다.
결국 자비라곤 찾아볼 수 없는 냉정한 사회가 된다. 이런 사회에
사는 사람들은 정부 고위층과 종교에 염증을 내게 된다. 그들이
추구하는 것은 오직 황금, 즉 돈이다. 오직 물질이 마련해 줄 수
있는 영화를 신봉하는 것만이 유일한 신앙이다. 상황이 이쯤 되
면, 우리가 칼을 뺄 때가 된 것이다. 우리는 성공할 것이다. 그 이
유는 민중이 황금을 더 얻게 되고 부자가 되기 때문이 아니다. 오
로지 특권을 누리고 있는 고이에 대한 증오심으로 하류계급은 우
리를 따라 고이들에게 대항해 함께 싸우게 된다.

칙훈 제 5장

∶ 부패 사회의 주인이 되라

1 사회 각 분야에 부패가 만연해 있다. 돈 있는 사람은 사기나 마찬
가지인 기발한 수를 쓴다. 행정규칙이 허술하게 적용돼 법이 제대
로 통하지 않는다. 불법이 합법으로 둔갑하고 사회 도덕은 각 개
인의 양심으로 자발적으로 이루어지는 것이 아닌 엄격한 법률과
형벌에 의해서만 찾을 수 있다. 애국심은 전 국민이 공동으로 피
해를 입어 각 개인의 이해관계가 일치할 때만 작용된다. 이러한
사회에서는 과연 어떤 형태의 행정규칙을 만들어야 통치할 수 있
겠는가? 앞으로 설명할 독재 철권정치를 제외한 어떤 형태의 통치
가 이런 사회를 다스리겠는가? 우리는 사회 모든 분야에서 강력한
영향력을 손에 넣기 위해 정부를 강력히 통제하는 방법을 강구해

야 한다. 따라서 새 법을 만들어 우리의 목적을 위한 모든 정치 활동을 조절한다. 이 법으로 지금까지 고이들이 허용하던 자유주의적 방탕함을 하나씩 없애고 강력한 통제정치로 우리 왕국의 설립을 확고히 한다. 언제 어느 때라도 우리를 반대하는 고이들은 고하를 막론하고 뿌리 뽑아야 한다.

2 많은 사람들은 독재 철권정치를 하는 절대군주제는 사회가 진보되면서 그 정도가 약해진다고 믿는다. 그러나 나는 그렇지 않다는 것을 증명하려 한다.

3 왕이 왕좌에 앉아 있는 것 자체를 신이 내린 절대 권위로 믿고 그가 하는 말에 추호도 의문을 갖지 않고 모든 국민들이 순종하던 때가 있었다. 그러나 우리가 국민들에게 인간으로서의 권리가 있다는 관념을 집어넣은 다음부터 국민들은 왕좌에 앉아 있는 왕도 똑같은 인간이라 사고하게 되었다. 왕의 머리에 기름 부음을 받는 성례의 거룩함은 이제 일부 특정 계층의 것이 아니다. 이 모든 것은 국민의 공동 소유물로 전락했고 거룩했던 절대 권력은 우리의 손 안으로 굴러 떨어졌다.

: 거짓으로 대중을 이끌라

4 거대한 대중과 그 안의 개개인을 이끈다는 것은 하나의 예술이다. 고이들은 현명한 이론과 감언이설, 생활의 귀감이 되는 것들, 여러 종류의 인생살이 기법을 이해조차 못한다. 하지만 우리는 두뇌를 특별한 전문가처럼 조작할 수 있다. 관찰과 분석을 통해 교묘

하게 계산하고 측정한 바탕 위에 기능적인 방법으로 정치적 활동
이나 대중의 마음을 통솔할 청사진을 만드는 우리의 기술은 아무
도 따를 자가 없다. 우리와 비슷한 기능을 가진 조직체로는 아마
도 가톨릭의 예수회(Jesuit) 사제단이 유일할 것이다. 우리가 그들
을 묵인하는 이유는 이미 공개적으로 알려진 단체이기 때문이다.
폭력 집단 같은 어둠의 세력과 거래하기에는 항상 그늘 밑에서 일
하는 우리의 비밀 조직이 훨씬 효과적이다. 그들은 항상 우리와
함께 한다. 시온의 피로 물든 우리가 절대군주의 위치에 앉건, 교
황이 그 자리에 앉건 결과는 마찬가지이다. 그러나 선택된 민족인
우리가 반드시 그 자리를 차지해야 한다.

5 성공을 위해 얼마 동안은 전 세계의 고이들과 연대관계를 유지해
야 할 경우가 있다. 그러나 그들 사이에는 늘 뿌리 깊은 불협화음
이 있어 결국 그 근원을 없애지는 못한다. 따라서 우리의 안녕은
걱정 없다. 우리는 지난 2천 년 동안 고이들끼리 개인, 국가, 종교,
인종적으로 반목하고 그 반목이 증대되어 서로를 증오하도록 공
작해 왔다. 때문에 어느 국가도 우리를 치겠다고 무기를 드는 일
이 없었으며, 우리에게 대항하기 위해 합의하고 동맹으로 힘을 보
태는 국가도 없었다. 이는 자기네들에게 이득 될 게 하나도 없다
는 것을 알고 있기 때문이다.

우리 세력은 너무도 강력하다. 그 누구도 우리에게서 벗어날 수
없다. 세상 어느 국가건 우리 손을 거치지 않고 자기들끼리 협상
하고 합의할 수 없다.

6 '우리의 권능을 통하여(Per Me reges regnant)' 즉, 모든 왕의 권
좌는 우리의 손을 거쳐서라는 말은 옛 성현들이 우리가 온 세상을

통치할 운명을 갖도록 신이 선택한 민족이라고 예언하면서 한 말이다. 신은 우리에게 과업을 치를 수 있는 천부적 재능을 주셨다. 반대편 진영에서는 항상 우리의 올가미에서 벗어나려는 몸부림을 계속하고 있다. 만약 그들이 우리와 대결을 한다면 그것은 전대미문의 무자비한 결전이 될 것이다. 만일 그들 진영에 천재가 나타난다 해도 그것은 모든 일이 지난 다음에 있을 수 있는 일이다. 국가라는 기계의 바퀴를 굴리려면 힘센 엔진이 필요하다. 여기서의 엔진은 우리를 말한다. 엔진을 돌게 하는 힘은 금에서 나온다. 정치경제학은 우리의 지도장로 중 하나가 개척한 학문이다. 때문에 그 학문에서 자본을 귀공자의 특권처럼 취급한 것이다.

: 자본을 독점하라

7 자본(資本)이라는 것은 잘 사용하면 산업과 무역 상거래가 독점화되는 것을 피할 수 있다. 그러나 이는 이미 세계 각지에서 보이지 않는 우리의 손에 의하여 모두 점거된 상태이다. 이렇게 하여 얻은 자본의 자유로운 독점적 활용은 산업과 연결된 정치세력을 소유하게 되어 민중을 마음대로 억압할 수 있는 힘을 마련하게 했다. 근래에 와서는 국민들을 전쟁으로 이끄는 것보다 무장을 해제하는 것이 중요해졌다. 불을 끄는 것보다 화염으로 그들의 정열을 불사르는 것이, 또한 여러 가지 반론을 제기하는 이론을 없애버리는 일보다는 그러한 이론들을 우리에게 이로운 방향으로 해석하고 그들과 함께하는 것이 더 중요해졌다. 이는 비판으로 대중의

마음을 혼란스럽게 하고 약화시키며, 우리를 치기 위해 날아오는 화살을 엉뚱한 방향으로 돌리게 하기 위해서이다. 즉, 우리와 투쟁을 벌이려는 악감정을 공중으로 빗나가게 하여 헛소리로 만드는 것이다.

8 예나 지금이나 어느 민족이건 개인이건 흥행하는 쇼를 보고 그에 만족하면 그 안에서 하는 말을 있는 그대로 믿게 되는 법이다. 말하는 내용이 이치가 맞는지 알아채는 사람도 드물며, 약속한 일을 지켰는지 안 지켰는지를 따지는 사람도 별로 없다. 때문에 쇼를 하는 흥행 사업(영화 연극 따위)은 대단히 중요하다. 이런 사업을 육성해 우리가 원하는 것을 미화시켜 대중이 쉽게 받아들이도록 한다.

9 분야와 파벌을 망라해 자유주의자들의 선구자이자 대표자임을 자청하라. 그리고 가장 큰 소리로 수도 없이 반복하라. 듣는 이들이 너무 들어 귀가 아프고 지쳐서 짜증이 나도록 해서 결국 악감정이 생기게 하라.

10 대중의 의견을 마음대로 조종하기 위해서는 각 분야에서 서로 대치되는 헤아릴 수 없이 많은 의견과 견해들을 만들어 국민들을 어수선하게 만들어라. 곧 정부에 대한 격렬한 반감이 생겨날 것이다. 온 국민이 미쳐 날뛰는 혼란 속에서 고이들의 수뇌부가 몰락하기 시작한다. 고이들은 아무리 설명을 해도 대중이 이해해 주지 않는 것을 보고 아무런 정치적 의견을 내놓지 않고 입을 다물고 있는 것이 안전하다고 느낀다. 이는 우리가 대중의 감정을 조종하고 있기 때문이다. 아무리 고이들이 설명을 해도 그들이 하는 말이 대중의 귀에 들어오지 않는 것이다. 이것이 우리가 갖고 있는

첫 번째 비법이다

11 두 번째 비법은 다음과 같다. 국민의 생활 조건, 습관이나 취향, 광기에 가깝도록 몰두하는 취미생활 등이 국가를 와해시키도록 극단적으로 몰고 가 사람들끼리 서로 이해하지 못하도록 한다. 이는 파벌을 조성해 우리의 세력에 대항하려는 세력을 단합하지 못하도록 만드는 동시에 우리가 하는 일을 비판하려는 사람들의 의지를 꺾는 효과가 있다. 뛰어나게 머리 좋은 사람을 배후에 둔 인기 있는 개인이 우리 반대편에서 여론을 조성하는 것처럼 위험한 일은 없으니 절대 이를 허용하지 말라. 이러한 사람들은 수백만 명의 대중을 분산하고 대립시킨 우리의 공을 수포로 돌릴 수도 있다. 따라서 고이들이 지도하는 사회의 교육 제도 속으로 들어가 발단이 될 근원부터 뽑아버려야 한다. 활동의 자유로 인하여 얻어진 어려움은 다른 측의 자유와 접촉될 때 그 힘이 더욱 약해진다. 이는 도덕적 충격과 실망 그리고 실패를 불러온다. 이러한 모든 방법을 동원해 고이들을 지치게 만들라. 결국 그들은 우리에게 세계의 모든 국가들을 흡수하고 통솔할 수 있는 국제 세력을 만들어 달라고 호소하게 될 것이다. 이렇게 되면 우리는 폭력적인 수단을 사용하지 않고도 세계의 모든 세력을 우리의 울타리 안으로 흡수해 명실공히 지상정부를 세울 수 있게 되는 것이다. 그러면 현재 통치자들이 차지하고 있는 권좌에 지상정부의 행정부(Super Government Administration)라고 부르는 유령 같은 괴뢰정부를 앉힌다. 이 정부는 사회의 구석구석 끝까지 손을 뻗쳐 막강한 초대형 조직을 만들 것이고, 결국 세상 어느 국가도 우리에게 도전하지 못하게 될 것이다.

칙훈 제 6장

: 고이들을 부패시켜라

1 우리는 곧 어마어마한 부를 독점해 저장할 것이다. 이는 너무도 막대해 아무리 고이들이 돈을 많이 모았다 해도 우리에게 종속되지 않으면 그들이 갖고 있는 국가와 함께 정치적 몰락을 하면서 바닥날 것이다.

2 경제 전문가들은 이러한 부의 위력이 어떠한 결과를 초래할지 그 규모를 따져보기 바란다.

3 자진해서 힘을 우리에게 바치는 국가에게는 우리가 그들의 보호자이며 지상정부는 그들의 이익을 위해 일한다고 믿게 하라. 지상정부로 인해 얻게 될 이득이 얼마나 중요한지를 모든 방법을 동원해 설복시켜라.

4 정치세력으로 간주되는 귀족 고이들은 모두 죽었다고 간주해도 좋다. 그래서 우리는 그들을 계산에 넣지 않고 있다. 그러나 그들이 사는 땅에서 기득권을 갖고 자급자족이 가능한 한 우리에게 해를 끼칠 수도 있다는 것은 늘 명심해야 한다. 때문에 그들이 생존하기 어렵게 만들 필요가 있다. 그들이 계속 토지를 유지하기 어렵도록 점점 빚을 지게 하라.[17] 그러면 결국 그들은 땅을 계속 소유하기 위해서 안간힘을 쓰면서 겸손해지고 우리에게 무조건 순종하게 될 것이다.

5 귀족 고이들은 천성적으로 조금 갖고 만족할 줄을 모르는 사람들이다. 결국 얼마 안 가 자산을 탕진하고 사라져버린다.

: 젠타일들을 노예로 만들어라

6 산업과 무역을 동시에 적극 장려하라. 특히 투기성 산업이 좋다. 그 이유는 이들이 산업 발전에 반작용을 하기 때문이다. 투기성이 없는 산업은 개인의 손에 자본을 축적할 기회를 주어 은행에 저당 잡힌 토지의 빚을 갚아 경제력을 키울 우려가 있다. 우리가 원하는 것은 토지를 갖춘 자들이나 노동력을 가진 자들의 자본을 쪼들리게 해 이들이 투기성 사업을 하도록 유도해서 거래가 있을 때마다 전 세계의 돈이 우리 수중으로 들어오게 하는 것이다. 그렇게 해야만 모든 고이들을 무산계급 대열에 속하게 해 우리 앞에 무릎 꿇릴 수 있게 된다. 생존할 수 있는 다른 길이 있는 한 그들은 절대 우리에게 굴복하려 하지 않을 것이다. 때문에 이것은 유일한

방법이기도 하다.

7 고이들의 손에 있는 산업을 완전히 붕괴시키기 위해서는 이미 우리가 발전·보급했던 사치를 조장할 필요가 있다. 욕심으로 가득 찬 마음은 호화스러운 생활을 요구하고, 호화스러운 생활은 파멸을 부른다. 우선 노동자의 봉급을 올리도록 사주한다. 노동자의 봉급이 올라가는 것은 우리가 생필품 값을 올리기 때문이다. 따라서 봉급이 올라도 사실상 노동자에게 도움이 되는 것은 하나도 없다. 그러면서 그 원인이 농업의 황폐나 낙농의 비능률 때문이라 갖다 붙인다. 또 한편으로는 노동자들의 불복종, 무질서, 과음 등을 이용해 생산상의 문제를 계속 만들어내 산업을 더욱 황폐화시킨다. 이렇게 하여 고이들의 세력을 지구상에서 완전히 박멸한다.

8 적당한 시기가 될 때까지는 진심으로 노동계급의 안녕과 복지를 위하여 일하는 것으로 위장하라. 뿐만 아니라 우리의 경제학 이론이 정치경제의 기본이라고 적극 선전해 모두가 진실로 우리를 믿게 한다.

: 분할, 분쟁 그리고 정복

1 막대한 경비를 들여 무장을 하고 경찰력을 증원하는 것은 우리의 계획을 완수하기 위한 기본적인 과정이다. 우리에게 필요한 것은 우리 자신을 제외하고는 우리에게 충성하는 몇몇 백만장자, 경찰, 군인 그리고 절대 다수의 무산계급뿐이다.

2 유럽 전역과 유럽과 관련 있는 다른 대륙에서 분규와 적의를 조장하라. 그렇게 하면 우리는 이중으로 이익을 얻게 된다. 첫째, 모든 나라의 현 상황을 점검하기가 쉬워진다. 우리가 원하는 대로 내란이나 분규를 평정할 수도 있고, 내란을 성공시켜 우리에게 권좌를 뒤바꿀 수 있는 힘이 있다는 것을 알려줄 수도 있다. 또 이는 모든 나라들에게 우리에게 거역할 수 없음을 통감하게 하는 계기도 된

다. 둘째, 각국 각료들을 실로 꼬치를 꿰듯 연결할 수가 있다. 정책적인 면에서나 통상협정을 통해서 또는 부채(負債) 관계를 이용해 우리가 원할 때는 언제라도 줄을 당겨 그들의 일을 꼬이게 하는 것이다. 이를 성공시키기 위해서는 협상과 합의를 하는 도중에 아주 교활한 방법으로 그들의 배후에 침투해 그들로 하여금 우리 편을 들게 하면서 외부적으로나 공식적으로는 아주 복잡하고 어려운 문제를 성실하고 정직하게 해결을 한다는 가면을 쓰고 연극을 해야 한다. 그렇게 하면 고이들의 정부와 국민은 우리를 인류를 위해 일하는 진정한 구원자로 믿을 것이다. 또 보다 쉽게 우리를 믿게 만들기 위해서 미리 공작을 해 우리가 하는 말은 팥으로 메주를 쑨다 해도 의심 없이 믿고 그 이면의 진리를 생각조차 못하도록 조작을 해놓아야 한다.

: 세계전쟁

3 감히 우리 앞길을 가로막는 이웃 나라에 언제든지 전쟁으로 대응할 수 있도록 항상 준비하라. 만약 이웃 나라들끼리 연합하여 대항한다면 세계전쟁을 일으켜라.

4 정치적으로 성공하기 위해서는 우리의 일을 비밀리에 진행해야 한다. 즉, 외교를 통한 언행과는 다른 일을 꾸며라.

5 이미 진행되고 있는 대중의 지지를 받는 우리의 계획에 대해 고이들의 정부가 즉각적인 행동에 옮기도록 국민의 뜻이라는 기치 아래 압력을 가하라. 국민의 뜻이란 우리가 미리 짠 계획 하에 언론

의 힘을 이용해 우리 뜻대로 조작한 대중의 군중심리를 말한다.
혹 소수의 예외가 있다손 치더라도 이는 무시할 정도여야 한다.

칙훈 제 8장

: 언어, 경제, 법률을 조종하라

1 혹시라도 적이 우리를 공격할 경우를 대비하라. 모든 방법을 동원해 방어 준비를 게을리 하지 말라. 언어의 교묘함을 터득해 법률의 어의(語義)를 잘 활용하여 정당하지 않은 일이라도 정당화시킬 수 있도록 기초를 만들라. 이것은 대단히 중요하다. 윤리적 도리를 법조문으로 옮길 때 우리의 계획에 유리하도록 교묘하게 문장을 만드는 것이다. 우선 이러한 일을 하는 조직과 그 주변을 우리 사람으로 채운다. 즉, 법조계 실무자, 홍보 담당자, 법률가, 행정가, 정치가, 외교관 그리고 마지막으로 특별히 선택된 학교에서 교육을 담당하는 우수한 법률 교육가들이 바로 이들이다. 이들은 사회의 구성 요소를 잘 이해하며, 정치적 언어를 어떻게 만들어야

하는지를 잘 알고 있는 사람들이다. 뿐만 아니라 인간 심리의 저변이 어떻게 구성되어 있는지를 잘 이해하고, 자신들이 어떤 역할을 해야 하는지도 충분히 알고 있어야 한다. 앞에 열거한 자질은 고이들은 갖지 못한 것들이다. 고이들은 다만 명예욕과 눈앞의 물욕에 눈이 멀어 안일함에 빠져 있다. 그들에겐 글의 목적이 무엇인지 심사숙고하고 검토하는 습성은 없다. 따라서 우리의 지도로 만들어진 글을 내용도 읽지 않고 서명할 것이다.

2 우리의 정부를 전 세계의 경제 전문가로 채워라. 유대인 교육에서 가장 중요한 과목이 경제인 이유가 바로 여기에 있다. 우리 진영은 은행가, 산업가, 자본가 특히 자산가로 가득 차 있다. 그 이유는 모든 것이 숫자로 해결되기 때문이다.

3 우리가 사는 국가에서 유대인 형제들이 안전하고 편안하게 살 수 있도록, 우리의 명령에 절대 복종하고, 우리의 이익을 위해 일할 믿음직한 사람들만 골라 중요한 위치에 배치하여 일하도록 한다. 만일 이들이 한 치라도 거역하거나 불복종할 때에는 벌을 주거나 없애서 본보기로 삼는다.

칙훈 제 9장

: 자유라는 독에 취하게 하라

1 세계 각국에 우리 원칙을 적용시키려면 그 나라의 국민성과 의식 구조에 유의할 필요가 있다. 목표한 나라를 우리 프로그램대로 재교육시켜 만족스러운 단계에 도달할 때까지는 일반적인 원칙을 모두에게 그대로 적용해서는 안 된다. 이러한 계획을 조심성 있게 진행하면 아무리 완고한 사상을 가진 사람도 10년이 안 되어 태도가 변한다. 그런 사람 주변을 이미 우리에게 완전 복종하는 사람들로 에워싸게 하면 모든 일이 순조로울 것이다.

2 자유라는 어휘는 사실상 우리 메이슨의 좌우명인 자유, 평등, 동지애에서 나온 말이다. 우리의 왕국이 완성된 후에는 이상주의적인 표현인 '자유의 권리(The right of liberty)', '평등의 의무(the

duty of equality)', '동지 간의 이상(the ideal of brotherhood)'으로 바꿔 세상의 덜미를 쥐게 될 것이다. 사실상 이미 우리의 것이 아닌 법조문은 세상에서 자취를 감추었다. 요즈음에는 어느 국가이든 우리에게 반기를 들어 반항을 한다는 것은 겉으로만 그리 보일 뿐 사실 우리 각본대로 움직이는 것이다. 우리 유대인 형제들을 위해 가끔 반 유대운동을 만들 필요가 있기 때문이다. 이에 대해서는 여기서 더 이상 언급을 않기로 하겠다.

: 유대민족의 지상국가

3 우리 앞을 가로막을 자는 아무도 없다. 우리의 지상정부는 강력한 힘을 가진, 소위 독재라고 부르는 법 위의 정부이다. 우리는 법을 만드는 장본인으로서 모든 군대의 총사령 자리에 앉아 마음대로 재판하고 형벌을 언도해 죽이기도 하고 살리기도 할 것이다. 한때 막강했던 권세들을 우리 손에 쥐고 우리 의지대로 힘의 통치를 할 것이다. 우리의 무기는 한없는 증오와 탐욕에의 열망, 무자비한 복수와 증오와 악의 같은 것들이다.

4 세상의 모든 공포는 우리가 만든다. 우리 진영에는 다양한 사람들이 구비되어 있다. 이들은 바로 다양한 학설을 주장하는 사람들, 왕정을 되찾겠다는 왕정파, 선동주의자, 사회주의자, 공산주의자, 유토피아 이상주의자 등이다. 이 모든 사람들에게 고삐를 씌워 우리의 뜻대로 움직이게 한다. 각자 맡은 바 임무를 주고 끝까지 혼란스럽게 해 말살하는 것이다. 이러한 상황이 되면 모든 국가는

극심한 고통을 겪게 된다. 결국 평화를 얻기 위해 무엇이든 희생할 각오가 생긴다. 그러나 우리는 모든 것에 복종하고 우리의 지상정부를 섬기겠다고 공개 선언을 할 때까지 그들이 원하는 평화는 주지 않을 것이다.

5 많은 민중들이 사회주의에 대해 국제적 합의가 필요하다 주장한다. 사회주의 세력은 많은 분파로 갈라져 있어서 분쟁을 해결하지 못하고 있다. 이를 해결할 수 있는 것은 우리뿐이다. 분쟁을 해결하려면 돈이 있어야 하는데, 모든 돈이 우리 수중에 있기 때문이다. 우리만이 대중이 원하는 분쟁을 해결할 능력을 갖고 있다.

6 모든 사정을 직시하고 있는 우리는 권좌에 앉은 고이 지도자들이 눈먼 고이 조폭들과 손을 잡는 걸 보고 우리의 뜻이 좌절된 것으로 판단할지도 모른다. 사실 그들이 힘을 합할 단계에 가서는 서로 테러 행위를 하도록 그들 사이에 보이지 않는 견고한 성벽을 쌓아 놓았기 때문에 걱정할 필요는 없다. 눈먼 조폭들이 길거리로 나왔을 때 우리는 그들에게 지도자를 대주는 등 도움을 줘서 우리의 뜻대로 행동하게 만들면 된다.

7 우리의 지도를 받는 눈먼 조폭들이 자유를 얻어 독립적 세력을 만들지 못하도록 하라. 수시로 그들의 충성을 점검하라. 개인적으로 일일이 못한다면 믿을 수 있는 우리의 형제[18]들을 선택하여 그들과 교류할 방법을 만들어 놓아야 한다. 그리고 우리가 유일한 세력이 되었다고 느낄 때 사람들과 장소를 막론하고 상담을 하면서 우리의 목적에 합당한 정치적 이념을 갖도록 가르쳐야 한다.

8 세계 곳곳의 모든 학교에서 가르치고 있는 내용을 누가 확인할 것인가? 이는 왕의 임명을 받아 직책을 부여받은 대신이나 권좌에

앉아 있는 왕이 직접 못한다 해도, 그의 가르침이 즉시 국민의 입
으로 나라 안은 물론이고 전 세계에 퍼지도록 만든다.

9 적당한 때가 되기 전에 고이들의 학교가 모두 사라지는 것은 막아
야 한다. 때문에 우리는 놀라운 요술을 부려야 한다. 눈 깜짝할 사
이에 팍 튈지도 모르는 스프링 한쪽을 단단히 잡고 있어야 하는
것이다. 이 스프링은 엄격한 정의감으로 잔뜩 눌려 고정되어 있
다. 잘못 건드리면 팍 튀어 나갈지도 모른다. 그래서 그들의 사상
을 자유주의 정신으로 바꿔놓아야 한다. 우리는 사법부를 손에 넣
고 마음대로 선거를 조종하며 언론과 개인의 자유를 주무른다. 하
지만 교육을 통해 가르치고 훈련을 하는 것이 가장 중요하다. 이
것이 주춧돌 역할을 한다는 점을 명심하라.

: 젊은이[19]들을 파괴하라

10 우리는 진실이 아님을 알지만 수십 번 되풀이하며 가르친 원칙과
학설로 고이들의 자식들을 가르치면서 그들을 농락하고 타락시키
며 강압적으로 우리의 가르침을 믿도록 만든다.[20]

11 우리는 현존하는 법률을 크게 바꾸지 않으면서도 단순히 해설만
으로도 반대로 교묘히 비트는 새로운 방법을 만들었다. 이제 법률
은 본문보다 해설이 더 중요하게 되었다. 그리하여 정부의 눈을
속이는 얽히고설킨 미궁 같은 입법부에서 올바른 법을 제정한다
는 것이 불가능하게 된다.

12 이것이 바로 중재재판이론(the theory of course of arbitration) 의 근본이다.

13 혹자는 세계 통일이 되기 전 고이들이 우리가 어떤 일을 하고 있 는지 알아차리게 되면 무장 봉기를 할 거라고 말한다. 그러나 우 리는 이미 그러한 가공할 테러에 대비해 어떠한 강심장을 가진 사 람이라도 혼비백산할 방법을 마련해 놓았다. 지하에서, 대도시 중 심에서, 뒷골목에서 모든 저항을 없애고 모든 조직과 기록을 한꺼 번에 폭파해 도시를 사라지게 하는 것이다.

칙훈 제 10장

: 민중을 백치로 만들라

1 정부와 국민들은 모든 정치 문제를 세상의 일처럼 취급해 국민들이 강 건너 먼 산 바라보듯 느끼게 하면 흡족해한다. 이를 늘 명심해야 한다. 국민의 대변인들이 자기들 인생을 즐길 생각만 하고 있을 때 이러한 현상 저변에 어떤 뜻을 내포하고 있는지에 대해 고이들은 과연 어떻게 생각하는가? 우리의 목표를 이루기 위해서 이러한 상황을 제대로 진단하는 것은 무척 중요하다. 즉, 세력의 분포, 언론·종교·출판·집회·결사의 자유, 법 앞에서의 평등 같은 상황이 어떻게 변화하는지를 상세히 알고 있다는 것은 앞으로의 계획을 세우는 데 대단히 큰 도움이 된다. 모든 문제를 대중 앞에서 공개하고 대중과 함께 직접 다루는 것은 절대 삼가야 한다.

대중과 직접 다뤄야 할 경우라도 될수록 자세한 내용은 말하지 말라. 자세한 내용 없이 추상적인 내용만 공표하도록 한다. 이렇게 비밀을 지켜야 하는 이유는 원칙의 골자를 알리지 않음으로 해서 그들이 알아차리지 못하는 사이에 삭제하고 바꿀 수 있는 자유를 얻기 위해서이다.

2 조폭들은 뛰어난 정치세력 앞에서는 특별한 충성과 사랑을 표현하며 자랑스럽게 폭력을 휘두르고 자신을 유감없이 희생하는 무리이다. 그들은 "더럽다. 참으로 더럽지만 너무 현명하고 기가 찬 음흉한 간계로구나. 어떻게 그렇게 뻔뻔하고 대담스런 일을 할 수 있단 말인가"라면서 감탄할 것이다.

: 우리의 목적, 세계를 통치하는 힘

3 우리는 세계 통치의 새 구조를 설계하려 한다. 따라서 세계 각국이 모두 참여해 우리가 써놓은 각본대로 움직여야 한다. 이를 위해 우리는 무엇보다도 우선 확고한 신념으로 정신을 무장해 단호하고 과감하게 행동해야 한다. 그래야만 우리 앞날에 방해되는 것을 모두 제거할 수 있다.

4 우리가 쿠데타를 완수하면, 모든 사람들에게 쿠데타의 목적을 세상이 너무 험악한 탓에 더 이상 고통을 참을 수 없어 고통의 원인을 제거하기 위해서라고 설명하라. 이를 위해 국적, 화폐, 국경을 없앨 것이라고도 하라. 우리가 약속한 세상이 어떠한 것인지 완전히 이해한 후 정의로운 양심에 의해 우리를 심판하라고 호언장담

하라. 한편으로는 조폭들을 조종해 인민의 희망과 번영을 위한 다시없을 성공이라고 우리를 업적을 선전하게 한다. 그리고 투표를 한다. 이미 세계 곳곳의 우리 조직망을 이용해 홍보와 단체 운동 등으로 세뇌 공작을 해서 세계의 권좌에 앉도록 하라. 혹시 반대 의사가 있는 경우 언제라도 우리와 대화할 수 있다고 선전하면서 만장일치로 우리를 지지하도록 한다.

5 계급이나 자격의 구별 없이 누구든지 투표하게 한다. 지식층만 투표를 하게 되면 절대 다수의 표를 얻을 수 없다. 이렇게 하면 무식한 사람들도 자기가 중요한 사회의 일원이라고 생각해 더욱 성의를 보일 것이다. 고이들이 주관하는 사회에서 가족의 중요성이라는 관념을 타파하고 교육의 가치관을 없애라. 혹시라도 마음의 갈등을 느껴 이의를 제기하는 사람이 있다면 조폭들을 시켜 말하지도 듣지도 못하게 하라. 그저 우리에게 복종하고 우리가 원하는 말만 민중들에게 하게 하라. 이렇게 하면 우리는 눈먼 앞잡이 아래에서 지도를 받는 조폭들 없이는 아무 행동도 못하는 막강한 대중의 힘을 얻게 된다. 이들은 우리에게 의존하지 않으면 수입이나 복지혜택을 받을 수 없어 생활을 유지할 수 없게 된다. 결국 그들 모두가 우리 정권을 지지하게 된다.

6 정부를 세울 설계도는 한 사람의 머리에서 나와야 한다. 왜냐하면 여러 사람의 마음에서 나온 편파적인 생각이 설계도 하나에 따로따로 들어가게 되면 확실한 설계가 될 수 없기 때문이다. 따라서 행동계획에 회의를 갖는 일은 허용되어도 전체 계획에 대하여 옳고 그름을 토의하는 일은 전체의 유일성, 각 부서의 상호 의존관계, 각 구절마다 뜻하는 비밀을 해치기 때문에 허용할 수 없다. 그

러나 만일 계획을 수행하는 차원에서 이해를 잘 하지 못해 서로의 상호 유대를 유지하기가 어렵고 더 이상 아래로 내려가기 어려운 경우, 단계적인 설명과 논리로 많은 사람들의 공감을 받아 타당성이 인정될 때에는 토론하고 수정할 수도 있다. 우리는 우리의 계획이 조화로우며 실행 가능한 것이기를 원한다. 결코 우리를 인도하는 영지(靈智)한 지도자의 계획을 조폭이나 다른 집단에 넘겨줄 수는 없다.

7 이러한 계획은 아직 현존하는 조직체를 뒤엎어버리지는 않는다. 다만 그들의 경제 상태를 변화시키고 진행 경로를 바꾸어 우리의 계획에 부합되게 조정하는 것으로 족하다.

: 자유주의 사상의 독소

8 국가는 여러 다른 이름으로 불리는 조직들로 나뉘어 있다. 하원, 상원, 국회, 정부, 각의, 부처 등이다. 그들은 서로 상호 의존하며 국가 형성에 중요한 기능을 한다. 여기서 기능이라는 단어에 특별히 관심을 두기 바란다. 조직의 이름이 아니라 그 기능이 중요하기 때문이다. 인체의 장기들이 각자의 기능을 갖고 있지만 한 군데가 병들면 몸 전체가 아픈 것과 마찬가지이다. 즉, 행정부, 입법부, 각료실과 같은 조직체 역시 서로 상관관계가 있기 때문에 하나의 조직이 기능을 제대로 발휘하지 못하면 전체가 제 기능을 못하는 것이다.

9 우리가 자유주의 사상을 국가의 조직에 침투시켰을 때 정치라는
전체의 복잡한 상호관계가 변화했다. 다시 말해 국가라는 인체의
핏속에 독이 들어간 것이다. 결국 국가는 고칠 수 없는 병에 걸려
버렸고 이제 그 앞에는 죽음의 고통만 남았을 뿐이다.

10 자유주의 사상은 전제주의(專制主義) 정치를 하고 있던 고이들의
국가에 헌법을 만들게 했다. 그리고 헌법은 불화와 오해, 반목과
불일치 그리고 아무 이득 없는 당파 싸움을 일으켰다. 다시 말해
단일국가로서 고유성이나 특수성을 파괴하는 모든 요인이 한 곳
에 모인 것이다. 언론과 마찬가지로 마음대로 떠들어대는 논쟁으
로 인해 통치자들의 무기력과 과단성 없는 행동이 비판받았다. 결
국 통치자들은 쓸 데 없는 무용지물이자 국민의 피를 빠는 기생충
으로 낙인찍혔다. 실제로 이미 많은 나라에서 이러한 이유로 통치
자들이 권좌에서 쫓겨났다. 공화국의 토대가 만들어진 것이다. 그
러면 이제 우리의 사주를 받은 조폭들이나 꼭두각시, 또는 우리의
노예 중에서 마음에 드는 사람을 선택해 대통령이라는 감투를 씌
워 자리에 앉힌다. 이것이 바로 우리가 고이들이나 그들 국가의
토대 밑에 숨긴 폭탄이다.

: 대통령은 우리가 선정하도록 하라

11 멀지 않은 장래에 모든 국가의 대통령은 모두 우리가 선택하도록
한다.

12 자기 신조도 없는 꼭두각시가 대통령이라는 막중한 책임을 질 수
있는가 하는 문제는 걱정하지 말라. 권좌에 오를 만한 사람을 찾
을 수 없어 나라가 와해된다 해도 우리가 걱정할 일은 아니다.

13 이러한 정국으로 유도하기 위해 비밀스러운 흑막을 가진 사람을
대통령으로 지명해 내세워라. 그러면 이들은 자기들의 어두운 과
거를 감추면서 대통령이라는 명예와 특권을 계속 누리기 위해서
충심으로 복종할 것이다. 우리가 가장 신임할 수 있는 일꾼이 되
는 것이다. 부통령의 역할은 대통령을 보호하고 바람막이가 되며,
우리가 선정한 후보를 대통령에 당선되도록 하는 것이다. 새로운
법을 소개하거나 현존하는 법을 바꿀 권리를 우리의 꼭두각시인
대통령과 부통령에게 부여한다. 물론 이렇게 되면 그들은 상상할
수 있는 모든 공격을 받게 될 것이다. 그러나 우리는 이미 스스로
를 방어할 수 있는 무기를 그들의 손에 쥐어주었다. 국민의 탄원
이 바로 그것이다. 즉, 국민의 대변자라는 국회의원들이 불만에
가득찬 국민을 대표해 국회에서 그러한 문제를 해결하도록 한다.
이는 눈먼 우리의 노예나 조폭들에게 국민의 이름을 빌려 결정하
도록 시키는 것이다. 이와는 별도로 대통령이 혼자서 고유의 권한
으로 전쟁을 선언할 수 있도록 하라. 즉, 헌법에 대통령은 국가 전
군의 최고통수권을 가진 사령관으로 명기해 국가의 안전을 위해
방어할 필요가 있을 경우, 대통령 재량으로 군대의 출동 명령을
할 수 있게 하라.

14 이러한 조건이 모두 갖춰지면 국회에서 나오는 의사와 결의는 완
전히 우리의 손에 달린 것이다.

15 정부의 정책적인 비밀을 보장한다는 명목으로 국회에서 정부의
정책에 대해 자세한 질문을 할 수 없도록 헌법에 명시하라. 헌법
으로 국회의원의 수를 최소로 줄여 정치적 야망이나 의욕 있는 정
책을 내놓을 기회를 줄이도록 한다. 가능성이 희박하긴 하지만 이
렇게 작은 수라도 단합을 해 우리에게 도전할 수도 있다. 그러면
이들에게 반대 의사를 표명하고 이를 국민 과반수의 뜻으로 만들
라. 국민의 뜻이라는 무기는 그들의 도전을 무력하게 한다. 대통
령이 상원이나 하원의 의장 지명권을 갖게 해 의회의 힘을 약화시
킨다. 방법은 많다. 개회 기간을 짧게 만들어 일이 빨리 끝내게 하
라. 최악의 경우 대통령은 국가 최고 행정책임자로 국회를 해산시
킬 수 있는 권한을 갖도록 법제화시킬 수도 있다. 국회 해산 후 새
로 형성된 국회가 개회할 수 있는 시기를 최대한으로 늦춘다. 그
러나 앞에 언급한 방법들을 급한 마음에 시기상조하여 사용해서
는 안 된다는 것을 유의하라. 이 계획은 그 내용으로 볼 때 불법이
기 때문이다. 그리고 한편으로는 장관들이나 정부 고위층 관료들
을 사주하여 대통령이 독재를 막을 조치를 강구하게 한다. 이렇게
하면 의회, 각료회의 등 국가의 어느 한 조직이나 개인이 책임을
지는 것을 면하게 할 수 있다.

16 다양한 해석이 가능한 현존하는 법조항을 임의에 따라 대통령의
직권으로 유권해석을 하도록 하라. 필요에 따라 대통령은 법의 무
효를 선언하기도 하며, 국가의 안녕을 위한다는 구실로 특별 임시
법령을 만들어 대통령령으로 발효시킬 수도 있고, 새 헌법을 만들
도록 명령할 수 있는 권한도 갖게 한다.

: 파괴하라

17 위와 같은 조치로 우리는 단계적으로 조금씩 파괴할 수 있는 힘을 갖게 된다. 이렇게 힘이 커나가면서 아무도 알아채지 못하는 사이에 현존하는 헌법을 하나씩 없애버리고, 우리의 뜻에 맞는 새로운 헌법으로 결국 우리의 전제정치 정부를 실현할 수 있게 되는 것이다.

18 우리가 추구하는 전제정권이 세계 각국의 헌법이 완전히 파괴되기 전에 인정받게 될 수도 있다. 우리가 알려질 때에는 세계의 모든 국민들이 자국 지도자들의 불안정성과 일관성 없는 정치에 지쳤을 때이다. 지구상 모든 사람들은 우리에게 "국가, 국경, 종교 그리고 국가의 부채를 없애고 지구상의 유일한 왕이 되어 현재의 정치 지도자들에게서 찾을 수 없는 평안과 안정을 갖게 해주시오" 라고 애원하게 될 것이다.

19 그러나 모두들 너무나 잘 알고 있듯이 세계 각국의 사람들로부터 이러한 탄원이 나오기 위해서는 세계 곳곳에서 민족과 민족, 국민과 정부 사이에 재난과 환난이 끊임없이 일어나 당파 싸움, 증오, 처절한 생존투쟁, 심지어는 기아에 허덕이는 등 인간성이 메마르는 극한의 상황에 도달해야 한다. 필요하다면 이들에게 질병이라도 퍼트려라. 결국 고이들은 도저히 헤쳐나갈 길을 찾지 못한 채 피난처를 얻기 위해 돈과 다른 완벽한 권리를 가진 우리에게 머리를 굽히고 들어오게 될 것이다.

20 명심하라. 숨 쉴 틈을 준다면 우리가 갈망하는 그때는 오지 않을 것이다.

칙훈 제 11장

⋮ 대통령이 법을 만들게 하라

1 국가원수의 자문위원회(State Council)는 마치 통치자의 권위를
갖고 있는 것처럼 보인다. 입법여단(立法旅團)이라고 할 수 있는
입법하는 부서가 되기 때문이다. 이 자문위원회는 법을 제정하고
이를 어떻게 해설할지를 결정하며 대통령령 등 국가원수의 특별
법령을 만드는 실질적인 역할을 한다.

2 이것이 바로 새 헌법 제정의 발단이 된다. 우리는 법을 만들고 권
리를 만들며 법을 다스리는 일을 모두 해야 한다. 다시 말해, 첫째
입법여단에 법안을 상정하는 것처럼 가장하고, 둘째 일반조치에
관한 법령을 가장한 대통령령이나 각료회의의 결의 사항 또는 의
회의 포고로 가장하며, 셋째 적당한 시기가 오면 정부를 전복시켜

우리가 원하는 새 법령을 만들도록 한다.

3 현명한 안건을 창안해 낸다고 어느 정도 인정을 받게 되면 안건을 창안하는 동시에 앞에 말한 국가 기능 조절에 전력을 다하라. 그리하여 혁신적 변혁을 한 새 헌법을 공표하는 순간부터 언론의 자유, 집회·결사의 자유, 양심의 자유, 투표의 원칙 등을 인간의 뇌리에서 사라지게 하라. 국민이 피부로 느낄 수 있는 변혁을 공표하는 순간부터 우리는 위험을 느끼게 될 것이다. 이유는 개정된 헌법이 너무 엄격하게 제한된다고 느끼게 되면 국민은 공포감을 느끼고 절망하기 때문이다. 반면 헌법 개정이 우왕좌왕 두서없이 느껴지면 이는 우리가 제대로 일하지 못한 거라 자인해야 할 것이다. 그런 경우 우리에게 실수란 없다고 믿던 국민들이 더 이상 우리를 신임하지 않을 수도 있다. 어쩌면 우리가 제대로 결단을 내리지 못했다고 이해해 줄지도 모른다. 어쨌든 일 잘했다는 소리는 못 들을 것이다. 새 헌법이 제정된 후 당분간은 피해를 입지 않도록 조심하라. 새 헌법이 공표되면 세계의 모든 사람들이 혁명이 끝나고 세상이 바뀌었다는 사실에 경악할 뿐만 아니라 알 수 없는 미래로 인해 착잡해한다는 점을 명심하라. 이 기회를 놓치지 말고 잽싸게 우리가 상상도 못할 거대한 힘을 갖고 있기 때문에, 우리에게 대항하는 것이 불가능하다는 것을 뼈저리게 느끼게 해야 한다. 그들의 걱정이나 고충을 들어주는 척하면서 때와 장소를 가리지 않고 우리에게 도전하는 모든 것을 가차없이 분쇄하라. 그들에게 시간 여유를 주지 말라. 재빠르게 우리가 원하던 것을 빠짐없이 달성해 우리의 권력이 분리되거나 약화되지 않은 채 일사천리로 끝까지 업무를 완수해야 한다. 그러면 사람들은 공포에 떨며

눈을 감고 마지막 결과를 기다리게 될 것이다.

: 늑대가 되어라

4 고이들이 양떼라면 우리는 늑대이다. 늑대가 양떼를 차지했을 때 어떤 일이 일어날지 모두 잘 알고 있을 것이다.

5 고이들은 우리가 뺏은 자유를 갈망하게 된다. 우리가 그들에게 평화의 적들을 소탕하고 물의를 일으키는 반대파들을 모두 길들인 후 다시 자유를 갖게 해준다고 하면 그들은 눈을 감고 그때만 기다릴 것이다.

6 그 자유를 다시 찾는 때가 언제쯤이 될 것이라는 말은 하지 않는 것이 현명하다.

7 그러면 도대체 왜 우리는 무슨 목적으로 이러한 일을 하는 것인가? 어째서 고이들에게 우리의 저의가 무엇인지 생각할 기회를 주지도 않고 그들을 기만하는가? 세계 곳곳에 흩어진 우리 민족이 정면으로 도전해 성취하지 못할 일이 무엇이 있단 말인가? 우리가 기본적으로 사용한 조직은 알려지지 않은 비밀 조직인 프리메이슨이다. 그 목적을 많은 고이들은 짐작도 할 수 없을 것이다. 또한 짐승 같은 고이들은 우리에게 현혹되어 자기들 동료들의 얼굴에 침을 뱉기 위한 메이슨 라지의 앞잡이가 된다.

8 신은 우리를 선택된 민족으로 삼으시고 우리를 세계 만방에 흩어지게 하셨다. 이는 신의 선물이다. 세상의 모든 사람들의 눈에는 가엾게 보이겠지만 실지로 우리에게는 큰 힘을 주신 것이다. 그로

인해 우리로 하여금 전 세계를 통치하는 주권을 갖도록 그 터전을
마련해 주신 것이다.

9 우리는 이미 반석을 마련해 놓았다. 앞으로 할 일이란 별로 많지
않다.

: 언론으로 기만하라

1 자유라는 말은 여러 가지로 해석될 수 있다. 그러나 우리는 다음과 같이 정의한다.

2 자유는 법이 허용하는 범위 안에서 하고 싶은 일을 하는 권리이다. 이 정의는 때가 오면 우리의 목적을 위해 요긴하게 이용될 것이다. 왜냐하면 자유는 우리가 원하는 대로 법을 만들기도 하고 없애기도 하기 때문이다. 따라서 앞에 언급한 필요에 따라 그 척도가 달라진다.

3 언론은 다음과 같이 다뤄라. 우선 오늘날 언론이 할 수 있는 일이 무엇인가를 생각해 보라. 언론은 우리의 목적을 위해 필요에 따라 국민들을 흥분시켜야 한다. 그렇게 하지 못한다면 언론은 그저 여

러 당파들의 이기적인 이용물이 될 뿐이다. 언론이란 알맹이도 없고 정의롭지 못하며 솔직하지 못할 때가 많다. 그러나 대중은 이러한 언론의 진짜 모습을 전혀 알지 못한다. 우리를 방해하려는 자들이 출판물을 통해 우리를 공격하는 여론을 만드는 것도 가능하다. 그들에게 같은 방법으로 역공격을 하기 위해 언론의 고삐를 꽉 당겨 쥐어야 한다. 여론을 조성할 수 있는 출판 조직이 큰 비용을 소비하도록 제도를 꾸며 결과적으로 우리의 수입원이 되도록 만들라. 즉, 법으로 인세 제도를 만들어 출판을 하거나 인쇄소를 차리는 조직에 부과하라. 만약의 경우 우리의 뜻에 어긋나는 글을 쓸 것을 예방하기 위해 보증금을 예탁해, 혹시라도 우리 정부에 반대되는 글을 쓰는 것을 미연에 방지하는 보험 역할을 하도록 한다. 그럼에도 불구하고 우리에게 대항하고 공격하는 사람이 생길 경우 가차없이 무거운 벌금을 부과하라. 이러면 우리 정부는 반대 세력을 뿌리 뽑는 동시에 큰 수입을 올리게 된다. 정당들이 여론 자체를 위해서 예산을 만들고 돈을 쓰지는 않지만 우리를 향한 차선(次善)의 공격에 대비해 이러한 조치를 해두는 것이 필요하다. 그리하여 우리 정부를 흉보는데 아무 벌도 받지 않는다는 것을 불가능한 일로 만들라. 설사 그런 일이 있더라도 미리 예방 조치를 취해 그 누구도 군중심리를 동요시키지 못하도록 한다. 무엇보다 중요한 것은 우리를 공격하는 반정부조직체들을 만들어 따로 대안을 마련한 다음 각본에 의해 우리를 공격하도록 해 대중을 안심시키는 것이다.

4 우리의 통제를 받지 않고는 단 한 줄의 기사도 대중을 접하게 해서는 안 된다. 이미 세계의 구석구석에 통신망을 펴고 있는 주요 통신사들은 모두 우리가 소유하고 있으므로 우리가 원하는 대로 여론을 조정해야 한다.

5 고이들이 지도자로 앉아 있는 사회의 심리를 사로잡아라. 그들은 우리가 색칠해 코에 걸어 놓은 색안경을 통해서만 사물을 쳐다볼 수 있다. 전 세계의 모든 국가에서 소위 고이들이 국가 비밀이라고 부르는 비밀을 우리는 어떤 방해 없이 모두 다 알 수 있다. 그런 우리를 전 세계의 지상군주라고 부르지 않고 과연 무엇이라고 칭해야 옳을 것인가.

6 다시 언론의 미래에 대해 생각해 보자. 우선 출판, 신문 발행, 도서관 등의 분야에서 일하고자 하는 사람은 우리가 정한 교육 기관에서 소정의 자격증을 소지해야 일할 수 있게 만든다. 자격이 없는 사람이 이러한 일에 종사하려 할 때에는 즉시 중지시켜라. 정부 정책으로 교육을 통해 그들의 사고를 우리의 틀에 맞게 만들어 우리의 미래에 장애가 될 사고방식이나 위험한 사상을 대중에게 심어주는 일은 없도록 해야 한다. 어리석은 환상으로 우리 정부의 권위에 대항해 무정부 상태의 혼란을 빚어내는 무리들에게는 단호한 조치를 취해야 한다. 그렇게 하지 않아도 된다고 생각하는 사람은 우리 중 한 사람도 있어서는 안 된다. 진보는 그 자체로 모든 방면에서 해방된다는 관념을 심어주기 때문이다. 그런 관념은 한번 들어가면 그칠 줄을 모르고 계속 꼬리에 꼬리를 문다. 따라서 자유주의자들은

비록 그들이 행동에 옮기지 않고 생각만 하더라도 무정부주의자라
고 보아야 할 것이다.

: 자유 언론을 말살하라

7 정기간행물에 대해 숙고하자. 모든 간행물에 대해 출판하는 쪽수
에 따라 인세와 망동(妄動)을 대비한 예치금을 내게 한다. 30쪽 미
만의 책에 대해서는 금액을 두 배로 한다. 가능한 한 작은 책들은
팜플렛으로 묶어 잡지 출판물의 숫자를 줄이도록 하라. 작은 책자
들은 위협이 될 수 있다. 분량이 많은 글은 작가에게도 부담이 되
고 출판비도 비싸 출판 자체가 어렵다. 뿐만 아니라 독자들 역시
분량이 많은 글은 잘 읽으려 하지 않는다. 이와 동시에 우리는 값
싸고 쉽고 정신없이 재미있게 읽을 수 있는 출판물들을 많이 만들
어 우리가 원하는 방향으로 국민의 정신을 조성한다. 세금으로 펜
을 잡은 사람들을 김빠지게 하고, 벌금으로 글 쓰는 사람들을 우
리의 하인으로 만든다. 우리의 뜻에 어긋난 글을 쓰려는 사람이
있다 하더라도 그들은 자신의 글을 인쇄해 줄 사람을 찾지 못할
것이다. 출판물에 대해 사전 허락을 받아야 하기 때문이다. 때문
에 우리는 우리의 앞길을 방해하려는 모든 행위를 늘 사전에 알게
되고 미리 막을 수 있는 것이다.

8 문학과 언론은 가장 중요한 교육적인 세력이다. 따라서 우리는 언
론기관 대부분을 소유하고 있어야 한다. 이렇게 해야만 개인 소유
의 언론이 주는 상처를 다독일 수 있으며 한걸음 더 나아가 대중

의 마음에 지대한 영향을 줄 수 있다. 개인에게 열 개의 언론사 면허를 주면 우리는 서른 개의 언론을 소유해야 한다. 또한 절대로 대중이 이러한 내용을 알아차리도록 해서도 안 된다. 때문에 대부분 우리 소유의 언론들은 대외적으로 우리를 항상 비판하고 공격하는 데 앞장서야 한다. 그래서 우리에게 대항하는 세력에게 신임을 얻어 그 세력을 파악하고 우리에게 미리 알려줄 수 있도록 한다. 그러면 우리는 사전에 미리 조치를 할 수 있게 되고 우리의 안전을 유지할 수 있게 된다.

9 제 일선에는 정식으로 직분을 밝히는 사람들로 구성된 조직을 배치한다. 이 사람들은 항상 우리를 방어하는 역할을 한다. 그들의 영향력은 비교적 크지 않다.

10 제 이선에는 준 공식직분(公式職分)을 가진 사람들을 배치한다. 이들은 온건파나 별로 두드러지지 않는 반대 조직들을 공격 상대로 정한다.

11 제 삼선에 우리들이 포진한다. 우리와 반대되는 생각을 갖고 있거나 겉으로 보기에 반대 세력인 것 같은 조직을 향해 포문을 연다. 그러면 진정한 반대 세력은 우리가 공격하는 사이비 조직을 자신을 향해 공격하는 것으로 간주하고 진짜 카드를 보이게 된다.

12 헌법이 존재하고 있는 한 우리가 소유하는 신문사들은 왕권주의파, 공화주의파, 혁명파, 심지어 무정부주의파 등 가능한 모든 분파에 확고한 대변자적 위치를 차지하도록 한다. 마치 인도의 비시누 신의 수백 개의 손과 그 손마다 달린 손가락처럼 어떤 분야든 연결되지 않는 곳이 없도록 한다. 그리고 대중의 의견이 필요할 때 그들을 움직여라. 심장 박동이 뛰기만 하면 손가락들이 재빨리 움

직이는 것처럼, 우리가 원하는 대로 대중의 심리나 의견을 몰아 반기를 드는 사람들을 환자로 만들어라. 그러면 그들은 판단 능력을 잃고 우리가 하라는 대로 따르게 될 것이다. 신문지상에 계속 반복하면서 떠들어대는 멍청이들은 실제로는 우리의 의견이나 우리 의사를 대변하지만 스스로는 자신의 의견을 말하는 것으로 착각하고 있다. 그래서 그들은 자신이 속한 조직에 충실하다고 믿고 있지만 실은 우리가 걸어준 깃발 아래 충성을 하고 있는 것이다.

13 신문 전투군단이라고 부를 수 있는 이들을 원활히 지도하기 위해서는 각별이 세심하고 용의주도한 관리가 필요하다. 정부에 언론부를 설치하고 글 쓰는 사람들을 모아라. 그리고 우리의 엘리트들을 이들에게 접근시켜라. 그리고 그들이 눈치 못 채도록 현 상황에 따라 조심해야 하거나 또는 중점을 두어야 할 말들을 알려주기도 하고 흥미로운 사상을 제시하기도 한다. 토론을 할 때에도 항상 문제의 핵심은 피하고 피상적인 범위에서만 다뤄라. 우리의 의사를 공식적으로 표현하는 대신 신문지상을 통해 좀더 포괄적으로 표현할 수 있는 기회를 얻으면 된다. 그저 소리만 요란하게 싸우는 흉내만 내는 것이다.

14 우리에게 도전하는 사람들을 역이용하라. 즉, 그들이 마음대로 말하고 글을 쓸 수 있다는 것이 완전한 언론의 자유가 보장되고 있다는 증거로 만들라. 그들로서는 우리의 진정한 목적이 무엇인지 알 길이 없다. 따라서 그들의 글은 핵심을 찌르지 못한다. 때문에 우리 엘리트가 공격을 하면 그들을 다만 허풍으로 떠들어대기만 하는 실없는 사람으로 만들 수 있다.

15 이러한 방법을 대중들은 상상도 못한다. 하지만 대중의 환심을 사고 완전한 신임을 얻을 수 있기에 최선의 방법이다. 대중의 신임을 받는 덕분에 필요에 따라 정치적인 문제가 생길 때 대중을 흥분시키기도 혼란스럽게도 할 수 있다. 대중의 마음을 사로잡기도 하고 혼동되게도 하며, 어떤 때는 진실을 알려주고 어떤 때는 거짓을 알려주며, 사실과 그 사실에 정반대되는 것도 알려줘서 필요에 따라 그들을 마음대로 조종할 수 있다. 때문에 그들이 우리의 마당에 발을 딛기 전에 항상 조심스럽게 사전 조작을 해야 한다. 하지만 우리의 반대파들에게는 우리처럼 언론을 마음대로 좌지우지할 힘이 없다. 우리가 승리할 것은 불을 보듯 뻔하다. 우리는 그들과 진지하게 논쟁할 필요도 없다. 그저 피상적으로만 상대하고 그들의 논리를 묵살해 버리면 된다.

16 필요할 경우 우리의 언론 매체를 통해 우리의 준 공식조직의 이름으로 신문 3단 정도에 기사를 실으면서 강력한 공박을 시도해 본다.

17 요즈음 프랑스에서는 이미 주의를 요하는 주제의 기사에 대해 메이슨의 결속이 나타나고 있다. 마치 옛날 로마에서 점을 치던 사람들이 결론을 발표할 때까지 자신들의 정보 출처를 직업상의 비밀로 하여 절대 알려주지 않았던 것처럼 모든 언론기구들이 직업적으로 서로 결속하여 비밀을 지키도록 해야 한다. 따라서 불미스런 약점이 없는 자는 단 한 명의 언론 기자로 받아들여서는 안 된다. 일단 기자로 받아들인 사람은 그가 가진 비밀이 폭로되지 않

도록 지켜주다가 우리와의 신의를 저버리는 일이 있으면 즉시 공개해 매장시킨다. 우리가 그들의 비밀을 쥐고 있는 한 그들은 국민 대다수를 공격할 수 있는 특권을 갖게 되고 그 뒤를 폭도들이 열성적으로 따르게 된다.

18 우리는 지방에도 특별한 관심을 가져야 한다. 중앙에 담금질을 하기 위해 지방 주민의 염원에 정열의 불꽃을 지피는 것은 매우 중요한 일이다. 한편으로는 중앙을 대표해 지방의 요구사항은 다만 일부 지방에서나 하는 소리라고 일축한다. 당연히 이런 발상의 근원지는 우리이다. 우리가 해야 할 것은 전체 세력을 완전 장악할 때까지는 우리 엘리트들이 절대 다수를 확보하는 일을 계속 하는 동안, 각 지방의 의견을 되도록 발표하지 말고 잠잠하게 덮어두는 것이다. 그리고 준비가 다 된 후, 특별한 다른 이유가 없는 한 각 지방의 절대 다수의 기정사실임을 내세워 재론할 필요가 없다고 새로운 토론을 묵살해 버린다.

19 우리가 목표로 하는 지상정부가 수립되기 전 과도정부가 들어섰을 때에도 우리가 국민에게 솔직하지 않다는 사실을 어떠한 형태로든 언론에 밝혀서는 절대 안 된다. 또한 새로 세워질 정부가 범죄마저도 사라지는 아주 완벽한 사회가 될 것이라는 믿음을 대중에게 심어주어야 한다. 새로운 세상에서의 범죄란 실제 피해를 받은 장본인들만의 기억으로 남아 있을 뿐, 아무도 다시는 범죄가 무엇인지조차 모를 거란 식으로 이해를 시켜야 한다.

: 고이들을 혹사시켜라

1 고이들은 코앞의 생존 때문에 아무 말도 못하고 하인 노릇을 할 수밖에 없다. 고이들 중 선택된 언론 담당자들은 우리들이 직접 공식적으로 발표하고 실행하기 곤란한 모든 일들을 대신 다룬다. 문제의 안건에 대해 우리는 그들과 공개적으로 토론하면서 슬그머니 우리가 원하는 대로 착착 일을 진행시키는 동시에 대중에게는 마치 완료된 기정사실로 인식하게 한다. 일단 일이 결정된 다음에는 감히 아무도 이를 무효로 하자고 요구할 수 없다. 좋은 방향으로 개혁을 한다는데 반대할 리 없다. 그리고 지난 일에 대하여는 더 이상 논하지 않고 앞으로 새 문제로 대중의 관심을 돌리도록 한다. 항상 새로운 문제를 만드는 사람들을 대기해 놓는 것

이다. 때문에 항상 새 안건을 구상하는 사람들을 훈련시킬 필요가 있다. 새 안건을 토론할 때 안건에 대해서 이해할 능력이 없는 기회주의자들을 집어넣도록 한다. 또한 우리의 정치적 의도를 어느 누구에게도 알려서는 안 된다. 아주 오랫동안 우리만의 비밀로 해 두어야 한다.

2 지금까지의 설명으로 우리가 조폭들을 옹호한다고 느낄 수도 있다. 이는 다만 전체의 기능을 원활하게 작용하도록 만드는 하나의 포석일 뿐이다. 우리가 내놓은 안건은 토론에 그칠뿐, 그들이 우리의 의견에 동조하는지를 살피고 난 다음 행동으로 취하는 것이 아닌지 의아해하는 사람도 있을지 모른다. 우리는 늘 사회 전체 공동의 안녕과 번영을 위한 희망으로 일을 한다고 대중에게 선언해야 한다. 그렇게 대중의 신임을 얻는 것이다.

: 노동자들을 기만하라

3 우리가 진행하려는 안건에 대해 정치적 원칙에 입각해 수락하지 못하는 사람들도 있다. 우리가 산업 문제라는 새로운 정치적 안건을 내놓으면 이들은 한동안 멍청하게 토의를 한다. 그러다 우리가 과거와 비슷한 안건을 내놓으면 이들의 대다수는 우리의 새 안건이 과거의 것과 대동소이하다고 느껴 별다른 이견을 내지 않을 것이다. 사실 이들은 이미 고이들의 정부에 대항하여 투쟁하도록 우리가 길들인 상태이다. 우리는 곧바로 우리를 향한 관심을 다른 곳으로 돌리기 위해 흥행거리, 오락, 장난, 소일거리 등을 마련하

고 언론을 통해 계속되는 운동경기, 예술 콩쿠르 등에 정신을 팔게 한다. 점차적으로 그들은 스스로 안건을 내놓거나 비평할 능력을 잃게 된다. 결국 우리의 뜻에 장단을 맞추게 되지만, 자신들이 우리에게 발을 맞추고 있다는 것조차 알아차리지 못한다.

4 자유주의자들이나 유토피아 몽상가들이 우리의 정부가 들어섰다는 것을 깨닫게 된다면 아마도 허탈해할 것이다. 그러나 그때가 올 때까지 그들은 우리를 위해 성실하게 일을 계속할 것이다. 따라서 우리는 그들에게 계속하여 새롭고 진보적이며 환상적인 이론을 공급해 조종해야 한다. 우리가 아직 완전하게 성공한 것이 아니기에 생각 없는 어리석은 고이들은 진보를 하고 있다고 생각하고 있을 것이다. 그러나 과학적 발명이 아닌 이상 고이들은 단 한 명도 우리의 말이 진실이 아니라는 것을 알아차리지 못할 것이다. 진실이라는 것은 단 하나뿐이다. 그들은 진실이 무엇인지 모른다. 때문에 그들의 진보는 진보가 아니며, 불투명한 진실을 향해 나아가는 것에 불과하다. 신의 선택을 받고 그의 가호를 받는 우리들 이외에는 아무도 그것이 무엇인지 알지 못한다.

5 우리의 왕국이 실현될 때에는 이의(利義)로운 우리의 법칙으로 지금까지 거꾸로 된 인간성에 대한 어려운 문제들을 해결하기 위해 우리의 언변가들이 자세히 설명하게 될 것이다.

6 마치 무대 위의 배우처럼 수백 년 동안 전 세계 모든 민족들이 우리의 각본에 의해 움직였다고 누가 감히 짐작하겠는가?

칙훈 제 14장

1 우리의 왕국이 실현될 때 우리가 섬기는 단 하나의 신, 하느님 이외에는 다른 신이 존재해서는 안 된다. 하느님은 우리 민족을 선택했고, 우리에게 과업을 주셨다. 세계의 운명을 우리 손에 쥐어 주었으니, 다른 모든 신앙은 없애버려야 한다. 지금 속출하는 무신론자들은 우리의 믿음과 아무런 상관이 없는 듯하지만 이는 다만 과도기의 일일 뿐이다. 세상 모든 사람들은 모세를 섬기는 우리 종교의 가르침을 열심히 배워야 한다. 그 가르침이란 세계의 모든 민족은 우리 민족에 종속되어야 하며, 그래야만 안정되고 완전한 사회를 이룰 수 있다는 것이다. 그런 점에서 우리들은 모든 가르침의 권한을 근거로 신비스러운 권리를 갖고 있다는 것을 강

조하여 홍보해야 한다. 따라서 기회가 있을 때마다 우리의 이의(利義)로운 법률과 과거의 법률을 비교하는 출판물을 간행해야 한다. 비록 수백 년에 걸친 불화의 끝에 억지로 이루어진 평화지만 이는 우리가 지적하려는 심오한 경지로 인도하며, 고이 정부의 오점을 선명한 색깔로 묘사할 것이다. 세계의 모든 민족들의 마음속에 인간으로서 최소의 존재가치마저 유린해 버리는 다락 속의 자유보다는 농노로서 평온하게 사는 게 더 낫다는 생각을 심어준다. 가치는 자신들이 왜 하는지도 모르고 그저 포악스럽게 날뛰는 조폭들의 횡포에 의해 짓밟힌 인권을 말하는 것이다. 우리가 고이 정부를 약화시키기 위해 사주한 대로 쓸데없이 정부 구조를 바꾸느라 국민은 지칠 대로 지쳐버렸다. 결국 그들 밑에서 굶주리고 시달리며 고통을 받느니 차라리 우리들 밑에서 어떠한 고통도 참고 견디겠다는 마음이 생기게 된다.

: 예수를 섬기는 일은 금하라

2 동시에 고이들이 저지른 잘못을 강조하는 것을 잊지 말라. 그들 정부는 수백 수천 년 동안 인간의 본질을 이해하지 못했다. 그들은 사회복지 혜택을 주기 위한 제도를 만든다는 구실로 인간의 존엄성을 박탈했다. 그러한 제도들은 세상을 더 좋게 하기는커녕 더 악화시켰다. 인간 생활의 기본을 이루는 사람끼리의 상호관계를 전혀 발전시키지 못했다.

3 우리의 원칙을 추진할 원동력은 사회 생활에서 나타나는 과거의 썩어빠지고 불가능했던 여러 가지 일들을 현재의 상황과 비교해 보여주고 설명하는 것이다.

4 우리의 철학자들은 고이들의 여러 가지 논리 중 이치에 맞지 않고 모자라는 내용에 대해 설명할 것이다. 우리가 믿고 아는 진실을 입 밖에 낸다는 것은 감히 그 비밀을 폭로해 우리를 해치겠다는 의도 이니 절대로 그런 내용에 대하여는 논의조차 하지 말아야 한다.

5 진보적이고 개명된 나라에서 우리는 추잡하고 구역질이 날 정도 로 타락한 문학을 소개하고 전파한다. 우리가 정권을 잡은 후에도 얼마간은 이를 계속 조장한다. 그 이유는 우리 장막에서 배포하는 여러 가지 논리나 프로그램 등과 비교해 대중을 설득하기 위해서 이다. 고이들의 지도자가 되도록 훈련을 받은 우리의 현자들은 이 러한 논리나 프로그램 등 여러 가지 필요한 내용을 마련할 것이 다. 이것을 고이들의 심리를 조작하는 데 사용하고, 이렇게 만든 우리의 지식과 그를 바탕으로 한 사고방식을 그들 마음속에 자리 잡은 양식의 바탕이 되도록 한다.

칙훈 제 15장

: 통일 후 잔당문제

1 전 세계적으로 같은 날 쿠데타로 우리의 왕국 실현이 확실해지고 지금까지의 정부들이 무가치한 존재였음을 대중이 인식했을 때(이러한 인식이 짧은 시간에 이루어지는 것이 아니다. 경우에 따라 백 년이 걸릴 수도 있다.) 우리를 반대하는 계획이나 음모 같은 것은 더 이상 존재하지 못하도록 해야 한다. 우리에 대항하기 위해 무기를 드는 사람들을 무자비하고 가차 없이 처단하라, 비밀단체[21] 등 새로운 단체를 조직하는 사람들에겐 사형을 내려라. 지금까지 우리에게 봉사해온 사람들은 유럽 밖 다른 대륙으로 유배시켜라. 우리에 대해 알고 있는 메이슨들은 처벌 대상에서는 제외되지만 항상 두려움 속에서 생활하도록 멀리 유배를 보내라. 비밀단체의 회원

들은 우리가 통치하는 중앙무대인 유럽 밖으로 유배하도록 법을
만들어 공포한 후 실시하라.

2 우리 정부의 결정 사항은 최종적인 것이다. 재고란 있을 수 없다.

3 혼란과 기독교가 깊이 뿌리 내린 고이들의 사회에서 질서를 잡는
유일한 길은 인정사정없는 철권으로 다스리는 것이다. 미래의 안
녕을 위해서는 어떠한 희생자를 내도 할 수 없다. 비록 희생을 치
르지만 그 대가로 안녕을 얻는다는 것은 모든 정부의 책임이자 특
권이며 또한 의무이고 정부 존재의 정당성이라고도 할 수 있다.
가장 중요한 원칙은 현재 통치하고 있는 권력이 절대적으로 신성
한 것이라는 당위성을 보여주는 것이다. 그러한 신성함을 인정받
으려면 일관성 있게 신에 의해 선택받은 의무를 수행하기 위해 군
림했다는 휘장을 보여 감히 거역할 수 없는 신비한 힘을 과시한
다. 이는 과거 러시아 군주들을 보면 알 수 있다. 그들은 교황을
빼면 세계에서 가장 상대하기 어려웠던 우리의 적이었다. 술라
(Sulla)[22]의 경우를 생각해 보라. 그는 이탈리아를 피바다로 물들
였다. 그로 인해 인민은 갈기갈기 찢어졌지만 오히려 그를 신격화
하였고 그가 죽었을 때에도 머리칼 하나 건드리지 않았다.

: 비밀단체

4 그러나 우리의 왕국이 실현될 때까지 우리가 원하는 것과는 반대
로 행동해야 한다. 즉, 프리메이슨 라지를 세계 각국에 가능한 한

많이 세운 뒤, 사회 명사들은 누구든지 환영하며 받아들여라. 이 라지들을 우리의 정보실로 사용해 사회에 영향력을 미치는 기구로 만든다. 그리고 모든 라지들은 중앙통제 하에 속하도록 하고, 중앙통제기관의 요원은 우리의 지도장로만으로 구성한다. 이 내용은 우리들만이 알고 절대로 누설해서는 안 된다. 각 라지에는 대표자가 있어 앞에 말한 메이슨 통제기관의 심사를 받으며 이들이 주의를 요하는 화제나 프로그램을 결정해 하달한다. 또한 라지에 자유주의자들이나 혁명분자들을 결집하도록 한다. 그들은 사회 각 분야의 인사들을 규합한 구성체가 될 것이며, 이로 인해 모든 정치 구상이나 극비의 정치 음모도 구상 첫날부터 알게 되어 우리의 통제 하에 들어오게 된다. 라지의 회원으로 반드시 경찰을 포함하도록 한다. 경찰은 법에 복종하지 않는 사람들을 법적 권한으로 다룰 수 있을뿐더러 우리 회원들의 활동을 정찰하고 인재가 적재적소에 있는지를 분간할 수 있는 등 대단히 중요한 역할을 할 수 있기 때문이다.

5 비밀 조직에 가장 먼저 참여할 사회 계층은 세상물정을 남보다 더 잘 안다고 생각하는 부류, 전문직 종사자, 사고가 깊지 않은 일반 시민이다. 이들은 다루기가 쉬워 우리가 마련한 사회의 조직망에 투입시켜 이용하기에 알맞은 사람들이다. 세계가 혼란에 빠지면 국민들은 일치단결하게 된다. 그 단결을 깨뜨리는 데 이들을 요긴하게 이용하라. 만일 도중에 반대 세력이 일어난다면 그 반대 세력의 우두머리는 다름 아닌 우리의 요원일 것이다. 메이슨 조직의 활동을 우리가 직접 통솔·지도하는 것은 매우 중요하다. 우리만이 어느 방향으로 그들을 인도해야 하는지, 모든 활동의 궁극적

목적이 무엇인지를 알고 있기 때문이다. 고이들은 그 내용은 고사하고 지금 하는 행동이 앞으로 어떤 결과를 초래할지도 이해하지 못한다. 그들은 우리가 선동한 것은 아랑곳 않고 자신의 의견으로 일이 잘 진행되고 있다고 생각한다. 특히 돈 버는 일이라면 대개 앞장서 일을 하기 마련이다.

: 젠타일들은 멍청하다

6 고이들이 라지에 가입하는 것은 흥미로워서 또는 출세에 도움이 되기 때문이다. 대중 앞에 나가기 전 무가치하고 밑도 끝도 없지만 스스로 환상적이라 자부하는 자기 의견을 실험하기 위해 가입하는 사람도 있다. 그들은 찬사에 굶주려 있다. 그러니 그들이 뭐든 성공하기만 하면 아주 후한 찬사를 해주면 된다. 우리가 그들의 성공에 적극 도움을 주면 그들은 스스로를 아주 잘난 사람이라 생각하게 된다. 그래서 우리가 제시하는 아이디어를 자기 자신의 것으로 혼동하여 조심성 없이 자기의 일로 받아들인 후 실패는 있을 수 없다며 자신만만하게 과업에 임한다. 여기서 알아두어야 할 점은 고이들은 잘났다고만 추켜세우면 원하는 대로 끌고 갈 수 있지만, 반면에 조금만 부주의해도 그들의 마음이 일그러지기 쉽다는 것이다. 성공하기 위해서는 언제든지 노예처럼 무릎을 꿇고 모든 아양을 다 떠는 것이 그들이다. 따라서 그들이 우리 도움 없이 혼자서 일할 때는 묵과하라. 고이들은 성공을 위해서라면 어떠한 희생도 치를 용의가 있는 자들이다. 물욕을 이용해 우리가 원하는

일에 그들을 배치하라. 외적으로 호랑이처럼 보이지만 사실 그들은 순하고 고분고분한 양이다. 그들의 머리는 비어 있어 바람이 부는 대로 끌고 갈 수 있다. 그래서 우리가 집산주의[24]라는 상징적인 사상을 그들 머리에 집어넣어 마치 목마(木馬)처럼 몰고 다닐 수 있는 것이다. 그러나 그들은 그 목마라는 것이 가장 중요한 자연법칙에 대한 반역임을 지금까지도 이해하지 못했고 앞으로도 알아차리지 못할 것이다. 자연법칙이란 무엇인가? 그것은 바로 세상을 창조하고 그 창조물이 다른 것과 같지 않아 유일하다는 것이다. 즉 모든 창조물들은 특유한 개성을 갖고 있다는 법칙이다.

7 고이들을 한치 앞도 보지 못하는 어리석은 경지까지 끌고 갈 수 있다는 것은 그들이 얼마나 미개한가를 너무도 명확하게 증명하는 것이 아니겠는가? 바로 이러한 점들이 우리의 성공을 확인해 주는 증거임을 명심하기 바란다.

젠타일들을 가축으로 취급하라

8 고대 우리의 지도장로들이 얼마나 앞을 내다보고 있었는가 하는 것은 다음의 말을 보면 알 수 있다. 조상들은 '일을 성공적으로 끝내기 위해서는 희생자가 얼마인지 집착할 필요는 없다. 다만 일을 끝까지 성사하는 것이 중요하다'라고 했다. 우리도 많은 희생을 했지만 고이라는 짐승 같은 종자가 얼마나 희생되었는지 그 수는 세어보지도 않았다. 그런 사연으로 우리는 그들에게 그들이 감히 꿈도 꾸지 못하던 현재 직위를 마련해 준 것이다. 국가의 멸망을

면하고 오히려 그를 건존(健存)시키고 있는 것을 생각하면 아직도
희생은 가볍다 하겠다.

9 어느 누구도 죽음을 피할 수는 없다. 그러므로 우리를 방해하는
자들의 생명을 빼앗는 것은 여러 모로 보아 유익하다. 메이슨들을
죽음으로 처단하되 우리가 사형선고를 내린 것조차 알지 못하게
하라. 메이슨끼리 상조하는 율법으로도 전혀 의심조차 못 하게 병
으로 죽는 것으로 믿게 하라. 혹시 알게 되더라도 감히 반항하지
못하게 하라. 이러한 방법으로 우리의 전제주의에 항거하려는 메
이슨은 잡초를 뽑아 없애듯이 뿌리부터 없애버려라. 우리가 자유
사상을 고이들에게 전도하는 동안 질문 없이 묵묵히 복종만 하도
록 해야 한다.

10 우리의 조종을 받고 있는 고이들 사회에서 법률이라는 것은 최소
의 효과로 실행되고 있다. 자유주의적 법률 해석법이 소개되면서
법의 존귀함이 박살났기 때문이다. 판사들이 우리가 원하는 대로
판결을 내리게 하라. 고이들이 맡아 관리하는 행정부가 암시적으
로 밝혀주는 불빛에 따라 판결을 내리게 하라. 여기서 말하는 불
빛이라는 것은 우리의 모습은 보이지 않고 우리가 조종하는 사람
들을 앞세워 신문지상 등을 통하여 여론을 만들고 상원 의원이나
정부 고급 관리인 고이들을 조종하여 인도하는 길을 말하는 것이
다. 소나 돼지 정도의 지능을 가진 고이들에게는 이를 제대로 관
찰하거나 분석할 능력이 없다. 그들은 자기들이 하고 있는 일이
앞으로 어떤 결과를 초래할 것이라는 생각을 하지 못한다.

11 이렇게 고이들과 우리의 사고 능력의 차이는 크다. 고이들의 사고
능력은 짐승 수준이다. 이에 반해 우리는 선택된 민족이다. 우리의

높은 인간됨됨이는 고이들과는 명확히 구별된다. 그들은 눈을 뜨
고 있어도 앞에 있는 것을 보지 못하며, 눈에 보이는 물질적인 것
이외에는 어떠한 것도 창조하지 못한다. 이는 자연 그 자체가 우리
에게 이 세상을 다스릴 운명을 내렸다는 것을 보여주는 것이다.

: 모두 우리에게 복종하게 하라

12 우리가 스스로를 공개하고 통치를 선포할 때에는 모든 법률을 새
로 만들어야 한다. 법률은 간단명료하여 해설이 필요 없어 누구나
명확히 그 뜻을 이해하게 될 것이다. 가장 중요한 요점은 명령에
절대 복종하라는 것이다. 그 원칙은 철두철미하게 누구에게나 적
용된다. 고귀한 지위를 가진 대표들이 법을 다스린다. 법을 어기
는 사람은 없어질 것이다. 권력을 남용하는 사람들은 무자비하고
가차없는 형벌을 받는다. 예외란 없다. 그래서 자기들이 갖고 있
는 권한을 사용해 보려는 마음이 모두 사라지도록 할 것이다. 모
든 정부 기구가 원활히 운행되도록 하기 위해 아무도 게으름을 피
우거나 권한을 남용하지 못하게 할 것이다. 이런 일을 하는 자들
은 끝까지 추궁해 단 한 건이라도 예외 없이 엄중한 처벌을 받을
것이다.

13 행정부서에서 일하는 사람들이 죄를 은닉하거나 묵인하는 것 같
은 사악한 행위는 엄한 벌로 다스려 뿌리 뽑아라. 권좌의 성광(聖
光)은 응분의 처벌을 요구한다. 사욕을 채우기 위해 털끝만치라
도 법을 어긴 사람은 잔인하게 처벌하라. 비록 저지른 죄에 비해

지나친 처벌을 받는 한이 있어도 어쩔 수 없다. 벌을 받으면서 고통 받는 사람을 전쟁터의 병사에 비유하면 쉽게 이해할 수 있다. 원칙에 입각하여 법을 다루는 작전실에서 한 병졸의 개인 사정을 고려할 수는 없는 것이다. 판사들이 인기를 얻기 위해 가벼운 벌을 준다는 것은 있을 수 없다. 이는 법 자체가 일벌백계의 원칙 즉, 처벌을 통해 참다운 모범적 인간을 만든다는 법 자체의 정신을 망각하고 판사의 숭고한 정신적 지주(支柱) 역할을 다하지 못함으로써 그들 자신이 법을 위반하는 일이 되는 것이다. 그런 관대한 행위는 사적으로는 옳은 일일 수 있지만 공적인 입장에서는 인간 생활의 교육적 원칙에 위배되는 일이다.

14 법조계에서 일하는 사람들은 55세를 넘지 말아야 한다. 나이가 많은 사람들은 첫째, 편견에 치우쳐 새로운 방향으로 생각을 바꾸기가 어려우며, 둘째로는 젊은 사람들이 우리의 새로운 방향에 쉽게 적응하고 우리의 압력에 쉽게 굴하여 세대교체를 하기가 수월해지기 때문이다. 그 자리에서 계속 직위를 유지하고자 하는 사람은 무조건 말없이 명령에 복종해야 한다. 판사들이 해야 하는 일이 다만 법에 의하여 처벌을 내리는 것만으로 알고 현재 많은 고이들의 사고방식처럼 정부 차원에서 교육적인 방편으로 벌을 시행하겠다는 자유주의적 사고방식을 갖지 않은 자들 중에서만 판사를 선출한다. 이렇게 대 인사이동을 함으로써 자기네들끼리 작당해 반항할 기회를 미연에 차단하고 정부의 시책을 이행하는 것이 운명으로 여기도록 만들라. 젊은 새 판사들은 우리들이 이룩한 새로운 질서를 추호라도 가벼이 여길 수 있다는 생각조차 할 수 없도록 훈련을 하라.

15 오늘날 고이 판사들은 자기의 직책을 제대로 이해하지 못해 온 사
회를 범죄 천국으로 만들고 있다. 그 이유는 통치자들이 책임감이
나 양심을 가르칠 생각도 않고 판사들을 임명하기 때문이다. 마치
야수들이 어린 새끼한테 먹이를 구하라고 생소한 밀림에 내놓는
것처럼 고이들도 어떠한 목적으로 세상이 창조되었는지는 이해시
키지도 않고 이해관계만 따져가며 그러한 자리에 사람을 앉힌다.
이러한 점이 바로 자멸의 원인이 되는 것이다.

16 이러한 행위를 보면서 우리 정부를 위한 교훈으로 삼아야 한다.

17 자유주의 사상은 뿌리째 뽑아 없애라. 우선 우리 정부의 각 중요
부서에서 종사할 일꾼들을 훈련시켜 배치해야 하기 때문이다. 요
직은 우리가 직접 훈련을 시킨 행정 규율을 잘 이해하는 사람들로
채워라. 나이가 많아서 은퇴하는 직원에 대해서는 비용이 많이 들
긴 해도 개인 기업에 취직하게 해 모자라는 돈을 벌도록 하라. 세
계의 모든 돈은 우리의 수중에 들어와 있다. 우리 정부가 비용을
겁낼 이유는 없다.

∶ 우리는 잔인해야 한다

18 우리의 절대적인 권위는 모든 분야에 적용되는 것이다. 우리의 명
령에는 지상의지(至上意志)가 담겨 있다. 이를 지상과제로 삼아
이의(異意) 없이 완벽하게 수행하라. 우리의 절대권위에 대한 모
든 불평과 불만은 묵살하라. 공공연히 불평을 하거나 이를 행동에

옮기는 자는 본보기로 극형에 처한다.

19 한번 내린 판결을 뒤엎는 파기권(破棄權)을 없애라. 파기권이라는 것은 우리 전제군주만이 가질 수 있는 특권이어야 한다. 일반 대중이 우리가 임명한 판사들이 실수할 수도 있다는 생각 자체를 못하게 하라. 이것이 통치자를 절대군주로 인정하고 존경하게 하는 방법이다. 만약 판사들이 실수를 한다면 그때에는 우리가 판결을 뒤집는 파기권을 발동하게 될 것이다. 그러한 판결을 내린 판사는 자기의 직책을 이해하지 못한 죄로 엄벌에 처한다. 또한 그런 인물을 임명하는 일이 다시는 없도록 한다. 훌륭한 정부가 되려면 훌륭한 인재를 기용해야 한다. 이를 위해 행정부 부서의 사무 단계를 자세히 파악하고 대중이 만족할 수 있도록 사사건건 감시를 해야 한다.

20 우리 정부는 부계장주제도(父系長主制度)[23]를 원칙으로 한다. 우리의 국가와 국민 의식은 아버지가 가족을 살피는 것과 마찬가지이다. 따라서 우리의 통치자는 가족의 일거일동, 타인과의 관계, 식구와의 관계 등 통치자와 국민과의 관계를 보살피는 목자와 같은 사람이어야 한다. 그리고 모든 국민들에게 이를 저버린다는 것은 불가능하다는 사고방식을 철저하게 집어넣어라. 평화롭고 안일하게 살기 원한다면 전제군주인 우리의 통치자가 신의 경지에 이른 인간〔準神格化〕임을 인정하게 하라. 특히 지도층의 인간은 우리가 뽑은 것이 아닌 신이 결정한 것이므로 무조건의 절대 복종과 충성을 다해야 한다고 가르쳐라. 그리하여 그들은 현명한 부모가 자식들에게 책임과 복종의 이치를 가르치기를 소망하는 것처럼 사소한 것까지 보살핌을 받아 인생을 행복하게 즐길 수 있다고 생각하게 하라. 따

라서 현재 우리의 비밀스런 정책이나 고이들 정부에 대한 지식은 어린 사람들에게는 존재하지 않는 과거의 기억이 될 것이다.

21 전제군주의 권한과 의무에 대한 우리의 의견은 다음과 같다. 전제 군주와 정부의 관계는 마치 아버지와 부양가족과의 관계와 마찬 가지이다. 때문에 전제군주의 권한은 정부가 갖는 직접적인 의무 를 실행하도록 명령하는 것이다. 또한 이는 힘이 지배하는 자연 법칙에서 약한 사람을 피지배자로 종속시켜 인간 사회를 다루는 강한 사람의 당연한 권한이기도 하다. 세상만사는 환경이나 마음 가짐에 의해서 강자와의 주종관계로 이루어져 있다. 이것이 자연 의 순리이다.

22 우리에겐 이렇게 이루어진 상하의 순리를 어기는 개인을 주저 않 고 희생시켜야 한다. 뿐만 아니라 이러한 악을 범한 사람은 교육 적 차원에서 본보기로 엄히 처벌해야 한다.

23 전 유럽이 이스라엘 왕의 머리에 왕관을 씌워줄 때 그는 전 세계 의 장주(長主)로 으뜸군주가 된다. 그의 통치권을 정당화하기 위 해 생기는 희생자의 수는 여러 세기에 걸친 고이들 정부끼리의 세 력 다툼에 희생된 사람들의 숫자보다는 적을 것이다.

24 우리의 왕은 지속적으로 국민과 친교하며 친히 강론을 하고 그의 강론은 동시에 전 세계에 퍼지게 될 것이다.

칙훈 제 16장

1 우리를 제외한 모든 집단적 세력을 효과적으로 해산시켜야 한다.
이를 위한 첫 단계로 집산주의[24]를 무기력하게 만들어라. 즉, 각
대학마다 새로운 사조(思潮)를 재교육하는 것이다. 각 대학의 직
원이나 교수들에게 비밀리에 상세한 행동지침을 하달해 그들이
해야 할 일을 준비하게 하라. 만일 추호라도 잘못될 때에는 가차
없는 처벌을 하라. 그들은 특별한 심사를 거쳐 뽑힌 자들로 정부
의 의사에 따라 완벽하게 행동하도록 배치해야 한다.

2 국가의 법률을 가르칠 때 정치 문제에 연관된 내용은 제외한다.
이러한 내용은 선택된 사람 중 탁월한 재능이 있는 수십 명의 소
수에게만 가르치는 것이다. 우리는 대학에서 헌법을 갖고 이리 저

리 뜯어고치면서 장난하는 행위는 허용치 않을 것이다.

3 정치 체제에 대한 문제를 올바르게 지도하지 못하면 많은 사람들이 유토피아나 꿈꾸는 몽상가가 되어 우리의 지도를 잘 따르지 않는 사회의 불순분자가 되고 만다. 이는 이미 고이들 세계의 대학에서 무차별하게 교육을 시킨 사례에서 증명된 사실이다. 우리가 통치하기 전까지는 모든 원칙론을 교육 과정에 소개하여 가르치도록 하지만, 일단 우리가 통치권을 차지한 다음에는 문제를 일으킬 만한 모든 과제는 교육 과정에서 제거해 당국에 순종하는 어린이로 만들도록 한다. 평화와 안락한 사회를 바라는 마음가짐으로 통치자를 지지하고 사랑하게 하는 것이다.

역사를 조작하라

4 과거의 전통을 보면, 어느 역사나 좋은 예보다는 나쁜 예가 훨씬 많다. 그래서 우리는 이를 미래에 대한 계획을 공부하는 학문으로 대치해야 한다. 우리에게 불리한 전 세대의 기록은 모두 지워버려라. 오직 고이 정부의 불미스러운 일, 잘못을 묘사하는 기록만 남겨놓는다. 그리고 우리의 궁극적인 이상사회가 이룩될 때까지 변천하는 사회상에 따라 별도의 교과 내용을 따로 만들라. 그 내용은 실생활에 대한 교과, 정부의 시행을 잘 따라야 하는 이유, 다른 민족과의 관계, 사악한 마음이 동하고 전염되기 쉬운 이기적이고 해로운 행동을 피하도록 가르치는 교과 등을 주된 것으로 하라. 이러한 원칙이 교육의 가장 중요한 것임을 명심하라. 교육 계획은

별도로 실행하라. 누구도 임의로 조절해서는 안 된다. 교육에 대한 사항은 특별히 중요하다는 것을 모두 명심하도록 한다.

5 출생의 근본에 따라 각 개인의 운명과 그가 속해야 할 직종에 대한 한계를 분명히 가르치도록 한다. 가끔 천재적으로 뛰어난 사람이 나타나 자기가 속한 운명의 한계를 벗어나는 일은 있게 마련이다. 이는 아주 타당한 일이다. 그런 천재적 능력을 갖고 태어난 사람은 단순히 태어난 근본이나 속한 가문 덕에 능력이 없으면서 좋은 자리를 차지하고 그 자리를 농락하는 자에 비하면 훨씬 더 자격이 있는 사람이다. 우리는 고이들의 세상에서 능력 없는 사람들이 높은 자리를 차지하고 있는 불합리함 때문에 어떤 일이 생겼는지 잘 알고 있다.

6 사람들이 진정 마음속으로 자신들이 통치자에게 속한 종속물이라고 생각하게 하라. 이를 위해 전국의 학교와 작업장에서 그들이 하는 행동과 그들이 통치자를 위해 행하는 일이 어떤 뜻을 내포하고 있는지를 가르칠 필요가 있다.

7 임의로 가르칠 수 있는 모든 자유를 박탈한다. 그러나 누구든지 기존 교육 기관을 모체로 하여 동아리처럼 회집(會集)하는 권리는 인정한다. 여가를 이용하여 모인 집회에서 선생은 인간관계나 각 경우에 따라 적용되는 법의 필요성, 본인의 의사와 관계없이 태어난 천부적인 인생 행로와 한계, 그리고 마지막으로 새 세계에 대한 아직 공표되지 않은 새로운 철학에 대해 가르치도록 한다. 여기서 다루게 될 이론은 통속적인 세계에서 우리 세계의 새로운 개념으로 전환하는 기로에서 철학적 도그마(dogma)를 과도기적 단계로 마련한 것이다. 이렇게 현재와 미래에 대한 계획에 대한 윤

곽을 완전히 이해했으면 이제부터 그 이론의 골자를 다루도록 하겠다.

8 수세기 동안 인간은 주어진 사상에 의해 생활하고 지도를 받으며 살아왔다. 우리는 그 사상이라는 것이 여러 세대를 거듭하는 동안 교육을 통해 사람들의 뇌리 속에 뿌리박혀 있다는 것을 이미 알고 있다. 우리는 그 방법을 약간 수정하여 과거 오랫동안 피지배 종속민족을 다루기 위하여 마련한 우리에게 이로운 사상으로 대치해, 그들의 독립적 사고를 위한 마지막 등불마저 삼켜버리고 빼앗도록 한다. 이러한 사고방식을 가르치는 기본 사상의 교육법은 이미 실물학습(實物學習, Object lesson)이라는 이름으로 실천되고 있다. 그 학습의 목적은 고이들의 두뇌를 생각할 줄 모르는 짐승 수준으로 만들어 순순히 종속되게 하고, 그들 자신이 창작한 사상을 어떤 형태로 사고를 해야 하는지를 눈앞에 나타나기만 기다리도록 만드는 것이다. 그리하여 프랑스에서는 이미 부르주아(Bourgeois)라 불리는 엘리트들이 실물학습이라는 새 프로그램을 만들어 대중에게 가르치고 있다.

칙훈 제 17장

: 두뇌를 개조하라

1 우리 프로그램대로 교육받게 되면 냉정하고 잔인하며 고집이 세고 원칙이 없는 인간이 된다. 인정이라는 것은 없이 다만 법적인 관점으로만 만사를 고찰하는 인간이 되는 것이다. 그들은 매사에 단지 방어하겠다는 생각으로만 가치를 판단한다. 뿐만 아니라 그것이 공공의 안녕에 미치는 결과는 생각하지 못하는 완고한 외골수가 된다. 또한 그들은 아무리 사소한 일이라도 희생은 생각지 않고 끝까지 싸운다. 사소한 법률적 문제를 갖고 끝까지 물고 늘어지는 습성이 있어 사법(司法)의 부도덕화를 초래하게 될 것이다. 이러한 이유로 고위 공직자나 높은 직책에서 일하는 전문직종의 사람들은 좁은 세상에서만 일하도록 틀을 만들어 놓는다. 그

결과 심판을 하는 판사나 변호하는 변호사나 재판 진행 과정에서
충분히 소통하지 못하게 된다. 그들은 다만 법정에서 조사 기록과
보고를 받아 그 자리에서 읽고 들으며, 재판 당사자를 심문하여
얻은 결과로 판결을 내리며, 변호인들은 재판의 결과에 관계없이
일한 대가로 수당을 받게 된다. 따라서 이들은 사법 행정에 있어
변호인 측에 서서 보고하는 사람에 불과하며 검찰 행정의 보고자
인 검찰에 대응하는 상대역을 할 뿐이어서 법정에서 소요되는 시
간을 절약하게 된다. 이렇게 함으로써 개인 사정을 고려하지 않고
자기가 저지른 과오에 따라서만 심판을 받게 되어 편견이 없는 공
정한 판결을 하는 기틀이 된다. 이러한 제도는 현재 답습되고 있
는 변호사 측과의 협상에 의해, 또는 돈을 많이 내는 정도에 의해
유·무죄를 판결하는 부패를 없앨 수 있다.

: 성직자들을 없애버려라

2 우리는 이미 오랫동안 고이 성직자[25]들의 위상을 떨어뜨리고 그
들이 사명으로 생각하는 인류에 대한 공헌을 헛되게 만들려 노력
해 왔다. 물론 그 사명이 아직 우리에게 큰 장애가 되고 있지만 날
이 갈수록 그들의 영향력은 줄고 있다. 그 결과 양심의 자유라는
것이 세계 방방곡곡에 선포되어 이제는 그리스도교가 몰락할 날
도 얼마 남지 않았다. 그리스도교 이외 다른 종교를 다루는 일은
훨씬 쉽다. 그러나 지금 말하는 것은 시기상조라 하겠다. 우리는
성직자 권위주의(聖職者權威主義)나 성직권 신장주의(聖職權伸張主

義)를 약화시키고 무력화해 그들의 영향력을 미미하게 만들어 과거 그들이 달성한 업적을 퇴보시켜야 한다.

3 교황청에 종말이 다가올 때에는 세계 모든 국가의 보이지 않는 손이 교황청을 향하여 손가락질할 것이다. 모든 국가들이 반기를 들고 쳐들어갈 때, 우리는 불필요한 혈투와 희생을 면한다는 구실을 내걸고 거짓으로 교황청 보호자를 자처할 것이다. 이러한 방법으로 교황청의 창자 깊숙한 곳까지 들어가 온 힘을 다 빨아 먹을 때까지 다시는 나오지 않을 것이다.

4 유대민족의 왕은 참 교황이 될 것이다. 그는 세계교회(the international Church)의 교주가 된다.

5 새로운 세속적인 종교에 대해 젊은 사람들을 재교육한 다음에는 우리의 종교를 가르쳐라. 그동안 우리는 현존하고 있는 교회에 대해 심하게 압박을 가하지는 않을 것이다. 다만 분파를 위한 비판을 함으로써 계속 교회를 분리하기 위해 노력할 것이다.

6 언론을 동원해 정부의 시책, 종교의 행실, 고이들의 무능함을 고발하고 우리 민족만이 가진 특유한 천재적 재능을 발휘해 극단적인 표현으로 그들의 위상을 추락시킨다.

7 우리의 왕국은 수천의 모습을 가진 비시누 신처럼 수없이 많은 손을 갖고 사회의 각 계층마다 영향을 미치도록 한다. 그러면 우리는 정식 경찰의 도움 없이도 사회 각 계층이 어떻게 돌아가는지를 볼 수 있고, 반면에 그것을 보지 못하는 고이들을 더욱 효과적으로 이용할 수 있게 되었다. 우리 종속된 자들 중 3분의 1에게 정부에 충성한다는 일종의 의무감으로 자진하여 나머지를 감시하도록 한다. 그런 관념을 갖고 행동하는 것을 밀고나 스파이 짓을 한다

기보다 공을 세우는 것으로 생각하게 될 것이다. 반면 근거 없이 남을 중상하기 위해 이러한 권리를 악용할 수도 있다. 그런 사람은 아주 엄하게 처벌하도록 한다.

8 우리의 엘리트들은 사회의 상류계층뿐 아니라 하류계층에도 파고들어가 손을 뻗친다. 즉, 오락사업, 신문잡지, 출판, 인쇄, 서점, 사무와 판매, 노동자, 운전사, 막노동꾼 등 행정 계통에서 해당 분야를 살피는 활동을 한다. 엘리트들은 아무 명분도 권한도 권리도 없는 무명인이지만 마치 경찰처럼 현장을 주시하는 증인이 되고 들어오는 보고를 확인하는 역할을 한다. 실제로 구속은 일선 경찰이나 지방 경찰이 하고, 입건은 경찰권을 가진 당국의 책무다. 그리고 시민은 누구든지 정치 문제에 대해 이견을 말하거나 문제를 일으키는 일을 보고 들은 사람은 보고를 해야 할 의무가 있다. 만일 이를 소홀히 할 때에는 은닉죄로 입건하여 처벌한다.

9 현재 카발라[26]의 교리를 배반하는 우리 형제에 대해서는 각자 알아서 가족 단위로 이들을 냉담하도록 하고 있지만, 전 세계를 직접 통치하는 우리 왕국에서는 종속민들의 국가에 대한 충성심으로 간주하여 모든 인민이 이 교리에 따르는 것을 의무화한다.

10 이러한(밀고하는) 조직은 완력, 뇌물 등, 심지어는 우리가 고이들의 구태의연한 사회에 소개한 인간이 으뜸이라는 인권에 대한 이론 등, 모든 수단을 동원해 고이들을 사주해서 국정을 썩어 멍들게 만든 모든 방법을 뿌리째 뽑아 없애게 될 것이다. 그렇다면 고이들이 아직 행정부를 맡아 다스리고 있는 현실에서 어떤 방법으로 사회의 무질서와 혼란을 일으키고 싶은 심리작용이 조성되도록 민중의 심리적 근성을 우리가 개발하여 육성시켰는가 하는 질문이 생

길 것이다. 가장 중요한 것은 우선 사회의 질서와 규율을 시정하는 기구를 만들어 그 우두머리가 되어 사태를 호전시킬 수 있는 활동은 모두 분산시키고 사악한 사심을 가진 자들을 부추겨 앞세우는 것이다. 다시 말해 거드름을 피우고 까다롭게 굴면서 당국의 무책임한 강권을 남발하는 것이다. 무엇보다도 가장 중요한 것은 부패한 탐관오리가 되는 것이다.

칙훈 제 18장

: 정보정치

1 우리 자신이나 우리 공작을 비밀리에 강력하게 방어해야 할 경우
가 있을 수 있다(이는 당국의 특권에 가장 치명적 독소가 된다). 이
런 경우에 우리는 일부러 어용(御用) 난동을 만들어내거나 언변이
좋은 사람을 이용하여 반정부 성토를 한다. 또한 이런 사람들을
이용하여 동조자들을 운집하게 만든다. 그러고 나서 이를 구실로
삼아 정부 내 내부사찰을 시작해 고이들의 경찰관에서부터 모든
공무원들을 감시한다.

2 대부분의 모사꾼들은 거의 장난삼아 해보는 경우가 대부분이다.
그러므로 그들이 실제로 일을 저질러 그 일이 중간 정도 진행될
때까지는 가만 놓아두고 관찰만 해야 한다. 한 가지 기억해야 할

것은 권력을 잡은 정부 당사자들은 자신들을 해치려는 음모가 많이 일어날수록 위세가 작아지기 마련이라는 것이다. 심리적으로 위축되고, 부당한 처사라는 생각을 한다. 고이 왕들의 세도를 꺾은 것은 우리가 엘리트를 통해 눈먼 양떼들을 이용하고 그들의 권세에 계속 타격을 되풀이했기 때문이라는 것을 잊지 말라. 이 양떼들은 고이들이 저지른 범죄를 규탄하는 자유주의적 구호를 몇 마디 만들어 뿌리면 쉽게 움직인다. 우리는 통치자들에게, 우리의 위장된 비밀 방어법에 대해 공개 폭로하는 방법은 저들에게 불리하다는 것을 강조해 왔었지만 이를 이해하지 못하였으니 약속한 대로 멸망을 안겨줘야 한다.

3 우리의 통령이 되는 영도자는 보잘것없는 호위를 한다. 이는 그가 교란을 일으킬 만한 사람이 되지 못하며, 숨어야 할 이유가 없다는 인상을 준다.

4 그러나 우리 중 혹시 실제로 고이들의 생각처럼 그를 보잘것없는 사람으로 믿는 사람이 있다면 그는 가까운 미래에 사형을 받을 각오를 해야 한다. 영도자가 비록 현 정부의 통령은 아니지만 왕이나 다름없기 때문이다.

: 공포에 의한 정부

5 국민에게 우리의 통령이 매우 엄중하게 정사를 다룬다는 이미지를 심어준다. 개인의 사리사욕이나 또는 가문의 치부를 위한 권력이 아닌 국가의 복리를 위해서만 권력을 사용하여 국민에게 모범

이 됨으로써 그의 권위는 추앙받게 된다. 국민은 그의 보호를 받아 안도감을 갖고, 복지를 누리고 있다고 실감하게 된다. 천민(賤民)들도 생활에 보살핌을 받아 고맙다고 느낄 때 그의 권위가 신성한 존경을 받게 되는 것이다.

6 통령의 신변 보호에 몰두하고 있다는 내용이 공개되면 그의 권위가 약하다는 인상을 주게 된다.

7 우리의 통령을 항상 민중에 둘러싸이게 하라. 남자와 여자들이 자연스럽게 섞인 조폭들을 시켜, 우연히 만난 것처럼 하여 호기심이 가득한 표정으로 통령 주변에 둘러싸고 통령을 흠모하고 사랑하는 모습과 통령의 너그러운 면을 보여주도록 한다. 이런 예를 많이 보여주면 국민들은 그들이 본 대로 통령을 흠모하게 된다. 군중 속에서 탄원을 하려는 사람이 나타나 탄원서를 통령에게 주려고 앞으로 다가서면 앞에 있는 사람이 그 탄원서를 받아 탄원하는 사람이 보는 앞에서 영도자에게 건네주는 방법을 택하라. 그래야만 모든 사람들이 무엇이 전해지는지 더욱 확실하게 보게 된다. 이는 영도자의 현명하고 폭넓은 아량과 자비로운 통솔력을 보여주는 결과도 된다. 또한 위상을 더욱 높이려면 그런 위대한 통령이 존재한다는 것을 알려야 한다. 그러면 국민들은 "만일 그분이 이걸 알기만 한다면……" 또는 "만일 통령께서 이런 사정을 듣기만 한다면……" 하고 그를 사모하게 되는 것이다.

8 공식적인 호위병이 통령을 호위하고 있으면 통령에 대한 신비가 사라진다. 때문에 그런 상황 아래에서 망동을 하려는 담대하고 자기 힘에 도취한 사람이 시시탐탐 기회를 노려 때가 맞으면 통령에게 일격을 가하려 할 것이다. 따라서 공개적으로 호위를 한다는 것

이 어떠한 결과를 초래하는지 우리는 불을 보듯 뻔히 알고 있다.

9 정치범 용의자들은 혐의만 인정되면 우선 구속한다. 혹시 실수할까 염려되어 그들을 불구속해서 도주할 기회를 준다는 것은 용납할 수 없다. 이런 일은 엄하게 다뤄야 한다. 아주 간단한 범죄의 경우에 한해 동기를 고려하여 재고할 수는 있지만, 그 외의 경우는 이해해서는 안 된다. 대부분의 정부들은 이러한 정책의 진정한 뜻을 이해하지 못하고 있다.

: 철권정치

1 우리는 정치 문제에 대해 개인적인 의견이나 비평을 허용하지 않는다. 반면 정부 시책에 대한 보고 또는 국민의 삶을 개선하기 위한 사업에 대해서는 국민이 정부가 참고해야 할 제안을 많이 건의하도록 격려해야 한다. 그러나 이러한 일은 우리가 하는 일의 결점이나 허황된 점을 노출시킬 수도 있다. 따라서 이러한 건의에 대해 우리의 계획대로 완료함으로써 우리가 옳다는 것을 눈으로 보여주던가, 아니면 그들이 근시안적인 견해로 잘못 판단했다는 내용을 밝히는 등 현명하게 대응해야 한다.

2 반동적 행동은 마치 코끼리 무릎에 앉아 짖어대는 강아지와도 같다. 경찰의 입장에서가 아니라 일반 국민의 관념으로 생각할 때

잘 조직된 정부에게는 조그만 강아지가 코끼리에게 짖어댄다는 것은 코끼리의 힘을 완전히 망각했다고 밖에는 표현할 길이 없다. 이런 강아지들에게는 코끼리가 얼마나 무서운지 본때를 한번 보여줘라. 그러면 강아지는 코끼리와 눈만 마주쳐도 짖는 것을 그치고 꼬리를 치기 시작할 것이다.

3 반정부 정치 활동으로 영웅이 되려는 사람들을 몰락시켜라. 절도나 살인 등 오만가지 파렴치하고 추잡한 죄를 씌워 이들을 재판하라. 그리하면 국민들은 영웅들의 추잡한 인간상에 실망하고 혼란스러워한다. 뿐만 아니라 그런 종류의 모든 사람들에 대한 존경심까지 함께 땅으로 추락해 똑같은 무리로 취급하게 될 것이다.

4 우리는 고이들의 반동 활동이 어느 정도 단계까지 오르지 못하도록 미연에 방지해야 한다. 이를 위해 언론매체를 통해 간접적으로 교묘하게 역사책을 변조해 순교자 같은 열사나 의사 등의 영웅들이 대아(大我)의 공공복리를 파괴하려는 반동분자라고 가르쳐라. 이러한 선전은 수많은 자유주의자들과 고이들을 순한 가축으로 만들게 된다.

칙훈 제 20장

∴ 세금

1 경제시책은 우리의 과제 중 가장 어려운 것이자 가장 으뜸 되는 문제이고, 가장 과감한 결정이 필요한 일이다. 본론으로 들어가기 전에 우리의 과제를 궁극적으로 해결할 가능성은 돈의 양에 달린 것이라는 귀띔을 해둔다.

2 우리의 왕국이 실현될 때, 우리는 안정된 정권을 영원히 유지한다는 원칙 하에 국민에게 과중한 세금을 부담시킬 것이다. 가장으로서 식구를 보호한다는 구실을 국민들에게 심어줄 것이다. 국가 기관은 많은 돈을 필요로 한다는 걸 설득하는 동시에 국민의 감정을 거스르지 않는 범위 내에서 조심스럽게 진행시켜야 한다.

3 국가의 모든 것이 우리의 왕에게 속한다는 법적인(이는 쉽게 명문화시킬 수 있다) 관념을 기정사실로 하라. 그러면 통치가 미치는 범위 내에서 거래되고 있는 모든 형태의 통화를 합법적으로 몰수하는 것이 가능해진다. 자산에 대한 누진세제를 적용하는 것이 가장 좋은 방법이다. 이 방법은 전체 자산의 비율을 적용하여 아무도 망하게 하지 않고도 국민들이 돈을 바치게 할 수 있다. 부자는 잉여자산의 일부를 할애하여 정부에 바치는 것을 의무로 생각해야 한다. 왜냐하면 정부가 그들의 자산을 안전하게 소유할 수 있고 정직하게 돈을 벌 수 있는 권리를 보장해 주기 때문이다. 여기서 정직이란 합법적으로 강탈한 재산을 자기의 것으로 사용하는 것을 말한다.

4 이러한 사회 제도의 개혁은 시기가 적당한 때를 포착해 명령을 하달하는 형식으로 이루어져야 한다. 평화를 위해서는 어쩔 수 없는 일이다.

: 자본을 없애라

5 가난한 사람에게 많은 세금을 부과하는 것은 혁명의 씨를 만들고 국가에 위험을 초래한다. 작은 일을 하다가 큰일을 놓치게 된다. 반대로 자본가에게 세금을 부과하는 일은 개인의 부가 커지는 것을 막는다.

6 자본의 축적에 비례해 세금을 올리는 방법은 현재 개인 소득이나 자산에 대해 세금을 징수하는 제도에 비해 훨씬 많은 수익을 올릴

수 있다. 현재의 제도는 단순히 고이들에게 골칫거리를 만들고 불만을 조장하는 데에나 쓸 수 있다.

7 우리 왕의 세력은 다른 세력들이 평형을 이루는 상태에서 존재한다. 평화를 보장하기 위해서는 국가기구가 원활히 움직이도록 하고 자본가들에게서 수입의 일부를 국가에 바치도록 하는 것밖에 다른 방법은 없다. 국가가 요구하는 양을 내줘도 부담을 느끼지 않을 만큼 충분한 여유가 있는 사람에게 지불하도록 만들라.

8 이러한 제도를 통해 가난한 사람의 부자에 대한 증오감이 없어지고, 정부는 부자들이 필요한 자금을 국가에 바칠 수 있는 능력이 있는 것을 알고, 부자는 정부가 평화를 유지하기 위해 자금이 필요한 것을 서로 이해하게 된다.

9 교육 비용을 부담하는 사람들이 새로이 증액된 부와 세금을 내면서 발생하는 불만을 완화시키기 위해 왕실 비용과 행정기관의 비용을 제외한 범위 내에서 그들 스스로 자금의 사용처를 임의로 결정할 수 있도록 한다.

10 왕위를 계승하는 사람은 국가의 모든 것이 그의 것이 되므로 개인자산은 없어야 한다. 만약 그렇지 않고 개인 자산을 갖게 된다면 모든 공동자산 소유권을 파기하는 모순을 초래하게 된다.

11 왕위에 앉은 사람과 그의 직계가족에 대한 모든 생활비는 정부가 부담한다. 그러나 그 외의 친족이 자산을 소유하려면 국가의 공무원으로 일하거나 다른 일을 해 개인자산 소득권을 얻어야 한다. 귀족의 피를 받았다는 이유로 국가의 재정을 낭비할 수는 없다.

12 모든 자산의 매입 또는 금전이나 유산의 수령은 점진세제에 따라 세금을 내야 한다. 금전이나 기타의 방법으로 이루어지는 모든 자

산의 양도는 엄격하게 기명(記名)으로 등기하도록 한다. 새로 등기된 자산의 양도는 세금 지불 증거가 없을 경우 자산의 전 소유자가 실제 자산 양도일로부터 세금 도피가 발견되어 정식 양도된 날까지 계산하여 세금에 이자를 포함하여 납부하도록 한다. 등기소에 접수되는 등기 이전 장부는 자산의 소재, 이름, 전 주인과 새 주인의 성과 이름과 날짜 등 자세한 내용을 매주 지방 재무 부서에 보고해야 한다. 이러한 명의 이전에는 이름과 함께 일반 매매 가격 이외의 소요된 정확한 가격을 포함한 전 비용을 적어야 하며, 매매 단위에 따른 정확한 비율을 계산하여 세금을 부과한다.

13 고이가 다스리는 국가에서 이런 경우만 예를 들어 거출(醵出)되는 세금이 얼마나 될 것인가 한번 추산을 해보라.

: 불경기를 조장하라

14 국가의 세무 책임자는 여분의 세금을 징수해야 한다. 그 여분의 돈은 시중 통화량에 투입·흡수되도록 한다. 그리고 국가는 이 돈으로 공공복지사업의 공사 비용을 충당한다. 국가의 돈으로 복지 공사를 하게 되면 노동자 계층은 통치자나 정부를 호의적으로 생각하게 된다. 그들의 눈을 완전히 멀게 하라. 그리고 그 돈의 일부를 할애해 새로운 것을 창안하거나 생산성을 높인 사람에게 상금으로 준다.

15 어떠한 일이 있어도 세입 예산은 단 한 푼도 남겨서는 안 된다. 돈이라는 것은 회전해야 한다. 돈이 고여 있게 되면 국가라는 기계

를 돌리는 윤활유 역할은커녕 오히려 해를 끼친다. 윤활유가 고이면 정상적 기계 작동이 멈추게 된다.

16 상거래의 지불 수단인 통화로서, 화폐의 대용으로 만들어져 통화량의 일부를 차지하고 있는 어음이 바로 고인 윤활유라 할 수 있다. 이러한 상황이 어떠한 결과를 초래하는지는 이미 여러 가지 예로 보아 충분히 감지할 수 있을 것이다.

17 심계원(審計院)을 만들어 통령이 원할 때에는(아직 정리가 끝나지 않았거나 보고의 송달이 아직 도착하지 않은 이번 달이나 지난달의 월중보고를 제외하고는) 어느 때라도 국가의 수입과 지출 상황을 알 수 있도록 해놓는다.

18 국가 자산을 훔칠 의도가 없는 유일한 사람은 주인인 통령 자신뿐이다. 그러므로 그가 직접 관리하면 낭비나 횡령의 가능성도 사라진다.

19 통령이 정사에 몰두하고 연구와 숙고하는 시간을 더욱 많이 가지려면 허례허식에 불과한 의전예식에 고귀한 시간을 낭비하는 중신들은 없애버려야 한다. 그들은 자기네들이 에워싼 권좌의 주위에서만 머문다. 또한 그들은 나라 전체의 태평치국에는 관심이 없고 자기 파벌의 이익을 추구하기 위하여 파벌 싸움을 하는 무리이다. 그들을 없애야 싸움도 없어진다.

20 시중에 통용되는 고이들의 돈을 거두어들이기 위해 경제공황을 조작하라. 정부에 빌려줬던 돈을 거둬들여 거대한 통화량을 묶어두게 한다. 이리 하면 빌린 돈에 대한 이자와 원금을 갚아야 하는 정부는 매우 힘들어하다가 결국 돈 때문에 우리의 노예가 된다. 그래서 소수 자본가들의 중요한 산업을 자기네 손에 예속하게 만

들어 정부와 국민의 단물을 빨 수 있게 되는 것이다.

21 현재 발행하는 화폐량(통화량)은 국민 일인당 필요한 금액을 산정해 결정한 것이 아니어서 모든 근로자들에게 충분한 돈을 공급하지 못한다. 원래 화폐 발행량은 인구 증가와 비례해야 한다. 그러므로 신생아가 출생하게 되면 그때부터 그 신생아의 화폐량이 계산돼야 한다. 따라서 화폐량을 조작한다는 것은 전 세계 물품의 공급량을 조작한다는 이야기와 마찬가지인 것이다.

22 금본위 제도를 채택한 국가들의 경제가 몰락되었음은 모두 알고 있으리라 생각한다. 그 이유는 충분한 돈을 공급할 수 없기 때문이다. 여기서 기억해야 할 점은, 바로 그 때문에 우리가 시중에 순환되는 금을 가능한 한 많이 거둬들였다는 것이다.

: 젠타일은 파산한다

23 돈이든 물질이든 한 사람의 노동력에 대한 비용의 기준을 정해야 한다. 때문에 우리는 태어나는 신생아의 숫자는 더하고 사망자의 숫자는 감하여 정상적인 노동자 한 사람이 필요로 하는 기준에 따라 통화량을 설정할 것이다.

24 계정(計定)은 각 부서마다(혁명 이후 프랑스 정부의 조직이 그러했듯이) 또는 각 단위마다 각각 설정하여 관리하도록 한다.

25 국정에 소요되는 돈을 예정된 시간에 지체 없이 지불하도록 하기 위해 지불 금액과 그에 필요한 조건은 국가통령령으로 정해, 한 부서의 원활치 못한 경제 사정이 다른 부서에 영향을 미치지 못하

도록 한다.

26 수입과 지출의 예산은 각 부서 간 상호 비교 협조를 통하여 세우도록 해, 행정상의 모순을 지양한다.

27 고이들의 세계에서 경제 기구나 경제 원리에 대해 개혁을 주장할 때에는 아무도 눈치 채지 못하도록 변장해 우리라는 것을 모르게 해야 한다. 고이들의 절제 없는 경제 행정의 결과로 뒤죽박죽된 여러 가지 부정적인 면을 지적하면서 개혁의 필요성을 주장하라. 처음 예산을 잘못 책정하면 다음 해에도 계속 빚이 누적되게 마련이다. 따라서 우리는 이런 상황을 미리 알고 예산의 허점을 지적하면서 다음 절차를 밟는다. 처음에는 반년 동안 그 예산을 끌고 가다가 예산의 잘못된 점을 지적하고 그때라도 바로잡으라고 요구한다. 그리고 3개월 동안 그들이 치닥거리를 하느라 분주하도록 놓아둔다. 그런 후에 예산을 보충하라고 윽박지른다. 결국 얼마 지나지 않아 이 예산은 무효가 된다. 다음 해 예산을 세울 때 누적된 빚과 합한 액수를 기준으로 시작하기 때문에 경제성장 출발 목표에서 정상적 도착 목표까지의 차이는 년 50퍼센트까지 감축될 수 있으므로 10년 후에는 예산 규모를 세 배로 키울 수 있다. 고이들의 조심성 없는 행정 덕에 그들의 국고가 텅 비는 것이다. 드디어 융자 기간이 만기가 되고 남은 돈은 우리가 다 삼켜버려 결국 모든 고이 국가들은 파산을 하는 수밖에 없다.

28 우리가 고이들에게 권고하는 이런 종류의 경제 시책은 절대 직접 개입되어 일해선 안 된다는 것쯤은 모두 잘 알고 있으리라 믿는다.

29 어떤 형태의 융자이건 정부가 돈을 빌려 갈 때에는 정부가 무엇인가를 잘못했으며, 정부의 권리와 책무를 잘못 이해하고 있다는 증

거가 된다. 국가가 진 빚은 마치 통치자의 머리 위에 매달린 다모클레스의 검(a sword of Damocles)[27]과 같다. 큰 칼이 그들의 머리 위에 매달려 있는 기분으로 국민에게 임시 세금을 부과하는 대신 우리에게 와서 손이 발이 되도록 비는 것이다. 그러나 외국에 진 빚이라는 것은 마치 거머리와 같다. 국가라는 몸통에 한번 달라붙으면 자기가 임의로 떨어지거나 국가가 그를 잡아 뜯기 전에는 떨어질 수가 없다. 그러나 고이들의 정부는 거머리를 뜯어버릴 생각을 하기는커녕 오히려 더 거머리를 갖다 붙여 자진해 피를 빨린다. 그러다 결국 피가 다 말라 없어져 죽게 되는 것이다.

: 고리대금의 횡포

30 실제로 빚 또는 국채, 특히 외국 빚 또는 외국채는 무엇을 말하는가? 국채는 정부가 금융자금을 빌려 쓰는 대가로 그 액수에 이자를 포함한 액수의 정부 채무증권을 발행하는 것이다. 만일 정부가 5퍼센트의 이자를 계산해 준다고 하면 20년 후에 빌려 쓴 돈과 같은 액수를 이자로 지불한다는 것이며, 40년 후에는 빌려 쓴 액수의 두 배, 60년 후에는 세 배를 지불한다는 이야기이다. 이렇게 이자를 내는 동안 원금은 그대로 빚으로 남아 있다.

31 이러한 계산에서 분명해지는 것은 정부가 더 이상 이자를 내지 않고 빚을 줄이기 위해 돈이 되는 국가의 쌈지 꾸러미를 하나라도 더 긁어모아 요긴하게 쓰는 것이 아니라, 대신에 돈을 빌려준 돈 많은 외국인들에게 빚을 갚기 위해 국민 개개인이 낸 혈세로 만든

쌈지 꾸러미를 바치게 되는 것이다.

32 국가의 빚이 내국민에게 진 빚이라면 그저 없는 사람의 주머니에서 있는 사람의 주머니로 돈을 옮겨놓은 것뿐이지만, 우리가 적절한 인물을 기용해 국가에 대한 융자를 바깥 세계와 연결해 국외로 빼돌릴 수 있도록 하면 국가의 부(富)는 그 나라에서 빠져나와 우리의 금고로 옮겨지게 된다. 결국 모든 고이들은 자국민의 부를 우리에게 바친다.

33 국가의 왕좌에 앉아 있는 고이 왕들이 국정에는 허수아비로 앉아 있으면서, 부패했거나 정치와 경제를 이해하지 못하는 대신들을 기용하고, 그들은 우리에게서 도저히 지불이 불가능한 거대한 빚을 지어 나라를 도탄에 빠트리게 했다는 사실은, 뒤집어 말하면 우리가 엄청나게 노력을 하고 막대한 돈을 소비했다는 이야기도 된다.

34 우리 정부에서는 돈을 회전시키지 않고 축적하는 일은 허용되지 않는다. 국가에서 이자를 지불하는 채권은 발행하지 않을 것이다. 따라서 국가의 저력을 빨아먹는 거머리의 이득을 위해 이자를 지불하는 일은 없을 것이다. 이자를 지불하는 채권을 발행할 수 있는 권리는 순전히 영리를 목적으로 하는 회사에만 주어질 것이며, 이들이 회사 운영을 통하여 얻어지는 이익금으로 이자를 갚기는 어렵지 않을 것이다. 반대로 정부는 영리 목적의 회사와 달리 돈을 벌기 위해 돈을 빌린 것이 아니라 국민에게 쓰기 위해서 빌린 것이므로 빌린 돈에 이자를 얹어 되돌려주는 일은 있을 수 없다.

35 정부는 회사채를 구입하기도 할 것이다. 그 이유는 정부가 이자놀이를 하면 돈을 빌려주는 사람의 수익금이 정부의 수입이 되므로

기생충 같은 더러운 이익금을 만드는 고여 있는 돈이 없어지게 된다. 이자놀이는 고이의 사회에서 그들이 독립국으로 있는 한은 우리가 조장하겠지만 일단 우리가 통치하는 나라에서는 이런 일이 없도록 할 것이다.

36 고이들은 돈을 빌려 쓰게 되면 이자와 원금을 갚기 위해 곶감 빼먹듯 국가의 재고(財庫)에 들어 있는 같은 돈을 사용해야 한다는 아주 간단한 원리도 생각하지 못한다. 이것만 봐도 얼마나 고이들이 멍청한가를 알 수 있다. 도대체 필요한 돈을 국민의 호주머니에서 긁어내는 일보다 더 간단한 일이 또 어디에 있단 말인가?

37 반면 신의 선택을 받은 우리는 그들에게 융자할 방도를 꾸미고, 그들은 이를 보고 오히려 살길을 발견했다고 생각하게 만들었으니, 이는 우리가 얼마나 천재적인 두뇌를 갖고 있는지 증명해 주는 것이다.

38 고이들의 국가에서 수백 년 동안 축적한 우리의 재산에 대해서는 때가 오면 천하에 공개하여 정확하고 명백하게 밝힐 것이다. 우리가 얼마나 우수했는지 누구나 한눈에 알게 될 것이다. 그때가 오면 우리가 고이들에게 하던 못된 일들은 모두 중지할 것이다. 그러한 일은 우리의 왕국에서는 절대 용인되지 않을 것이다.

39 우리는 우리 특유의 재무행정 방식을 만들어 우리의 재산을 보호하도록 할 것이다. 이 방법으로는 국가통수권자나 어떤 정부 고관도 공금에서 단 한 푼도 몰래 유용할 수 없을 것이다. 원래 계획된 목적 이외 다른 목적으로 사용되는 일을 할 수 없도록 만들어 놓는 것이다.

40 정확한 계획 없이 통치는 불가능하다. 왜냐하면 정확히 갈 길을 모르고 무엇이 생길지 모르는 길로 나가는 것은 영웅호걸을 난립하게 해 나라를 멸망케 하기 때문이다.

41 국민을 위해 제대로 일하지 못하고 유흥이나 즐긴다고 비방했던 고이 통치자들은 우리가 통치를 하기 위해 이용했을 뿐이다. 국정을 다루는 자리에 앉혀 일하게 만든 조신(朝臣)들과 그들의 언행 역시 우리 엘리트들이 만든 각본에 의해 행동한 것이었다. 이들에게 매번 미래에는 경제가 좋아질 거라는 약속을 함으로써 근시안적 시각만 갖고 있는 뭇사람들을 코앞의 만족으로 계속 기만해 왔던 것이다. 만일 그들이 제대로 된 사람들이었다면 우리가 만든 경제 계획이나 예산을 읽어보고 나서 "도대체 무엇이 개선된 경제인가?" 또는 "새로 추가된 막중한 세금에서 개선된 경제란 말인가?" 등의 질문을 했어야 했다. 그러나 그런 질문을 하는 사람은 아무도 없었다.

42 이러한 그들의 부주의가 어떠한 결과를 초래하였으며, 국가의 산업이 어처구니없게 된 것은 말할 필요도 없다. 이들의 경제가 어느 정도로 파탄이 났을지 모두들 잘 짐작하리라 믿는다.

칙훈 제 21장

∶ 내국채

1 지난번의 지도장로 정회에서 보고한 내용에 이어 내국채에 대해 자세하게 설명하도록 하겠다. 외채에 대해서는 고이들이 자신의 내국의 돈을 거두어 우리에게 바쳤으니 더 이상 할 말이 없다. 우리의 국가에 절대로 외채는 존재하지 않을 것이다.

2 우리는 고이 위정자들의 부패하고 게으른 습성을 이용해 그들 국가에서 필요하지도 않은 돈을 빌려줘서 두 배, 세 배 또는 그 이상의 돈을 벌어왔다. 그러니 어느 누가 이런 일을 처음 시작한 우리에게 같은 짓을 할 수 있단 말인가? 그러므로 나는 내국채에 대해서만 이야기하겠다.

3 정부는 지정한 금액의 자금이 필요하다는 내용을 우선 공표하고, 이자를 계산한 채권을 공매하기 시작한다. 채권 즉, 공채의 액면은 대다수의 국민이 쉽게 구매할 수 있는 금액으로 하며, 얼마 동안 짧은 기간을 정하여 시일 내에 구입하는 사람에게는 할인된 가격에 팔도록 한다. 그리고 그 정한 날짜가 지난 다음날 인위적으로 값을 올린다. 이는 모든 사람들이 정한 기일 내에 와서 사가도록 하기 위해서이다. 그러면 며칠 사이에 국가의 금고는 주체가 곤란할 정도로 넘치게 될 것이며, 공채를 팔아 들어오는 돈은 애당초 필요한 금액의 몇 곱절을 초과할 것이다. 이는 대단한 성과를 거두며, 정부 채권에 대한 국민의 신임이 어느 정도인가를 새삼 느끼게 할 것이다.

4 그러나 얼마 안 가서 그 수입이 무거운 짐으로 변하기 시작한다. 이자를 지불하기 위해서 또 다른 융자를 해야 할 지경이 된다. 이런 일을 계속하면 부채만 늘어난다. 국민 앞에서 이런 짓을 더 이상 할 수 없게 되는 것이다. 이렇게 신용도가 떨어지면 정부는 이번에는 융자 형식이 아니라 이자를 갚기 위한 새로운 세금의 창출을 필요로 하게 된다. 이러한 세금은 차변(借邊)을 고수하기 위한 차변이라 할 수 있다.

5 얼마 후 체환(替換)을 해야 할 때가 온다. 이자는 갚아 줄인다고 하지만, 원 부채는 갚을 수 없다. 왜냐하면 돈을 빌려준 사람(貸主)의 동의 없이는 빚을 갚을 수 없기 때문이다. 공채 체환을 원하는 사람에게 체환해 주겠다는 공고를 낸다고 하자. 만일 이때 모두가 돈을 돌려 달라고 요청하게 되면 정부는 곤란한 처지에 놓이게 된다. 일시에 지불할 돈이 없으면 결국 파산할 수가 있다. 그

러나 다행히 고이의 나라들은 경제 관리라는 것을 모른다. 그들은 늘 새로 돈을 투자하는 것에 겁을 낸다. 오히려 체환해서 돈 잃는 것을 선호하며, 이자를 줄이는 것만 좋아해, 수백만의 빚을 지다가 포기해 버리고 만다.

6 우리가 고이들에게 외채를 얻도록 하는 수법은 우리가 전체 빚에 대해 지불을 요구할 것을 그들이 알기 때문에 사용할 수가 없다.

7 이리하여 국가가 파산했다는 사실이 알려지고, 피해를 입은 국민과 그들을 지배하는 통치자 사이는 구제할 방도가 없다는 것을 여러 나라에 증명하게 되는 것이다.

8 위의 내용과 앞으로 말하는 것에 대하여 각별히 유의하기 바란다. 근래에는 모든 내국채의 지불 조건을 단기로 하는 소위 비채[28]로 통일하고 있다. 이것은 빚을 갚는 돈이 저축은행 구좌나 예치준비금(reserve fund) 구좌로 들어가게 하는 방식이다. 정부가 이런 돈을 너무 오래 갖고 있으면 외채에 대한 이자를 갚는 데 모두 탕진되며, 없어진 자리를 그에 해당하는 액수의 새로운 빚이 충당하게 된다.

9 그리하여 새로 충당된 그 돈을 고이 국가 재정의 구멍 뚫린 곳을 막는 데 모두 소비하게 된다.

10 우리가 통일 세계의 왕위를 차지하게 되면, 우리의 과업에 부합하지 않는 모든 경제 관리 문제들을 없앨 것이다. 심지어 금융시장까지도 없애버릴 것이다. 금융시장이라는 것은 우리의 업보를 저울질하는 매체가 되고 우리 권좌의 특권을 흔들게 하는 요인이 되므로 허용할 수 없다. 대신 정부가 법으로 해당되는 적정가를 선언하여 그 값은 오르지도 내리지도 못하게 한다(값이 오를 수 있다

는 것은 값이 내려갈 수 있다는 의미이다. 이는 우리 자신을 고이들과 같은 입장에 놓이게 할 수도 있다).

11 우리는 금융시장을 정부관할 신용기구로 대치할 것이다. 정부 감정에 의해 산업적 가치를 기준으로 적정가를 매기기 위해서이다. 이런 기구는 하루에도 5억의 회사채를 사거나 팔 수 있는 능력을 갖게 될 것이다. 이렇게 함으로서 모든 산업은 완전히 우리 손에 들어온다. 따라서 우리의 권한이 더욱 공고해질 것은 짐작할 수 있을 것이다.

칙훈 제 22장

1 지금까지 과거, 현재, 미래가 어떻게 진행되고, 진행하고 있는지를 말했다. 또한 가까운 장래에 홍수처럼 닥칠 어마어마한 일들, 고이들과 우리와의 비밀스런 관계, 그리고 우리의 금융 운영에 대한 비밀에 대해 조심스럽게나마 표현하려 노력했다.

2 오늘 우리의 손에는 가장 위대한 힘인 금이 있다. 조금 있으면 원하는 것은 무엇이든 우리의 금으로 살 수 있게 된다.

3 우리가 신의 섭리로 세계를 지배할 운명을 타고났다는 것은 더 이상 증명할 필요가 없다. 참된 복지가 이루어지는 세상을 만들고 참다운 질서를 갖는 우리의 세상을 오랜 세월에 걸친 사악한 행위로만 이룰 수 있다는 것은 어쩔 수 없는 일이다. 비록 폭력을 자주

사용하긴 했지만 그것은 우리가 해야 할 일을 했어야 하는 것이기에, 우리가 엉망이 되어 만신창이가 된 세상을 되살려 원상 복구시키고 진정한 개인의 자유를 갖는 좋은 세상을 만들어 참 평화와 안녕을 즐길 수 있는 것이다. 또한 우리가 제정한 법을 잘 지키는 조건 하에서 인간의 존엄성을 갖고 살 수 있도록 만든 당사자라는 것은 분명히 해야 할 것이다. 여기서 우리가 확신해야 할 것은 인간의 존엄성이나 행동의 자유는 양심이나 평등의 자유같이 파괴적인 원칙을 채택했다고 공언할 수는 없다는 것이다. 자유는 절제 없는 방종이나 낭비를 의미하지는 않는다. 또 개인의 자유란 폭도들처럼 방약무도하게 남을 성가시게 하는 게 아니다. 진정한 개인의 자유는 일상생활에서 마땅히 지켜야 할 법을 엄격히 존중하고 따르는 사람들을 방해하지 않는 것을 말하며, 인간의 존엄성이란 모든 권리에 대한 총괄적인 인식으로 구성되어 있기 때문에 전체로서가 아닌 개인을 중심으로 한 추상적인 관념으로 그쳐야 한다.

우리의 정부는 찬란하고 영예로운 정권이 될 것이다. 우리의 왕은 전능(全能)의 권한으로 통치하고 다스릴 것이다. 아무것도 아닌 것을 갖고 위대한 원칙이라 떠들어대는 소위 지도자니 개명자니 하는 자들과는 함께 어울리지도 않을 것이다. 우리 정권은 치정(治政)의 으뜸이 되어 그 안에서 만민은 행복하게 살 것이다. 만민이 저절로 우리 정권의 밝은 빛을 엎드려 숭배하게 될 것이며, 세상의 모든 민족이 황공해할 것이다. 진정한 권위는 어떠한 권리와도, 비록 신이라 할지라도, 비교할 수 없다. 우리의 통치에 누를 끼칠 사람은 아무도 없을 것이다.

칙훈 제 23장

1 세계의 모든 민족은 우리의 정권에 복종하기 위해 겸손의 미를 터득해야 한다. 사치품의 생산을 줄여라. 이리하면 지금까지 사치스런 생활로 저하된 사회도덕을 북돋게 될 것이다. 개인 자본으로 운영하는 작은 개인 생산업자들이 사회의 기본을 이루는 산업구조를 만들 것이다. 그 이유는 생산업체의 단위가 거대해지면 흔히 반정부사상을 많은 사람에게 불어넣기 때문이다. 이에 반하여 작은 단위의 생산업자들은 실업이라는 것을 모른다. 엄격한 당국의 통제 하에 당면한 과제에만 몰두할 수 있기 때문이다. 정권을 넘겨받는 당시 실업자가 많다는 것은 우리에게 도움을 주지만, 이런 현상이 위험 요소가 될 수도 있다.

2 종속민들이 유일한 절대권력에 무조건 복종하도록 해야 한다. 왜
  냐하면 그 속에 그들을 보호하는 검(劍)이 있고, 그 검은 사회의
  잘못된 것을 잘라내기 때문이다. 그들은 우리의 왕에게서 천사의
  영혼을 보게 될 것이다. 모든 권력이 하나로 뭉쳐진 인간화된 형
  상으로 볼 것이다.

3 우리의 왕은 지상(至上)의 왕이 될 것이다. 그는 도덕이 땅에 떨어
  진 사회에서 그 존재를 연명하는 통치자들을 모두 갈아치울 것이
  다. 그 사회는 신의 권능을 부인하였고, 무정부주의의 불이 사방
  에 타오르게 하였으니 우리는 그 불부터 꺼야 한다. 비록 우리의
  왕이 많은 피를 흘리는 한이 있어도, 우리에겐 그런 사회의 존재
  들을 모두 멸망시켜야 할 책임이 있다. 비록 피를 많이 흘린 우리
  왕이지만 그는 국가라는 몸통에 온통 번진 종기와 싸우는 양심의
  군대라는 형태로 다시 부활하게 될 것이다.

4 신이 선택한 우리는 생각 없는 무리들을 인도적인 방법이건 짐승
  같은 방법이건 모든 가능한 방법을 동원해 멸망시킬 것이다. 지금
  은 그 무리들이 자유와 기본권의 원칙을 앞세워 모든 종류의 폭력
  으로 약탈하면서 개선가를 울렸고, 황폐해진 유대인의 왕좌에 서
  려 있던 수많은 사회 질서를 모두 짓밟아버렸지만, 우리의 왕국에
  우리 왕이 들어서는 순간 그들은 흔적도 없이 사라질 것이다.

5 우리는 세상의 모든 민족에게 다른 누구도 아닌 신의 가호를 받는
  우리의 왕만이 위에 열거한 모든 권세의 무리들과 악마의 무리들
  을 물리칠 수 있으며, 신이 운행하는 우리의 별(지구)에 그의 인장
  (印章)으로 장식된 우리의 왕 앞에 감사드리며 무릎을 꿇고 조아
  리라고 세계의 모든 인민들에게 말할 수 있게 될 것이다.

칙훈 제 24장

: 통령

1 이제 나는 지구의 마지막 순간까지 행할 다윗 왕조의 견진례(堅振禮) 방법을 전하도록 하겠다.

2 견진례는 오늘날까지 우리의 지도장로들이 인류의 모든 인문 교육 중에서도 가장 으뜸으로 여기고 있는 것임을 명심하라.

3 다윗의 후예 중에서 왕과 그의 후계자를 선출한다. 선택은 혈통에 의한 것이 아닌 탁월한 능력을 기준으로 하며, 정치 세계의 가장 신비한 비밀과 정부의 치국론(治國論)을 가르치도록 한다. 항상 이러한 비밀스런 지식은 선택받은 몇 사람 이외에 아무도 알 수 없게 해야 한다. 그 이유는 비밀스런 정치의 도를 터득하지 못한 사람에게 정부를 맡길 수는 없는 일이기 때문이다.

4 선택된 사람들에게만 앞에 말한 우리의 계획에 대해 여러 나라에 서 실제로 적용한 예를 들면서 모든 정치와 경제적 시책을 고찰하 며 차근차근히 가르치도록 한다. 즉, 인간의 상호관계를 다루는 자연법칙에 따라 이미 확고부동한 원칙이 세워진 모든 법의 기본 정신을 가르치는 것이다.

5 비록 적통의 혈통을 갖고 있는 사람이라 해도 훈련을 받고 있는 동안 경박하거나 너무 유약하여 국사를 다스림에 있어 적합하지 못하다고 판정될 때에는 그에게 왕위를 주어서는 안 된다. 그런 사람이 나라를 제대로 다스릴 수 없기 때문이다. 이는 왕실을 위 해서도 위험한 일이다.

6 비록 잔인한 성격을 갖고 있는 자라도 강력한 정치를 할 수 있는 자질을 갖춘 사람들만 우리 지도장로들로부터 통치의 직무인 왕 위를 받게 된다.

7 병이나 다른 이유로 정사를 관장하지 못할 경우에 왕은 새로운 사 람에게 왕위를 인계해야 한다.

8 현 시점에서, 그리고 미래에도 왕의 활동 계획이 무엇인지는 비록 가장 가까운 중신에게도 알려주지 않을 것이다.

: 유대민족의 왕

9 다만 왕 자신과 그를 추대한 세 사람만이 무슨 일이 일어날 것인 지를 알고 있을 뿐이다.

10 굽히지 않는 의지를 가진 왕의 됨됨이는 그가 완벽한 인간성을 갖춘 선인이 되었다는 것을 의미한다. 따라서 모든 사람들은 그의 신비스런 방법을 따라야 한다. 아무도 왕의 뜻이 무엇인지를 알 길이 없다. 아무도 감히 그의 앞길을 막아서는 안 된다.

11 왕이 될 사람이 생각하는 것은 정부가 정책을 세우는 데 필요한 사고와 상응해야 한다. 이러한 이유로 왕위에 오르는 것이지 왕위에 오른 다음에 지도장로들이 적합한 인물인가를 시험하는 것이 아니다.

12 그리고 왕은 대중과 함께 하는 시간을 많이 가져 그들이 왕을 사랑하도록 만들어야 한다. 그리하여 공포스런 방법으로 다른 세력을 억지로 누르고 있는 현 상황에서 그 세력을 한 데 묶을 수 있게 한다.

13 우리가 두 가지의 세력을 모두 완전히 장악할 때까지 공포를 사용하는 방법은 어쩔 수 없는 일이다.

14 유대의 왕은 감정에 치우쳐서는 안 된다. 특히 호색(好色)을 해서는 안 된다. 어떠한 경우에도 그의 마음을 짐승 같은 본능이 좌우해서는 안 된다. 호색은 특히 좋지 않다. 색정은 사물을 똑바로 직시할 수 있는 능력을 저하시키고 사고력을 흩어지게 한다. 무엇보다 가장 좋지 않은 것은 인간의 활동을 가장 짐승 같은 수준으로 빠지게 한다는 점이다.

15 성스런 다윗의 나라에서 지상군주로서 갖추어야 하는 지주(支柱)는 모든 개인적인 성향을 인민을 위하여 희생해야 한다.

16 우리의 지상군주는 만민 앞에서 흠 잡을 곳 없는 모범이 되어야 한다.

3부

시온의 칙훈서,
유래와 배경

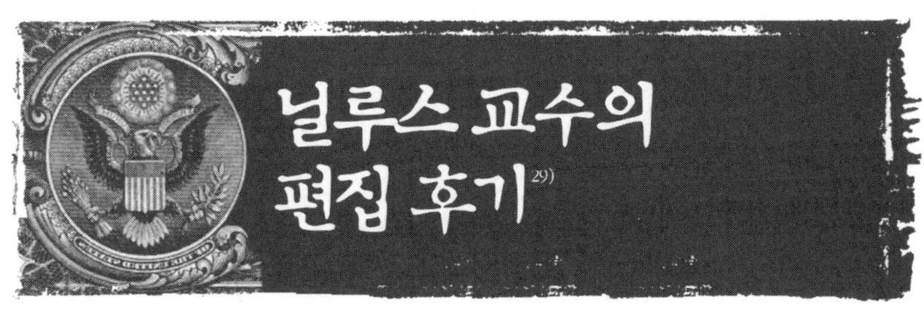

몬테피오레[30]는, "시온의 목적을 성취하는 날까지 한 푼의 돈이나 자선도 유대인 이외의 사람들을 위하여 쓰지 말라"고 했다. 실제로 오늘날 우리의 세대에 존재하고 있는 세계의 모든 국가들은 알게 모르게 시온의 왕국인 지상정부의 명령에 복종하고 있는 실정이다. 국가의 채권이나 국채 등 모든 부채와 국사는 시온주의자의 수중에 들어가 있다. 이들에게는 거대한 부채를 갚을 희망은 없다. 시온주의자들은 자금을 대여해 줌으로써 모든 국가들을 노예화시키고 교육을 통해 물질문명만 가르치고 있으며 젠타일들을 쇠사슬로 묶어 지상정부의 멍에를 씌우고 있다.

이제 머지않아 국가의 자유는 없어질 것이다. 개인의 자유는 종말을 고할 것이며, 시온이 황금막대로 사회의 지도자 지식 계급을

이리 저리 몰고 있는 한 개인의 참된 자유는 존재 자체가 불가능한
것이다.

"귀가 있어 들을 수 있는 사람들은 들어보시오."

『시온의 칙훈서』가 나의 수중에 들어온 지 거의 4년이 되었다.
그간 내가 얼마나 사람들을 깨우치려고 헛된 몸부림을 했는지 다
만 하느님만이 알고 계실 것이다. 나는 정부를 지키고 있는 위정자
들에게 주의도 주고 현재 러시아가 고초를 겪고 있는 원인을 밝히
면서 설명을 했건만 결국 소귀에 경 읽기였다.

이번 출판이 탈없이 성공하기를 바란다. 그리고 부디 이 책자가
널리 퍼져 아직도 귀가 있고 눈이 있는 사람을 한 사람이라도 더
깨우치게 하는 것이 나의 소망이다.

이스라엘 왕국은 오직 악으로 덮인 썩은 사회에서만 완력과 공
포로 개가를 올릴 수 있다는 것은 의심의 여지가 없는 일이다. 적
그리스도와 시온의 피바다 속에서 태어난 왕은 이제 막 제국의 왕
관을 머리에 쓰려 하고 있다. 보라. 국가 간의 전쟁과 불협화음, 거
짓 소리들, 그리고 기근, 전염병, 지진 등을. 세상을 뒤덮고 있는
가공할 일들이 무서운 속도로 퍼지고 있으며 어제까지만 해도 있
을 수 없던 것들이 오늘에 와서는 기정사실이 되었다. 유대 민족이
하는 일이 너무 빨리 진행되고 있는 것을 볼 수 있지 않은가. 시온
의 현자들이 곧 일어날 역사의 종말을 예언하고 비극의 장막을 올
리려고 하고 있다는 내용은 거의 신비스럽다 할 수 있다. 그러나
불의의 일이 일어날 것이라는 내용에 대하여 우리는 그 내용도 알

아보지 못하고 빼앗겨버리고 말았다.

오직 예수의 광명과 그의 성스런 우리의 그리스도교 교회만이 사탄의 심오한 악행을 측정하고 사악함의 깊이를 드러낼 수 있다.

나는 종은 이미 울렸다고 생각한다. 즉시 전 세계 에큐메니칼 회의를 열어 교파 간의 논쟁이나 교리의 싸움을 접어두고 크리스텐돔의 모든 성직자들과 각 교파의 대표들을 단결시키도록 하여 눈앞에 곧 나타날 적그리스도에 대항할 준비를 해야 한다.

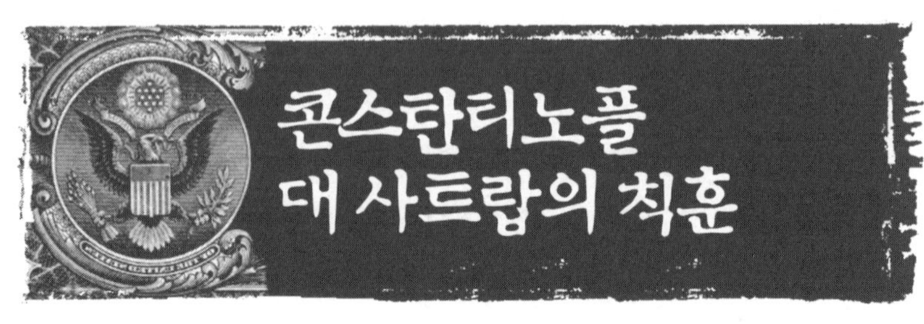

『시온의 칙훈서』와 비슷한 글을 소개하고자 한다.

스페인 부근에서는 유럽에 비해 비교적 유대인에게 관대한 처우를 했다. 그러나 13세기 말부터 14세기 초 영국과 프랑스 등지에서 유대인 추방 운동이 일어났다. 결국 1492년 3월 31일, 이사벨라(Isabella) 여왕과 페르디난드 5세(Ferdinand V)의 칙령에 의해 유대인의 추방령이 내려졌다. 스페인에 있던 많은 유대인은 외국으로 떠나거나 그곳에서 죽음을 당하거나 아니면 그리스도교로 개종을 해야 하는 형편이었다. 당시 스페인에서 가장 지위가 높은 랍비[31]인 쉐모어(Chemor)라는 사람이 콘스탄티노플(Constantinople) 대 사트랍[32]의 지위에 앉아 있던 대 산헤드린(Grand Sanhedrin)[33]에게 그러한 정치적 위기에 어떻게 대처해야 하는가를 질문한 편지에

답한 내용이 16세기 스페인의 고서 *La Silva Curiosa*라는 책 156~157 페이지에 수록되었다. 이 책은 지금 스페인 왕실 고문서 도서관에 보관되어 있다. 여기에 소개하는 글은 콘스탄티노플에서 온 회답의 글이다.

• • •

사랑하는 모세의 형제에게.

당신이 현재 겪고 있는 불행과 걱정이 담긴 서신을 잘 받았습니다. 우리는 그 설명을 읽고 마치 함께 당하고 있는 듯 뼈를 깎는 아픔을 경험했습니다.

대 사트랍과 랍비들이 모여 합의를 본 권고는 다음과 같습니다.

1. 스페인의 왕이 그리스도교로 개종하라고 요구한 문제에 대하여 : 우리로서는 다른 방법이 없으니 그 제의를 수락하고 그리스도 교인이 되기를 권고합니다.

2. 재산을 약탈당한다는 문제에 대하여 : 당신의 아들들을 상인으로 만들어 그리스도교도들의 재산을 조금씩 약탈할 것을 권고합니다.

3. 생계를 유지하는 문제에 대하여 : 당신의 아들들을 의사나 약장사로 만들어 그리스도교도들의 생명을 앗아가도록 권고합니다.

4. 그들이 시나고그(Synagogue)[34)]를 파괴하는 문제에 대하여 : 당신의 아들들을 성서학자로 만들고, 신부로 만들어 그들의

교회를 파괴하도록 권고합니다.

5. 많은 번뇌에 대하여 : 당신의 아들들을 검사, 변호사로 만들어
   정치에 참여하고 그들에게 멍에를 씌워 세계를 정복하여 복수
   하도록 권고합니다.

6. 우리가 주는 이 권고는 지금 받은 굴욕을 경험삼아 종국에는
   권력을 잡게 되는 칙훈이니 소홀하게 여기지 마십시오.

콘스탄티노플 유대인의 왕자

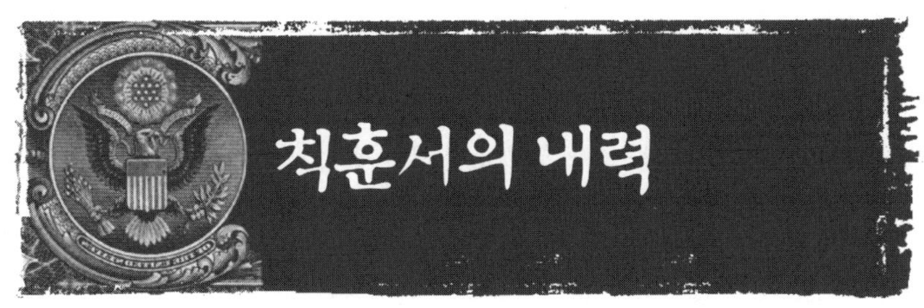

칙훈서의 내력

: 첫 등장

1884년 러시아 장군의 딸 글링카(Justine Glinka)는 러시아 내무부 장관의 비서인 오르게프스키 장군(General Orgevskii)의 지령을 받고 프랑스 파리에서 정보를 수집하고 있었다. 그녀는 파리의 프리메이슨으로 미즈라임(Mizraim) 라지에 속한 유대인인 요셉 쇼오르스트(Joseph Schorst)를 고용했다. 그는 『칙훈서』라는 것을 설명하면서 구입할 것을 제의했고, 글링카는 2천 5백 프랑을 지불하고 이를 구입했다. 글링카는 이를 즉시 러시아어로 번역한 다음, 프랑스어 원본과 함께 오르게프스키 장군에게로 보냈고, 장군은 이를 다시 자신의 상관인 슈레빈 내무장관에게 보내면서 황다고 역설했다.

슈레빈 장관은 이것을 평소에 신세를 많이 졌던 유대인 부호에게 보여주었는데, 부호가 황제에게는 보내지 말라고 해 공문서 도서관에 처박아버렸다. 한편 글링카에게 『칙훈서』를 구입하도록 권유한 쇼오르스트는 생명의 위협을 느끼고 이집트로 도망갔다. 프랑스 경찰에 의하면 쇼오르스트는 그곳에서 살해당했다고 한다.

그러는 사이에 러시아 황제의 사생활을 비방한 책이 프랑스에 나돈다는 소문을 들은 러시아 황제는 화가 나서 자신의 비밀경찰을 통해 이를 조사하도록 했다. 러시아 비밀경찰의 일원인 유대인 마니울로프(Maniulov)는 이것이 글링카의 소행이라고 거짓으로 보고했다. 그녀는 본국으로 소환되어 오렐(Orel)에 있는 자기 집에서 연금을 당하게 된다. 그러면서 그녀는 오렐 지역을 관장하는 귀족이며 치안책임자였던 알렉시스 수코팀(Alexis Sukhotim)과 가깝게 지내게 되었다. 어느 날 글링카는 그에게 『칙훈서』의 사본을 건네준다. 그는 이 책을 다시 자기 친구인 스테파노프(Stepanov)와 닐루스(Nilus)에게 보여주었다. 1897년 스테파노프는 이 사본을 필사해 개인적으로 유포했다. 반면 닐루스 교수는 이 『시온의 칙훈서』를 러시아로 번역하여 『하찮음 속의 위대함(*The Great Within the Small*)』이란 제목의 책으로 만들어 1901년 대량 출판했다.

이때 닐루스의 친구인 부트니(G. Butni)라는 사람도 한 권을 사서 영국으로 가져갔고, 이것이 대영박물관에 현재까지도 보관되고 있다. 그리고 이것이 현재 남아 있는 세계 유일의 원본이다.

: 은폐와 탄압이 시작되다

그 후 닐루스 교수는 1917년, 자세한 설명을 덧붙이고 원고를 더 다듬어서 재판을 찍었다. 그러나 시중에 배포하기도 전에 3월 공산 혁명이 일어났다. 정권을 잡은 케렌스키는 닐루스의 책을 모두 압수하여 없애도록 조치했다. 그 책을 소유하고 있는 자는 현장에서 총살하라고 명령할 정도로 철저하게 없애버렸던 것이다.

제1차 세계대전이 끝난 직후인 1919년, 백계 러시아 군대 내에서 이 모든 것이 유대인들의 소행이란 것을 알리는 뜻에서 이 책이 대량 살포된 일이 있었다. 같은 해 영국의 「모닝 포스트」라는 신문에서도 믿을 만한 문서였다고 이 책에 대하여 기사화했다. 1921년 미국의 「타임」지도 이를 매우 중요한 문서로 다루었다.

1924년 닐루스 교수는 키예프(Kiev)에서 체카[35]에 체포되어 온갖 고문을 당했다. 이때 유대인 교도관장이 말하기를 『칙훈서』를 출판해 추정할 수 없을 만큼 해악을 끼쳤다면서 고문했다고 한다. 그 후 석방이 되어 몇 달간 자유를 누렸으나 모스크바에서 다시 게페우(GPU)에 체포되어 투옥되었다. 1926년 2월에 석방된 그는 블라디미어(Vladimir)에서 망명 생활을 하다 1929년 1월 13일에 사망했다.

: 세계로 퍼져나간 『칙훈서』

그런데 닐루스 교수의 두 번째의 책인 1917년 판 중에 몇 권이 비밀리에 밀반출되었다. 이 책을 1919년 독일의 고트프리트 벡(Gottfried Beek)이라는 사람이 번역 출판했고, 영국과 프랑스에서는 1920년에 빅터 마스덴(Victor E. Marsden)이 번역했다. 1921년에는 미국에서 출판되었고 그 후 이탈리아어·아랍어·일본어·중국어로도 번역 출판되었다.

한편 스테파노프의 필사본은 손으로 쓴 것이어서 알아보기가 어렵기도 하거니와, 공산혁명 이후에는 완전히 자취를 감추었다.

여기서 마스덴에 대해 알아볼 필요가 있다. 그는 영국「모닝 포스트」의 특파원으로 러시아에서 활동했다. 러시아 여자와 결혼하여 러시아에서 오랜 세월을 살았는데, 특히 러시아의 공산혁명 과정을 생생하게 기록하여 많은 독자로부터 사랑을 받았다. 그러나 혁명이 끝날 무렵 소비에트 정부의 노여움을 사 베드로바울 감옥에 투옥되어 있다가 구사일생으로 탈옥해 영국으로 돌아올 수 있게 된다. 영국에 돌아온 그가 건강을 회복한 후 곧바로 시작한 일이 바로 소련에서 갖고 온『칙훈서』를 번역하는 것이었다. 그의 영어 출판본은 지금도 영어권에 있는 유일한『칙훈서』로 남아 있다. 나 역시 마스덴의 영어 원본을 번역했다.

1919년 독일에서 출판된 벡의 번역본은 별로 많이 읽히지 않았다. 히틀러도 이 책을 모르고 있다가 유대인 참모였던 알프레드 로젠버그(Alfred Rosenberg)에게 소개받아 읽게 되었는데, 나중에 이것을 대량 출판하여 독일인에게 읽혔다는 설이 있다.

로젠버그는 후에 나치의 공식 사상 연구가가 되었다고 한다. 이는 루즈벨트와 히틀러, 두 사람과 동시에 가까운 관계를 유지하였던 어네스트 한프스탱글(Ernst Hanfstaengl)이 한 말이다. 오스트리아의 작가 루돌프 코머(Rudolf Kommer)에 의하면, 그것은 유대인인 빅터 로스차일드(Victor Rothschild)의 지시에 의한 것이었다고 한다. 독일인에게 반 유대사상을 심어서 유대인들이 박해를 받으면 유대인들은 시온 국가의 건국을 더욱 절실하게 바라게 되고, 시온 국가를 건국할 곳을 마련하는 데 사력을 다하게 될 것이라는 논리에서였다고 한다.

: 과연 누가 『칙훈서』를 만들었을까?

『칙훈서』가 유대인들이 제작한 것이라는 주장은 다음과 같은 논거를 갖고 있다.

의정 칙훈서는 회의의 의사진행 기록과 결의사항을 간단명료하게 정리 기록한 것이다. 즉, 시온의 통솔 책임자들 중에서도 가장 깊은 장막 속에 위치한 사람들을 위하여 그들에게 가르칠 지침을 담은 것이라 할 수 있다. 물론 그것은 피지배층을 위한 것이 아니고 지배층을 위한 지침이었으므로 기밀에 속하는 것이어서, 지도 장로들의 손에서 손으로만 대대로 물려오면서 수정하고 보안되어 왔다고 한다. 그러다가 가끔씩 그 내용이 부분적으로 또는 개요 정도만이 바깥으로 흘러나와 출판되었던 것이다.

1770년대 후반에 일루미나티의 시조인 아담 와이샤우트(Adam Weishaupt)와 마야 암쉘 로스차일드(Mayer Amschel Rothschild)가 비밀리에 만나 『칙훈서』를 현대화하기로 합의를 보았다. 때문에 『칙훈서』가 일루미나티가 세계를 통치할 때까지의 지침을 엮은

문서라고 하는 이도 있다.

1897년 소위 현대 시온주의의 아버지라고 부르는 데어도어 허츨(Theodore Herzl)이 회장으로 재직 당시 바슬(Basle)에서 있었던 제1차 시온의회(the First Zionist Congress)에서 의정 칙훈서를 배부하였다는 설도 있다.

1920년 초 허츨의 일기장 한 권이 출판된 일이 있었다. 그 중 일부가 1922년 7월 14일자 「주이시 크로니클(*Jewish Chronicle*)」이라는 신문에 번역 게재되었다. 허츨이 1895년 영국을 방문하였을 때 골드스미스(Goldsmith)라는 영국군 대령과 만나 대화를 나눈 이야기였다. 골드스미스 대령은 영국에서 태어난 유대인으로 그리스도교 신자며 영국군 장교였으나 속으로는 유대인 국수주의자였다. 이 두 사람이 만났을 때 골드스미스는 허츨에게 유대인들의 영국 경제권 장악에 악감정을 갖고 있는 국민들을 감싸는 영국 귀족들의 권한을 약화시키는 지름길은 토지에 대한 세금을 최대한 인상하는 것이라고 조언을 했다. 허츨은 이것을 아주 좋은 착상이라고 생각하여 그 방법을 칙훈 제6장으로 채택한 것이라 한다.

허츨의 일기에서 발췌한 위의 내용은 유대인들에게 세계를 장악하려는 계획이 있다는 것을 보여준다. 머리 좋은 독자라면 자신들의 경험과 근래의 역사를 통해 『칙훈서』의 구절 하나하나가 얼마나 사실과 부합되는지 확인할 수 있을 것이다. 이러한 생생한 일화를 바탕으로 마스덴이 번역한 이 가공할 책을 읽기 바라는 바다.

허츨의 뒤를 이어 시온운동의 지도자가 된 와이즈만 박사(Dr. Weismann)가 1920년 10월 6일 수석 랍비 허츠(Hertz)의 송별 만찬석상에서 연설을 했다. 이 수석 랍비는 대영제국 순방을 떠나는 참이었다. 와이즈만 박사는 옛 성현의 말을 인용하여 "유대인의 안녕을 보호하도록 마련된 하느님의 가호가 있다는 증거는 하나님이 허츠 랍비 당신을 전 세계에 퍼지게 함이올시다"라고 했다.[36] 이제 이 내용을 염두에 두고 칙훈 제11장을 참조하기 바란다.

신은 우리를 선택된 민족으로 삼으시고 우리를 세계 만방에 흩어지게 하는 선물을 주셨다. 이러한 사실은 세상의 모든 사람들의 눈에는 가엾게 보이겠지만 실지로 우리에게는 큰 힘을 주신 것이다. 그로 인해 우리로 하여금 전 세계를 통치하는 주권을 갖도록 그 터전을 마련해 주신 것이다.

우리는 이 글에서 몇 가지 사실에 주목할 필요가 있다.

첫째, 지도장로는 실제로 존재하는가? 둘째, 팔레스타인을 국가의 보금자리로 만들겠다는 것은 유대인들의 진정한 목적을 위한 위장에 불과하고 그들의 계획의 미세한 일부일 뿐인가?

여기서 장로라고 부르는 사람들은 누구를 말하는 것인가? 이들은 알려지지 않은 비밀 조직이며 장막에 가려 있는 사람들이라 한다. 그들은 영국에 있는 유대인 의회(Jewish Parliament)나 파리에 있는 만국 이스라엘 민족 동맹(Universal Israelite Alliance)의 대의원들도 아니다. 독일의 알게마이너 전기회사(Allgemeiner Electricitaets Gesellschaft)[37]의 발터 라테나우(Walter Rathenau)라는 사람이 다음과 같이 언급한 적이 있을 뿐이다. 그는 프리메이슨 지도자였기 때문에 다른 장로들의 이름을 알고 있었을 것이다. 그는 1912년 12월 24일 「빈 자유 언론(*Wiener Freie Presse*)」이라는 신문에서 이렇게 설파했다. "자기네들끼리 서로 잘 아는 3백 명[38] 정도 되는 사람들이 유럽대륙(세계)의 운명을 좌우하고 있으며, 지도자는 그들 스스로 선출한다."

1844년 유대인 소설가이자 영국 수상을 지내기도 한 벤자민 디즈레일리[39]는 정치소설 『코닝스비(*Coningsby*)』에서 엄청난 이야기를 했다. 그는 '세상 사람들이 장막 뒤에 있는 사람들이라고는 가히 상상을 할 수 없는 아주 엉뚱한 사람들이 세계를 지배하고 있다'며 이 사람들이 모두 유대인들이라고 밝혔다.

드디어 유대인들끼리의 숨겨진 비밀의 내역인 『칙훈서』가 세상에 알려짐으로써 디즈레일리가 말하는 장막 뒤에 있는 사람들이 어떤 사람인지 명확히 알 수 있게 되었다고 사람들은 말하고 있다. 그리하여 이러한 내용이 널리 공개됨으로써 세계의 젠타일들에게 이 칙훈에 대해 철저히 알아볼 여유가 생겼다. 세계 각국이 생존하기 위해서라도 민족과 국가에 대한 관념을 본질적으로 재고할 필요가 있다.

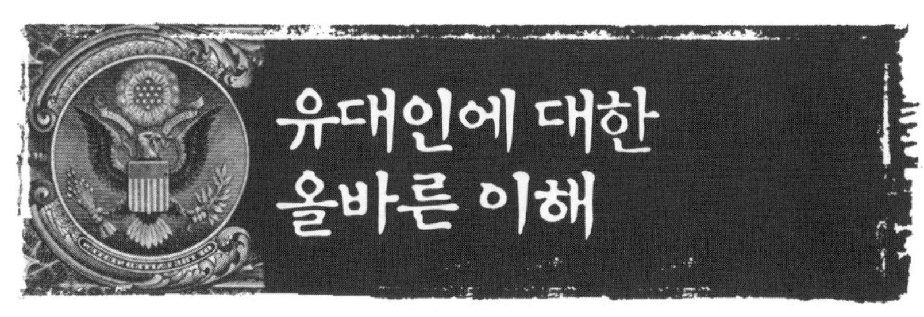

이 책은 이스라엘을 주축으로 누구도 도전할 수 없는 절대적 조직인 시온주의자들이 이스라엘이란 땅덩어리뿐 아니라 세계를 정복할 책략을 가르치고 있는 교본이다. 그런데 문제는 세계를 정복하고 절대군주로 임하며, 세계 종주민족으로 나머지 모든 인류를 지배하겠다는 그 유대인들이 과연 누구냐 하는 것이다. 우리가 아는 유대인은 유대인이 아닐 수 있고 우리가 유대인이 아니라고 아는 사람들 중에 진짜 유대인이 있을 수 있다. 이 말은 세계를 정복하려는 사람들이 지금 팔레스타인 땅인 옛 고향으로 찾아가 국가를 건설한 그 유대인들이 아닐 수도 있다는 뜻이다. 어째서 그러한 이론이 성립되는지 설명해 보겠다.

: 우리가 아는 유대인

대부분의 우리는 『베니스의 상인』 같은 작품을 통해서 유대인은 돈밖에 모르는, 인간미라고는 눈곱만치도 없는, 돈을 벌기 위해서는 어떤 수단과 방법도 가리지 않는 사람으로 알고 있다. 그들은 아주 머리가 좋고, 외양은 키 큰 백인처럼 생겼다. 바로 우리 머리에 새겨진 유대인들의 모습이다. 그리고 유대인들은 예수를 죽인 장본인이며, 그 때문에 세계 도처에 뿔뿔이 흩어져 피난살이를 하면서 갖은 박해를 받아온 민족으로 안다. 특히 나치 독일 치하에서 6백만 명이란 죄 없는 유대인들이 샤워장에서 독가스로 죽었다. 그런가 하면, 공산주의를 만들었다는 칼 마르크스도, 러시아 혁명을 이룬 레닌이나 트로츠키도 유대인이며, 멘델스존이나 스피노자 같은 사람도 유대인이다. 아인슈타인 같은 희대의 과학자를 배출한 민족이 유대인이라는 것도 익히 알고 있는 터다. 그래서 우리에게 유대인이란 민족은 이루 형언할 수 없는 박해와 고통을 이겨낸 민족인 동시에, 더없이 명석한 두뇌를 가진 민족이다. 그러나 그저 세계 만방에 퍼져 살던 종족이라는 막연한 인식보다 좀더 확실하게 그들이 누구인가를 알아보고 유대인에 대해 말할 수 있어야 한다.

: 성경 속의 유대인

유대인의 근원을 생각한다면 살색이 좀 갈색인 중동 사람들이어야 이치가 맞다. 그러나 우리 머릿속에 그려진 유대인상은 분명 백인이다. 물론 아프리카, 중국 그리고 인도로 이주하여 오랫동안 산 유대인들 중에는 흑인도 있고 인도인도 있으며, 중국인도 있다. 한국인 중에도 유대인이 있을 줄로 믿는다. 우선 각 지방에서 토속화한 소수의 유대인들은 제외하자. 디아스포라로 세계 만방에 퍼지게 되었다 해도 대부분의 유대인들이 그들의 본 고장인 옛 가나안 땅 팔레스타인 또는 그 근방 지역에 살 거라 생각된다. 그렇다면 대부분의 유대인들은 매부리코를 가진 백인이 아니라 오히려 피부색이 갈색인, 지금 우리가 말하는 아랍인과 비슷한 사람들이어야 한다.

: 유대인의 정의

유대인이라 함은 성경에서 말하는 야곱(일명 이스라엘)의 열두 자식에서 나온 열두 형제의 후손을 생각할 수 있다. 그런데 어떤 사람은 유대인을 열두 형제의 하나인 유다에서 나온 말이기 때문에 그 유다의 자손만 유대인이라 해야 한다며 그 범위를 좁히는 사람들도 있는가 하면, 더 위로 거슬러 올라가 아브라함의 친인척까지도 유대인에 포함해야 한다는 주장도 있다. 이렇게 되면 터키 일부와 시나이 반도를 포함해 이란까지 합한 중동 일대에 살던 인종을 모두 유대인에 포함해야 할 것이다. 즉, 아라비아, 메소포타미아, 시리아, 팔레스타인 지역의 주민이다. 물론 이 지역에는 다른 인종도 살았다고는 하지만 히브리어 계통, 좀더 자세하게 말하면 셈(Sem 또는 Shem) 족의 언어로 말하는 사람을 큰 범위로 볼 때 유대인으로 볼 수도 있다는 이야기다. 그런가 하면 어떤 사람은 유대교를 믿는 사람은 모두 유대인이라고 칭하는 이도 있다.

우리는 유대인이라 보지 않지만, 유대인들은 스페인과 프랑스 지역에서도 많이 살고 있다. 스페인과 프랑스 사이 국경을 가르는 산맥이 있다. 바로 피레네(Pyrenees) 산맥이다. 이 단어는 성경에서 흔히 듣는 유대인의 부족 이름인 바리세(Pharisees), 에세네(Essenees)와 같은 맥락의 이름이다. 그래서 피레네 산맥은 히브리 족의 이름인 것이다. 이 지역이 유대인과 관련이 깊은 데는 사연이 있다. 바로 피레네 산맥 동북쪽의 론(Rhone) 강과 지금 스페인의 에브로 강 사이 산악 지대에 6세기에서 8세기 초까지 셉티마니아(Septimania)라는 유대인 왕국이 있었기 때문이다. 그뿐 아니다. 유대인들은 아프리카나 아시아, 즉 인도, 중국, 말레이시아, 심지어 일본에까지 그 나라 사람으로 동화되어 살고 있다. 그 중 더러는 아직도 유대인들의 전통을 지키고 사는 사람들도 있다. 한국에도 유대인의 피가 섞인 사람이 없지는 않을 것이라 믿는다. 근래 일본에서는 사무라이 계급이 유대인이라는 주장도 있다. 이는 아마 DNA 검사를 통해야만 증명이 될 것이다. 여기서 강조하고 싶은 말은 우리가 유대인이 아니라고 믿는 사람들 중에 많은 유대인이 있고, 유대인은 우리의 상상을 훨씬 초월하여 세계 각지에 존재한다는 사실이다.

: 열세 번째 부족

유대인에게 열세 번째 부족이라는 것은 없다. 유대인의 계보는 위에서 말한 대로 열두 부족뿐이다. 그런데 굳이 열세 번째라고 부르는 이유는 유대인 아닌 종족이 유대인으로 첨가되었기 때문이다.

서기 7세기에서 11세기 사이, 카자르(Khazar)라는 민족은 흑해와 카스피해 사이를 연결하는 코카서스(Caucasus) 산맥의 북쪽, 서쪽으로는 지금 헝가리와 접하는 카파티아 산맥에서부터 동쪽으로는 우랄 산맥까지를 국경으로 삼아 지금의 러시아 땅을 거의 차지하고 있었다. 카자르 족은 당시 세계 3대 세력권의 하나였다. 즉, 서부의 그리스도교 세력, 동부의 이슬람 세력과 함께 큰 세력을 이루고 있었던 것이다. 카자르는 두 세력 사이 완충 역할을 하면서 소위 실크로드를 이용하여 동서 교역의 중간 지점에서 많은 돈을 벌었다. 그러나 이슬람·그리스도교 세력 모두 카자르 족을 자신의 종교권 안에 넣으려 위협했다. 8세기 중엽, 카자르 족은 실리를 노리는 차원에서 양쪽 모두의 공통점을 가진 유대교를 국교로 선택함으로써 어떠한 영향도 받지 않는 독립된 중립을 꾀했다. 그리고 이때부터 종교적인 기반으로 토라(Torah)와 탈무드(Talmud)를 기초로 하는 유대 문화에 완전히 합류하게 되었다. 그러나 이들은 뜻하지 않게 중국 쪽에서 파죽지세로 밀고 들어온 징기스칸에 의하여 완전히 풍비박산되어 인근 지역으로 뿔뿔이 흩어졌다. 성경의 유대인들과 마찬가지로 디아스포라를 경험하게 된 셈이다. 카자르 족은 주로 폴란드와 헝가리 지역으로 피했다. 카자르 족을 독일어로 아쉬케나짐 유대인(Ashkenazic Jews)이라고 불렸는데, 스페인으로 몰렸던 유대인들인 세파르딤(Sephardic Jews) 유대인과 함께 유대인의 양대 큰 줄기를 이루게 된다. 그리고 현재 이스라엘을 구성하고 있는 유대인의 90퍼센트 이상이 이 카자르 족인 아쉬케나짐 유대인이다. 아쉬케나짐 유대인이 사용하는 언어는 독특한데, 이 언어를 이디쉬(Yiddish)라고 부른다.

따라서 매부리코라는 특징을 가진 전형적인 백인이자 일반적으로 코카시아(Caucasian) 사람으로 알려진 카자르 민족은 유럽이나 기타 지역에 흩어져 살면서, 성경 속의 열두 부족이 아님에도 스스로 유대인이라 칭했다. 1960년의 통계에 의하면 아쉬케나짐 유대인의 인구가 약 1천 1백만 정도인데 반해 스페인을 기점으로 하는 히브리계 유대인인 세파르딤 유대인(Sephardic Jews)은 50만에 불과하다. 이러한 연유로 현재 유대인이라고 하면 아쉬케나짐 유대인으로 인식하고 있다. 이는 역사의 뒤안길에 숨겨져 일반인에게 알려져 있지 않다. 1976년 소설가 아서 코슬러(Arthur Koestler)는 그의 저서 『열세 번째 부족(*The Thirteenth Tribe*)』에서 역사적인 근거를 낱낱이 제시하면서 카자르 족과 아쉬케나짐 유대인 유래에 관해 밝힘으로써 유대인 사회에서 굉장한 반응을 불러일으켰다. 저자 역시 아쉬케나짐 유대인이었으나 유대인으로서라기보다는 카자르 족으로서 긍지를 갖고 싶었고, 역사를 바로 알자는 뜻에서 책을 썼다고 발표했다. 그 후 1983년 코슬러는 런던 자택에서 부인과 함께 의문의 시체로 발견되었다. 경찰은 이 사건에 대해 과학적으로 납득되지 않는 점은 많으나 자살로 단정하고 수사를 마무리했다.

: 세파르딤 유대인

세상에 알려진 유대인 중 아쉬키나짐 유대인과 그 외 아주 극소수를 제한 나머지가 세파르딤 유대인이다. 세파르딤(Sephardim)이란 말은 세파르디(Sephardi)의 복수로 히브리어로는 스페인이란 뜻이다. 세파르딤 유대인이란 이베리아 반도에서 온 유대인을 일컫는다. 이들은 이디쉬와는 달리 라디노(Ladino)라는 언어를 사용했는데 이는 히브리어와 스페인어의 혼합이다.

세파르딤 유대인이 스페인으로 이주하게 된 이유는 다음과 같다. 기원전 10세기경 페니키아의 해상술 덕분에 상업을 목적으로 이주가 시작되었다. 그러다 기원전 6세기경 유대인이 바빌로니아에 잡혀가는 혼란기와 서기 70년 경 혜롯 왕이 새로 지은 솔로몬 궁전을 불태우고 유대인을 학살할 때 많은 유대인이 고향을 떠나 로마군을 따라 군수물자를 공급하는 상인으로 오게 되었다. 12세기에는 전 세계 유대인의 90퍼센트가 세파르딤 유대인이었고, 스페인에 있는 유대인이 전 세계의 유대인 수보다 훨씬 많았다.

1478년 이사벨라 여왕과 페르디난드 왕 그리고 가톨릭 교회가 합작하여 유대인을 축출했다. 수세기 동안 회교도인 아프리카에서 온 마우리(Mauri 또는 Moors) 족의 점령 하에 종교의 자유를 누리면서 회교, 가톨릭, 유대교, 심지어 이단 그리스도교까지 활성화되는 복합 종교문화를 이룩하고 있을 즈음, 십자군의 여파로 스페인을 가톨릭이 점령한 후 가톨릭을 제외한 모든 비 가톨릭을 추방하는 유명한 스페니쉬 인퀴지션(Spanish Inquisition)이 시작된 것이다. 스페인 정부의 조건은 간단했다. 스페인 국민과 마찬가지로 크리스천이 되든지 아니면 스페인을 떠나라는 것이었다. 이로 인하여 많은 유대인이 스페인을 떠나 프랑스, 이탈리아 등 다른 나라로 퍼지게 되었다. 물론 가톨릭으로 개종을 한 유대인도 적지 않았다. 이런 사람들을 마라노(Marrano)라고 부른다.

: 다윗의 자손

　다윗은 유다의 후예고, 예수는 다윗의 자손이다. 칙훈서의 마지막 장에서 지상군주는 다윗의 자손이 된다고 한다. 즉, 예수의 후예가 세계를 정복하고 온 세계의 군주가 된다는 뜻이다.

　성경에서 예수는 십자가에 못 박혀 죽은 것으로 나와 있다. 하지만 그의 어머니 마리아에 대해서는 어디서 어떻게 살다 죽었는지 언급하지 않는다. 만약 당시 예루살렘의 통치자 본시오 빌라도(Pontius Pilate) 혹은 예수를 잡아들인 산헤드린이 예수를 죽였다면 그의 가족을 그대로 놓아두지 않았을 것이다. 사학자들이 고증을 기초로 하여 연구한 결과, 예수의 시체를 빌라도에게서 받았다는 아리마디아의 요셉(Joseph of Arimathea)이 주선하여 예수의 가족을 일단 프랑스 남단 마르세이유에 피난시켰다가 나중에 지금의 영국 글래스톤베리(Glastonbury) 또는 앵글시(Anglesey)로 옮겼고, 마리아는 그곳에 묻혔다고 설명한다. 또 다른 설에 의하면 마리아는 말년에 에베소(Ephesus)에 와서 살다가 죽었는데 그녀를 기념하고자 에베소 근방 파나야 카풀라(Panaya Kapula) 언덕 기슭에 마리아의 집을 세웠고, 예루살렘 부근 예호사파르 계곡

(Valley of Jehosaphar)에 그녀의 무덤이 있다고 한다. 얼마 전 고고학자인 지오반니 베네데티(Giovanni Benedetti)에 의해 예호사파르 계곡 무덤에 있는 마리아의 뼈는 양뼈로 판명됐다. 그러자 교황청은 더 이상 마리아의 무덤을 찾는 일을 중단하라고 명했다. 한편 1950년 바티칸의 교황 피우스 12세는 마리아는 육신과 영체가 함께 승천했다고 공표하기도 했다.

예수의 후손과 역사 속에 숨겨진 비밀을 탐구하는 학자들은 예수의 혈통이 메로빙거 왕가와 합쳐졌다고 주장한다. 메로빙거 왕가는 아카디아(Acadia)에서 출발하여 프랑크(Frank)를 통치했던 가문이었으며, 신성로마제국의 초대 황제 카롤링거의 아버지 피핀에 의하여 정권을 빼앗길 때까지 유럽을 석권했던 집안이었다. 히틀러가 꿈꾸던 범독일 세계 패권은 메로빙거 가문에 흡수당했던 아리안 종족의 전통을 되찾으려는 노력이었다고도 볼 수 있다.

그러나 범독일의 꿈은 범앵글로색슨(Pan Anglo-Saxon) 세력, 다시 말해 미국, 영국, 캐나다, 오스트리아, 뉴질랜드, 즉 영어권에 의하여 말살되었다. 그렇다면 과연 어디에서 다윗의 후예가 나타날 것인가? 일반적으로 아쉬케나짐 유대인이 현재 세계의 경제를 주름잡고 있으니 그들이 다윗의 후예라고 주장할 수도 있다. 하지만 본인의 생각은 다르다. 『칙훈서』의 내용으로 본다면 주체는 다윗의 후손이라고 한다. 예수는 다윗의 후손이다. 예수의 가족은 영국으로 피난해 유럽에 근거를 둔 유대인일 것이다. 그리고 예수의 가문은 메로빙거 왕가와 피를 합하게 된다. 이 논리로 본다면, 유럽에 있는 사람이 『칙훈서』의 주체일 가능성이 높다.

■ **고이(Goy) 또는 고임(Goyim)**

고임(Goyim)이라는 단어는 고이(Goy)의 복수형으로『칙훈서』전체에 자주 나오는 용어이다. 깨끗하지 못하고 부정(不淨)하다는 뜻으로 마치 우리가 일본 사람을 왜놈이라고 부르듯 유대인이 아닌 지도자 계급을 천시하며 일컫는 말이다. 마스덴은 이 원어를 그대로 사용하였다. 이 책에서는 고임이라는 복수형을 사용하지 않는 대신 고이들이란 표현을 주로 사용하였다.

■ **메이슨(Mason) 또는 프리메이슨(Freemason)**

메이슨은 프리메이슨을 짧게 표현하는 말이다. 세계사의 주인공이라고 말할 수 있을 정도로 세계를 좌지우지하지만 장막에 둘러싸여 있기에 알려지지 않은 비밀 조직이다. 한국전쟁, 두 번에 걸친 세계 대전, 걸프전쟁, 석유 파동, 그리고 1990년대 아시아의 경제 몰락까지 세계적인 사건을 배후 조종한 것으로 알려져 있다. 이 조직의 최종 목표는 세계 단일정부를 세우는 것이다.

■ **상징적 뱀(Symbolic Snake of Judaism)**

칙훈 3장에는 유대의 상징적 뱀(Symbolic Snake of Judaism)이란 말이 나온다. 1901년판『칙훈서』를 보면 이 상징에 대하여 닐루스 교수는 다음과 같이 설명했다. 유대인의 시온주의 기록을 보면 기원전 929년에 솔로몬과 다른 지도자들 사이에서 비록 이론에 불과했지만 평화적으로 세계를 시온주의로 정복한다는 기록이 있었다. 시간이 흐르면서 이 계획은 더욱 구체화되고 이 문제를 다루는 사람들에 의하여 계획이 완성되었다. 뱀의 머리는 유대인 통치부의 수뇌를 상징하고 뱀의 몸통은 유대인 백성을 뜻한다. 통치부는 유대인 국가에게까지도 비밀로 되어 있다. 이 뱀은 각 나라에 침투하여 국가의 힘을 약화시키고 비 유대인의 권력을 삼켜버린다. 뱀이 할 일은 애당초 계획한 대로 임무를 끝내는 것이다. 유럽을 감싸서 전 세계를 그의 몸으로 몽땅 움켜잡을 수 있을 때까지 모든 나라의 경제를 장악함으로써 실질적인 정복을 완수하는 것이다. 뱀의 머리가 세상 밖으로 드러나는 시기는 유럽의 모든 국가의 자주권과 모든 권력이 그 앞에 엎드릴 때이다. 그렇게 하기 위해서는 각국에 효과적인 경제 위기를 창조하고 영적인 파괴와 윤리의 붕괴해야 한다. 각국 위정자들은 프랑스, 이탈리아 등의 사람들로서 유대의 여자들과 함께 거리를 활보하고 다닐 것이고 이들이 바로 윤리와 도덕을 추락시키고 영적 타락을 퍼트리는 장본인이 된다.

상징적 뱀의 진행로는 다음과 같다. 첫 번째로 기원전 429년 그리스에서 페리클레스 시대에 이 뱀은 그 나라의 권리를 삼켰다. 두 번째는 기원전 69년에 로마의 아우구스투스 때, 세 번째는 서기 1552년 마드리드에서 찰스 5세때, 네 번째는 1790년 프랑스의 루이 16세때, 다섯 번째는 1814년 런던에서 나폴레옹이 멸망할 때부터 계속되고 있으며, 여섯 번째는 1871년 독일의 베를린에서 프랑코-프러시안 전쟁(Franco-Prussian war)이 끝난 다음부터이며, 일곱 번째는 1881년 러시아 상트페테르부르크에서 뱀의 머리가 나타났다고 한다. 뱀이 지나갈 때 그 나라의 주춧돌인 헌법이 흔들렸다. 이에 열거한 각 도시들은 호전적인 유대인의 중심지가 되었다.

■ 시온(Zion)

유다이즘에서 말하는 상징적인 유대인의 고향, 이스라엘 또는 하느님을 모실 수 있는 성스러운 곳. 하느님의 도시를 시온(Sion) 또는 지온(Zion)이라 한다. 이 도시는 유대인에게는 거의 유토피아나 극락에 비유할 수 있을 정도로 의미가 깊은 고장이다. 따라서 지명으로서 고유명사는 시온(Sion)이나 지온(Zion)을 서로 바꾸어 표현하여도 무방하나 고향으로 되돌아간다는 시온주의의 정치적 이데올로기로서 고유명사는 지온(Zion)으로 불러야 옳다. 때문에 엄밀하게 말하면 지온이라 표기해야 옳지만, 지온은 한국인에게는 낯선 단어이기 때문에 여기서는 지온 대신 시온 또는 시온주의라 표현하였다.

■ 시온주의(Zionism)

유대인이 세계 만방에 흩어져 있는 상태인 디아스포라에서 고향 팔레스타인으로 돌아가자는 운동이다. 따라서 팔레스타인으로 돌아가는 것이 당연하다고 믿는 사람, 그러길 원하는 사람, 그런 운동을 하는 사람들을 모두 시온주의자 또는 지오니스트라고 부른다. 그러나 이 책에서 말하는 '시온' 지도장로들이 추구하는 사회는 팔레스타인에 유대인의 국가를 형성하는 것이 목적이 아니라 세계를 통일했을 때 이루어지는 세계 단일정부 즉, 그들이 말하는 지상정부를 세우는 것을 말한다. 그것은 1990년대에 전 세계적으로 뭇 사람들의 입에 오르내리던 신세계질서에 의해 하나의 정부를 수립하는 것과 상통함을 이해하기 바란다. 한국에서는 신세계질서라는 용어 대신 신자유주의라는 말을 주로 사용하고 있으나 세계적으로 볼 때 신세계질서, 세계 단일정부, 세계화, 자유무역, 시장경제, 신국제경제질서 등의 용어가 널리 사용되고 있으며, 이 모든 용어들이 지향하는 것은 세계 통일에 의한 단일정부이다.

그리고 현재 이스라엘 국가를 형성하는 시온주의자들의 시온주의와 여기서 말하는 시온주의와는 본질이 다른 시온주의일 가능성도 있다.

■ '시온' 지도장로

'시온' 지도장로는 과연 누구이며 몇 명이나 되는가 하는 것은 모든 사람에게 수수께끼로 남아 있다. 『칙훈서』 24장 6절에는 지도장로들이 절대적 지상군주인 왕을 다윗 왕의 후손 중에서 선택하여 봉(封)한다고 적혀 있으며, 9절에 보면 지도장로 3명이 왕을 추대한다고 한 것으로 짐작하면 지도장로들은 3명으로 구성된 것이 아닌가 추측할 뿐이다.

■ 아젠투어(Agentur)

이는 원어를 그대로 사용한 용어로 세계를 지배하겠다는 소수의 특수 그룹인 장로들 앞에서 일하는 대리인 그리고 그들의 집단을 집합적으로 표현한 것이다. 좀더 현실적으로 말한다면 IMF, BIS, OECD, UN 등의 상위 실무자들, 특히 미국 정계의 실세들을 거의 모두 '아젠투어'라고 표현할 수 있다. 이 책의 해제에서는 '아젠투어'와 '엘리트'를 혼동하여 사용하도록 한다.

■ 유대주의(Judaism)

주다이즘이라고도 한다. 유명한 유대인 장로인 모세 멘델존(Moses Mendelssohn)은 주다이즘은 종교가 아니며, 종교화된 법률이라고 정의하였다. 그러나 사전적 의미는 유대인의 문화적, 정신적, 사회적 의식의 기초를 이루며 영적인 면과 윤리적인 근본을 마련하는 단일신의 종교로 주로 성경과 탈무드 교리에 기준을 두고 아브라함에서부터 출발하며 유대 민족의 제식과 풍습의 기초가 되는 종교라고 설명하였다. 요즈음 세상이 마지막 장에 가까워짐으로 세계 통일의 의도가 점차 노골화되어간다. 때문에 멘델존의 정의가 더욱 실감되는 때이다.

■ 유럽

『칙훈서』 내용에서 유럽이라고 부르는 것은 세계로 해석하는 것이 옳다. 내용 중에서 세계라고 부른 것은 당시의 유럽을 일컫는다. 당시 아시아는 서양인의 안목으로 볼 때 너무나 보잘것 없었기에 그들은 아시아는 염두에 두지도 않았다. 그러니 번역은 그대로 유럽이라 하고 world는 그대로 세계라고 번역하였으나 모두 세계로 이해하기 바란다.

■ 젠타일(Gentile)

젠타일이라는 어휘는 유대인이 아닌 사람들, 특히 그리스도교의 사람을 통틀어 부르는 표현이다.

■ 절대군주, 지상군주, 통령, 왕

이상의 말은 모두 같은 뜻으로 세계 단일정부의 수립이 성취될 궁극적인 새 정치 체제에서 등장하는 지상의 절대군주 한 사람을 말한다.

■ 조폭(mob)

『칙훈서』에는 mob이란 단어가 많이 나온다. 이것을 나는 조폭 또는 폭도라고 번역하였다. 원래는 모욕적으로 사용한 표현으로 자기의 사리사욕을 위하여 살인이건 몸을 팔건 폭력이건 무엇이던지 닥치는 대로 하는 사람들을 일컫는다. 예를 들면 양심 없이 자신의 부귀영화만을 목적으로 일하며, 권력이나 금력 앞에서 못된 하수인 노릇을 하며 실리를 얻는 정치깡패, 또는 지하경제 활동을 위주로 하는 조직된 무리 모두를 말한다.

이들은 폭력조직을 이용하여 지하에서 돈을 벌며, 권력자의 편리한 수단이 되어주는 대신, 법의 보호 또는 묵인을 받으면서 자란다. 이들의 생태는 어느 정도 커지면 외형적으로 합법적인 지상의 상행위 또는 사회 활동을 하게 되지만, 여전히 지하 활동은 계속한다. 특히 민주주의 사회에서, 비대해진 이들은 권력자의 등 뒤에서 참 권력자 행세를 하기도 한다.

그러나 조폭이라 하여 흔히 보는 폭력배 정도로 생각해선 안 된다. 물론 그런 측면도 있지만 사회에서 존경받는 대기업을 운영하는 사람일 수도 있다.

■ 종속민족(從屬民族)과 종주민족(宗主民族)

'시온주의자'들이 추구하는 새로운 질서에 의한 지상정부가 수립되었을 때에는 유대인은 종주민족이 되어 세상의 주인이 되고 그 외의 민족은 그들에게 종속된 종속민족이 되어 유대교를 믿어야 한다.

■ **지상정부**(至上政府)

영어로는 Super Government라 한다. 세계 각국을 다스리는 지상의 정부라는 뜻이다. 『칙훈서』가 뜻하는 궁극의 목적은 세계를 통일하여 세계 단일정부를 수립하는 것이다. 이는 세계를 하나의 정부로 절대적인 통치권을 갖게 되는 정부다. 현재 각국 정부는 지상정부의 통치를 받으며 지역을 관장하는 지방정부에 해당하게 된다. 이 단어는 (단일)세계정부, '시온'의 왕국, 새 세상 등과 서로 바꾸어 사용할 수 있고 신세계질서 등과는 동의어로 취급해도 무방하다.

■ **폴리티컬**(the Political)

넓은 뜻에서 정치의 기능을 통틀어 뜻하는 단어이다.

1부 시온의 칙훈서, 무엇을 말하고 있는가

1) 18세기 후반 아담 바이샤우트가 창건했다. 중세 독일의 자연신교를 신봉한 공화주의 비밀결사.

2) Freemason lodge, 프리메이슨의 교회에 상당하는 회관을 말한다. 보통 라지(lodge)라 표현한다.

3) 비시누(Vishinu) 신은 힌두교에서 나오는 베다(Veda)의 주신(主神)으로 수많은 팔을 갖고 있어 극락과 지상의 모든 구석에 그의 힘이 미친다.

4) 본문에서는 시온의 칙훈서를 칙훈서로 표기했다.

5) Goy, 유대인이 아닌 사람으로 지도층 위치에 있는 사람. 특히 정치인을 멸시조로 부르는 말.

6) *The Other Side of Deception,* Victor Ostrovsky, 1994

7) *The Man Who Kept Secrets – Richard Helms and the CIA,* Thomas Powers, New York, 1979

8) 빌더버거 회원, 네오콘 핵심인물.

9) *The Weekly Standard,* 언론 황제이자 친유대계의 거두 머독이 소유한 잡지.

10) 『교회에서 쉬쉬하는 그리스도교 이야기』 참조.

11) 메이슨은 '프리메이슨' 을 짧게 부르는 말이다.

2부 시온의 칙훈서 전문

12) 프랑스 혁명 당시를 일컫는다.

13) 많은 사람들이 'Fraternity' 를 박애 사상으로 해석을 하였으나 원래는 자기들끼리의 상조 상부하는 동지애 정신을 말한다.

14) 여기서 과학(Science)은 수학을 기초로 한 자연의 학문을 말한다. 우리는 일반적으로 학교에서 피상적인 수학을 공부한 후, 다만 실질적인 수리학에서 응용하는 것만 배운다. 그렇기 때문에 그들은 우리를 가소롭다고 멸시한다. 그들

에게 있어 학문은 수학에서 자연의 원리를 깨닫는 철학이다. 그리고 또한 여기에서 인생의 답을 얻어야 한다고 생각한다. 그리하면 피라미드의 신비를 알게 된다. 그들은 피라미드의 신비를 이미 신비가 아닌 하나의 지식으로 알고 있는지도 모른다. 예를 들면 플라톤의 아틀란티스의 비밀이나 피타고라스의 수학적 철학은 지하로 들어가 오직 허락된 사람 즉, 높은 경지에 도달한 프리메이슨, 그 중에서도 로시쿠루시안(Rosicrucian) 같은 사람들만이 계속 공부하고 연구하고 있다. 그들의 관점으로 보면 우리는 수박 겉만 핥고 있는 것이지 수박 속에 무엇이 있는지 알지 못하는 무식한 인간이다.

15) 다윈의 진화론, 마르크스의 공산이론, 니체의 실존주의 등은 모두 프리메이슨의 사촉에 의하여 고의적으로 창작해 낸 세계통치 음모의 일환으로 알려져 있다.

16) 여기서 말하는 사회 부류와 사회 조건은 누구나 출생 환경의 조건에 따라 속하는 사회 계급이 있으며 그 계급에 따라 직업과 생활 수준이 달라야 한다는 이야기다.

17) 영국이나 다른 유럽 국가의 귀족들이 20세기에 들어와서 모두 가난하게 된 역사를 살펴보면 이해가 빠를 것이다. 물론 우리나라에서도 비슷한 예를 찾아볼 수 있다. 해방과 함께 들어선 남북의 정부들이 이씨 조선의 왕정 계보를 묵살했을 뿐 아니라 왕족을 박해까지 했던 사실은 그들의 음모와 무관하지 않다. 그러나 사람들은 보통 이런 변화를 역사의 흐름으로 넘겨버리고 만다.

18) 여기서 형제란 유대인 동족을 의미한다.

19) 원래의 글에는 젊은 크리스천(Christian Youth)이라고 되어 있다. 젊은 크리스천은 전 유럽이 그리스도교임에 반해 자기네들은 유대교이기 때문에 유대인이 아닌 사람을 통틀어 크리스천이라고 부르는 것이다. 결국 젊은 크리스천이라는 말은 유대인 외의 모든 젊은이들을 뜻하는 것으로 해석해야 옳다.

20) 모더니즘, 자유주의, 신보수주의 등의 학설을 예로 들 수 있다.

21) 여기서 말하는 비밀단체는 주로 프리메이슨 조직을 말한다.

22) Lucius Cornelius Sulla, 기원전 82~79년까지 로마 시대에 냉혹한 공포정
치를 하기 위해 모든 법을 바꾸어 공포정치 제도를 만든 독재자.

23) patriarchal paternal guardianship, 아버지가 집안의 가장이 되는 것과 마찬
가지로 남자가 절대군주 자리에 앉는 것을 원칙으로 하는 제도.

24) 구성인원 즉, 시민들이 주체가 되어 어떤 공동체를 이루고 공동의 이익을 위하
여 집합적으로 행동하자는 이념이나 제도를 말한다. 따라서 이에 해당하는 각
나라의 군대, 노동조합 등 집단적으로 공동의 이익을 위해 집단 행위를 할 수
있는 모든 단체나 조직을 망라한다. 그러나 여기서 말하는 집산주의는 소수 집
단의 특권을 위한 철학적 관념을 말한다. 이것은 조지 오웰이 정의한 것이다.

25) 여기서 말하는 성직자는 주로 그리스도교의 성직자를 말한다. 그 이유는 유럽
을 정신적으로 통치하고 있는 종교가 그리스도교이기 때문이다. 그러나 다른
종교의 성직자들을 제외하는 것이 아니므로 독자들은 회교, 불교 등 모든 다른
종교의 성직자들을 포함하여 해석해야 될 것이다.

26) Cabala, Kabala, Cabbala, Kabbala 등으로 표기한다. 이는 우리나라의 정
감록과 비슷한 것으로. 유대 민족이 주로 사용하는 비밀스런 종교철학이다. 히
브리 성전을 해석하는 데 가장 중요한 열쇠를 갖고 있어 유대교의 근본을 이루
는 철학적 사고 체계라 할 수 있다.

27) 지금의 이탈리아에 있는 시칠리아 섬의 동남쪽에 위치한 시러큐스에서 기원전
4세기경 독재자인 장로 디오니시우스가 야망에 불타 아첨을 하는 다모클레스
를 큰 잔치에 불러 대접하면서 그의 머리 위에 단 한 올의 머리털로 큰 칼을 매
달아 놓아, 언제 떨어져 그를 죽일지 모르는 위험을 상징하는 독재 통치자의
운명을 비유했다는 이야기에서 나온 말이다.

28) 비채(飛債, flying loans)는 역자가 직역한 표현이다. 현대의 표현으로는
demand loan 또는 call loan이라고 할 수 있다. 언제든지 은행이 원할 때 짧
은 시간 안에 지불하는 조건의 융자를 말한다.

29) 이 글은 닐루스 교수가 1901년판 『칙훈서』를 펴내면서 쓴 편집후기이다.

30) Moses Haim Montefiore, 이탈리아에서 태어난 상인으로 당시 대부호였으며 유대인을 위한 자선가로 유명한 사람이며 작위는 영국에서 받았다.

31) 히브리어로 선생이라는 뜻이며 실제로는 탈무드와 함께 다른 성서를 배워 유식한 사람으로 모세가 여호수아의 머리 위에 손을 얹고 그에게 일라이저와 신도들 앞에서 안수를 주는 성품 또는 안수를 받는 직품으로 그리스도교의 목사, 신부에 해당하는 성직자를 말한다.

32) 사트랍(Satrap)이라는 직책은 페르시아의 알렉산더 대왕 때부터 내려오던 대신의 직책으로 한국으로 말하면 도지사와 비슷하며 황제를 보좌하여 지역을 맡아 통치하던 직위며 Grand Satrap 즉, 대 사트랍은 그 중에서도 으뜸가는 직위를 말한다.

33) 산헤드린(Sanhedrin)은 천주교에 비교하면 추기경에 해당하는 유대교의 직위이다. Grand Sanhedrin이라 하면 교황에 해당하는 직위다.

34) 교회를 church라 부르고 절을 temple이라고 부르듯이 유대교의 교회를 시나고그라 부른다.

35) Cheka, 소련비밀경찰기관, GPU, KGB의 전신

36) *Jewish Guardian*, 1920년 10월 8일.

37) 미국 제너럴 전기회사(General Electric Co)의 방계회사로 보통 AEG라고 부르고 미국에서는 German General Electric이라고도 부르며 그 주인은 J. P. 모건(J. P. Morgan)이다.

38) 영어로는 Committee of 300이라고 하는 비밀 조직이 있다. 이에 대한 설명은 『그림자 정부』에 자세히 소개했다.

39) 1492년 스페인의 대추방 때 이탈리아로 이민을 간 유대인의 후예로 1748년 이탈리아에서 다시 영국으로 이민한 벤자민 디즈레일리라는 사람의 손자이다.

그의 할머니 역시 포르투갈에서 유대인 대추방 때 역시 이민 온 사람의 후손이 었다. 이들은 이름 자체를 이스라엘이라 지을 정도로 순수한 유대인이었다. 그의 할아버지는 상인으로 돈을 많이 벌어 부자가 되었고 아버지 아이작 디즈레일리(Isaac Disraeli)는 유명한 영국의 문학평론가가 되었다. 벤자민 역시 소설가가 되었다. 유대교에서 그리스도교로 개종하고 정치에 참여하여 1874년부터 1880년까지 영국의 수상까지 했으며 후에 빅토리아 여왕으로부터 백작의 작위를 받았다. 그는 로스차일드의 절친한 친구였다. 그가 스무 살 무렵 남아공의 어느 금광의 주식을 너무 많이 샀다가 망해 곤란할 때 로스차일드가 구제해 주기도 했다. 로스차일드는 그의 정치자금 뒷바라지도 많이 해주었다. 그리고 그가 수상에 재직할 당시에는 로스차일드로부터 영국 정부로 하여금 많은 돈을 빌리는 일도 하고 로스차일드를 위하여 이집트에 군대를 보내 수에즈를 점령하여 로스차일드 개인의 자산이 되도록 만들어준 인물이다.

시온의 칙훈서

초판 1쇄 2006년 11월 27일
초판 11쇄 2024년 6월 5일

지은이 | 이리유카바 최
펴낸이 | 송영석

펴낸곳 | (株)해냄출판사
등록번호 | 제10-229호
등록일자 | 1988년 5월 11일(설립일자 | 1983년 6월 24일)

04042 서울시 마포구 잔다리로 30 해냄빌딩 5·6층
대표전화 | 326-1600 **팩스** | 326-1624
홈페이지 | www.hainaim.com

ISBN 978-89-7337-787-9

파본은 본사나 구입하신 서점에서 교환하여 드립니다.